KB190330

달라이 라마, 화를 말하다

| 일러두기

• 이 책에 나오는 표기법은 국립국어원의 맞춤법 규정에 기초합니다. 다만 티베트 인명이나 지명, 불교 용어 등은 역자가 추천한 방식을 따랐습니다.
• 본문에 인용된 샨띠데바의 《입보리행론》 게송의 ( ) 표시는 티베트어 원문에 없는 부분을 편역자가 독자의 이해를 돕기 위해 부연한 것입니다. 그 외 모든 괄호와 각주는 역자가 붙인 것입니다.
• 표지 사진: ©연합뉴스

PERFECTING PATIENCE:

BUDDHIST TECHNIQUES TO OVERCOME ANGER

by The Dalai Lama. Translated by Thupten Jinpa

© 1999 by His Holiness the Dalai Lama, whose sole agent for these teachings is
Arizona Teachings, Inc.
Quotations of Shantideva's Guide to the Bodhisattva's Way of Life are from Stephen
Batchelor's translation, published by the Library of Tibetan
Works and Archives, Dharamsala, India, in 1979.
This book was previously published under the title Healing Anger.

Korean translation copyright © Dam & Books, 2020
Published by arrangement with Shambhala Publications, Inc.,
Boulder through Sibylle Books Literary Agency, Seoul

PERFECTING PATIENCE
BUDDHIST TECHNIQUES TO OVERCOME ANGER

분 노 를   다 스 리 는   지 혜 의   가 르 침

달라이 라마, 화를 말하다

달라이 라마 가르침 | 툽뗀 진빠 편역 | 이종복 옮김

담앤북스

불교의 모든 가르침은 스승과 제자의 관계에서 시작한다. 1993
년, 달라이 라마께서 애리조나주 피닉스와 투손^{Tucson}에서 주신
가르침 역시 예외가 아니다.

　1986년 초, 하워드 커틀러 박사가 달라이 라마 성하를 애리
조나주로 초청했다. 1990년에 성하께서 그의 청을 받아들이셨
고, 하워드 박사는 그해 9월에 롭뾘 클로드 데스트레를 특정 날
짜에 오도록 초대해 달라이 라마 방문 준비를 함께 했다. 마침내
1992년 여름, 달라이 라마께서 1993년 가을에 애리조나주에
서 가르침을 펴시겠다는 연락을 받았다. 성하께서는 무엇을 가
르쳐 주기를 바라는지 물었고, 하워드와 클로드는 라마께서 마
음에 두고 계신 것이면 무엇이든 좋다고 답했다. 달라이 라마께
서는 가르침 받을 이들이 가장 필요로 하는 것을 정해야 한다고
답하셨다.

하워드 박사는 인내에 대한 샨띠데바의 가르침을 존자님께 부탁드렸다. 왜 인내에 대한 가르침인가? 첫째로, 우리는 불교도와 비불교도 모두가 관심을 가질 주제를 존자님께서 가르쳐 주시기를 원했다. 둘째로, 일상생활에서 실천할 수 있는 실질적인 가르침을 바랐다. 셋째로, 현재 우리 사회는 인내에 대한 이해가 부족하고 화라는 감정이 압도적으로 우세하다고 생각했기 때문이다. 화는 이 세상에 지독한 불행과 괴로움을 낳고 갈등과 폭력을 불러일으키는 원인들 가운데 하나이다. 화는 텔레비전과 같은 대중 매체에서 하루에도 수백 번 표출된다. 사회에서는 화로 인한 소송이 끊이지 않고, 정치 지도자들은 국회에서 늘 화를 내며, 증가하는 가정 폭력과 아동 학대에서도 화를 발견할 수 있다. 사회에 만연한 자기증오自己憎惡, 자기혐오自己嫌惡에서도 화를 발견한다. 이처럼 우리는 다양한 상황에서 화를 발견한다. 예의와 사랑, 인내, 연민과 같은 것들은 종종 아득한 과거의 일로 받아들인다.

샨띠데바는 《입보리행론》 제6장 인욕품忍辱品의 첫머리에서, 한순간 화를 내는 것은 한 생의 복덕을 무너뜨리는 일이라고 말한다. 일견 너무 심한 말이 아닌가 하는 생각도 들지만, 되새겨 보면 정말 옳은 말이라고 생각한다. 누군가에게 화를 내는 순간, 그 화가 상대방에게 어떤 영향을 미칠지 우리는 미처 예상하지 못한다. 그 화가 불러올 연쇄적인 결과에 대해서는 말할 나위도 없다. 하지만 그 화는 분명히 연쇄 작용을 일으킨다. 화의 대상이 된 사람은 참지 못하고 다른 이들에게 화풀이를 할 것이고, 그 화풀이가 다른 화풀이를 연속적으로 낳게 될 것이다. 화를 치료하는 약은 인내이다. 그래서 인내에 대한 산띠데바의 지혜를 널리 알리는 것이 이 시대에 아주 중요한 일이 되었다.

이 책의 바탕이 된 가르침은 하워드 박사와 롭뻰 데스트레가 설립하고 켄 베첼러가 창립이사로 있는 애리조나 티칭 컴퍼니가 준비했다. 우리는 달라이 라마의 가르침을 새롭게 전할 수 있도록 했다. 예전에는 달라이 라마께서 호텔에 머무르시며 큰 강당을 빌려 강연을 하셨고, 가르침을 받는 이들은 근처의 여러 호텔과 모텔에 머물렀다. 하지만 이번에는 라마께서 머무르시는 곳에 강당이 구비되어 있고 청중들도 함께 머무를 수 있는 곳을 찾았다. 간단히 말하자면, 닷새 동안 가르침 받을 모든 이들이 휴식을 취하며 함께 즐겁게 머물 수 있는 '캠퍼스'를 만들고 싶었다. 존자님과 수행원들, 재가 제자들과 그들의 가족이 아름답고 평화로운 분위기에 머물도록 해서 존자님의 큰 가르침에 감명 받도록 하는 것이 무엇보다 중요했다. 우리는 투손 시 북쪽

오로 밸리^{oro valley} 타운에 있는 쉐라톤 엘 콘스쉬테이더 리조트를 골랐다. 그곳은 소노라 사막 한가운데 있으며 카탈리나 산맥으로 둘러싸여 있었다.

존자님께서 투손 시에 오시던 날 아침, 사막의 짙푸른 하늘에 쌍무지개가 오로 밸리를 가로지르며 떠올랐다. 이 아름다운 장소를 본 라마께서는 당신이 계시던 라싸 시의 풍광을 보는 느낌이라며 찬탄하셨다.

이러한 상서로운 징조들과 함께 1993년 9월 11일, 물-새의 해[◆]에 수많은 천신, 반신들, 1,600여 명의 일반인들, 보살들, 아수라와 간다르바^{◆◆}들이 관세음보살의 화신이신 제14대 달라이 라마, 뗀진 갸쵸^{Tenzin Gyatso} 성하의 '샨띠데바의 인내에 대한 가르침과 삶의 길(《입보리행론》)'에 대해 배우기 위해 애리조나주 푸쉬리지에 모여들었다. 이 가르침이 모든 중생에게 도움이 되기를 기원한다.

◆ 티베트의 연력 표기법.
◆◆ 음악의 신이며, 불교를 수호하는 팔부신중^{八部神衆} 중 하나.

• • •

감
사
의
글

우리 단체가 달라이 라마의 가르침을 받을 수 있도록 필요한 수
많은 것들을 준비할 수 있었던 데에는 애리조나 프렌즈 오브 티
베트Arizona Friends of Tibet의 기금과 지원, 특히 페기 히치콕 회장의
도움이 있었다. 달라이 라마 성하의 방문에 필요한 세부 사항들
은 보니 체니가 이끄는 서른여섯 명의 자원봉사 팀들이 도와주
었다. 전산 기록 시스템은 댄 크로웰, 그렉 벤더, 그리고 리차드
로우가 만들었다.

　이 책에 담긴 존자님의 가르침은 열여섯 시간에 걸친 강의를
자원봉사자들이 녹취한 내용을 기반으로 했다. 특히 줄리 존스,
캐런 갈랜드, 에이미 제라 코너 그리고 줄리 몽고메리에게 감사
를 드리고 싶다. 녹취록을 다시 켄 베첼러가 편집했고, 게쉐 툽
뗀 진빠의 도움으로 스노우 라이온즈 출판사의 케이트 블러드
굿과 수잔 카이저가 최종본을 완성했다. 내용을 더 효과적으로

전달하기 위해 약간의 수정을 거쳤지만, 편집자들은 달라이 라마의 목소리를 최대한 온전하게 전달하기 위해 최선의 노력을 다했다는 점을 말하고 싶다.

달라이 라마 성하의 개인 수행비서인 카술 뗀진 게체 테통과 그의 수하에 있는 티베트 정부 뉴욕 사무소의 린첸 달로, 강의 내내 존자님의 통역을 맡았던 게쉐 툽뗀 진빠의 도움이 없었더라면 이 책은 나올 수 없었을 것이다.

마지막으로, 애리조나에 사는 이들과 전 세계인에게 자애로운 가르침을 선사하신, 티베트의 제14대 달라이 라마 뗀진 갸쵸 성하께 지대한 감사를 드린다. 인내에 대한 존자님의 수행은 우리 모두의 기운을 북돋아 주었다. 불신과 갈등, 지나친 화로 가득 찬 이 세상에서 자애와 연민의 모범이신 달라이 라마를 바라보는 세상의 모든 이들, 그리고 티베트인들을 위해, 달라이 라마 성하께서 오랫동안 법의 바퀴를 굴리실 수 있기를 기원한다.

이 공덕이 모든 중생에게 돌아가기를…….

롭뾘 클로드 데스트레

켄 배커

애리조나 티칭 컴퍼니

:   인내에
      도전하다

티베트의 스승들이 제자들에게 종종 들려주는, 은둔 수행자와
양치기에 대한 이야기가 있다.

　은둔 수행자가 산속에 홀로 살고 있었다. 어느 날, 수행자가
수행하던 동굴 앞을 한 양치기가 지나게 되었다. 호기심에 양치
기가 수행자에게 소리쳐 물었다.
　"아무도 없는 이곳에서 혼자 뭐 하세요?"
　수행자가 대답했다.
　"명상을 하오."
　"무엇에 대해 명상하세요?"

"인내에 대해서."라고 수행자가 대답했다.

짧은 정적이 흘렀다. 잠시 뒤 양치기는 그곳을 떠나기로 결심했다. 떠나려던 양치기가 갑자기 몸을 돌려 수행자에게 이렇게 소리쳤다.

"지옥에나 떨어져라!"

"뭐라고? 너나 지옥에 가라!" 하고 수행자가 맞받아쳤다.

양치기는 웃으면서 수행자에게 인내심을 가지라고 일깨워 주었다.

이 짧은 이야기는 인내를 수행하는 이들이 대면해야 할 핵심적인 도전 과제를 잘 보여 준다. 화를 터뜨릴 상황에서 어떻게 해야 자연스럽게 행동하면서도 침착하게 반응할 수 있을까? 이런 어려운 상황은 종교 수행자만이 겪는 문제가 아니다. 인간의 존엄성과 예의, 정도를 지키며 살기 위해 노력하는 사람이라면 누구나 마주해야 할 문제이다. 거의 모든 순간에 우리는 인내와 관용의 한계를 시험하는 상황을 맞닥뜨린다. 가족 관계에서, 직장 안에서, 다른 이들과의 가벼운 관계 속에서 우리는 종종 편견이 들통나고 우리가 믿고 있던 것들이 도전받으며 자아가 위협받는다. 하지만 이러한 상황들이야말로 우리가 닦아 온 것들이 가장 필요한 순간이다. 샨띠데바는 이 모든 것이 우리의 성질을 시험하여 우리가 어디까지 인내와 관용을 닦을 수 있는지를 알려 준다고 말할 것이다.

수행자와 양치기 이야기는 인내가 다른 사람들과 동떨어져서 닦을 수 있는 것이 아니라는 점 또한 지적한다. 사실 인내는 다른 이들, 특히 동료와 상호작용하는 맥락 안에서 일어날 수 있는 자질이다. 은둔 수행자가 즉각적인 반응을 내보인 것은 그의 내적 수행이 아이들이 쌓은 모래성만큼이나 안정되지 못했다는 것을 보여 준다. 전혀 도전받지 않고 은둔하는 삶 속에서 다른 이들에 대한 인내와 자비를 즐겁게 상상하는 것과, 실제로 사람들과 맞닥뜨리는 현실 속에서 인내와 자비를 실천하며 사는 것은 전혀 다른 문제이다. 그렇다고 고요한 곳에서 명상하는 일이 중요하지 않다는 것은 아니다. 고요한 곳에서 명상하는 수행은 통찰의 지혜를 체화시킨다. 이런 수행이 없다면 그저 알음알이로 얕게 아는 것에 지나지 않을 것이다. 오래된 인도의 다른 종교 전통과 마찬가지로 불교 또한 깨달음의 길을 닦는 데 있어 명상을 핵심 요소로 여긴다. 그러나 인내를 진정으로 시험하는 것은 오직 다른 이들과의 교류 속에서만 가능하다.

우리가 수행자와 양치기의 일화에서 배울 수 있는 세 번째 교훈은, 진정한 인내는 자신의 화를 어느 정도 통제할 수 있을 때만 가능하다는 것이다. 물론 상대가 아무 생각 없이 내뱉은 말에 마음이 상하고 감정적으로 격해지는 것은 매우 자연스러운 반응이다. 그러나 정신의 도야를 원하는 이는 그런 예측 가능한 반응을 넘어서야 한다. 이것이 샨띠데바가 《입보리행론入菩提行論》 제6장 인욕품忍辱品에서 가르치고자 하는 것이다. 이에 대한 달라이 라마의 명료한 가르침을 배움으로써 우리는 인내의 핵심적이고 정신적인 자질을 수행하고, 인내를 완성하기 위한 이상과 실천 방법을 명확하게 이해하게 될 것이다.

이 책에 실린 인내에 대한 가르침은 대승불교 보살사상의 핵심적인 요소들이다. 즉, 자신의 모든 삶을 다른 이들의 복지를 위해 헌신하는 보살에게 있어 인내란 필수 불가결한 것이다. 그렇다면 보살사상은 순종과 복종을 고매하고 정신적인 원칙으로 숭상하는 것일까? 그렇다면 분노와 혐오는 어떠한가? 인내가 인간의 천성을 거스르는 일이라면, 보살사상은 (인간인) 우리들에게 불가능한 일을 요구하는 것은 아닐까? 샨띠데바를 읽는 현대의 독자들이 이 책을 읽다 보면 바로 떠오를 수 있는 질문들이다.

샨띠데바와 그의 저서 《입보리행론》에 대해서

인내에 대한 논의를 진전시키기 전에 이 책에서 달라이 라마 가르침의 주축이 되는 제6장 인욕품이 담긴 샨띠데바의 《입보리행론》에 대해 알아보도록 하자. 8세기에 완성된 샨띠데바의 이 저작은 곧 대승불교권에서 중요한 고전 가운데 하나가 되었다. 전설에 따르면, 《입보리행론》은 샨띠데바가 인도의 유명한 날란다 불교대학에 있을 때 요청을 받고 대중집회에서 즉흥적으로 읊은 것이라고 한다. 다른 스님들은 당시 샨띠데바가 "놀고, 먹고, 싸기만" 하는 줄 알고 그를 욕보이려는 생각에 설법을 부탁했다. 그들은 샨띠데바가 게으른 생활을 하는 동안에도 내적으로 풍부한 수행을 하고 심오한 학습을 하고 있었다는 것을 전혀 몰랐다. 티베트에 전해지는 이 전설에 따르면, 샨띠데바가 제9장인 지혜품^{智慧品}을 읊을 때에는 그가 공중으로 떠오르기 시작했으며, 모습이 점차 보이지 않게 되었을 때에도 그의 음성은 계속 들렸다고 한다.

이 전설이 강조하고자 하는 것을 떠나서라도 인도의 문화적·역사적 환경에서 《입보리행론》이 차지하는 중요성은 과소평가할 수 없다. 샨띠데바의 이 문헌은 가장 찬송받을 만한 불교 문헌이 되었다. 또한 수행자들에게 이 책은 대승불교가 제시하는 깨달음으로 가는 길에서 핵심적인 수행의 윤곽을 그려 주는 중요한 문헌이다. 대승불교 전통의 수많은 문헌 가운데 샨띠데바의 《입보리행론》과 나가르주나의 《보행왕정론^{寶行王正論}》은 대승불교의 고귀하고 이타적인 보살사상을 잘 보여 주는 중요한 문헌이다. 학자들은 제9장 지혜품^{智慧品}이 중관사상의 발전에 중요한 공헌을 했다고 본다. 그리고 이 《입보리행론》은 일반 불자들의 개인적인 신심을 고양시켜 주는 심오한 원천이 되어 왔다. 마지막 장인 제10장 회향품^{回向品}은 오늘날까지도 대승불교 문헌들 중에 심오한 종교적 감성을 가장 감동적으로 표현한 문헌으로 손꼽힌다.

샨띠데바의 《입보리행론》이 티베트에 준 영향은 지대하다. 이 문헌이 11세기에 티베트어로 번역된 이래 이 책은 티베트인들의 삶에 깊은 영향을 미쳤다. 이 책이 얼마나 넓고 깊은 영향을 미쳤는지는 티베트불교의 4대 종파인 닝마빠, 사꺄빠, 까규빠, 겔룩빠의 가르침에서도 찾을 수 있다. 《입보리행론》은 대승불교의 사상과 수행에 관련된 방대한 학술 업적을 일으켰을 뿐만 아니라 로종^{lo-jong} 혹은 '마음 수련'으로 알려진 전혀 새로운 장르가 일어나는 데에도 큰 역할을 했다. 마음 수련은 샨띠데바의 저작에 나오는, 중생 복지를 위한 이타심에 기반한 깨달음의 마음인 보리심과, 현상의 본질에 대한 심오한 지혜의 개발이라는 두 가지 분야를 다룬 장르이다.《입보리행론》이 일으키는 지대한 감화의 힘을 보여 주는 증거로, 달라이 라마의 법회에 참석한 사람이라면 누구나 아래 게송을 기억할 것이다. 이 게송은 달라이 라마께서 당신 발심의 가장 큰 원천이라고 거듭 말씀하셨기 때문에 이제는 거의 불후의 명성을 지닌다.

허공이 다할 때까지

중생이 남아 있는 한

나 역시 이곳에 머물며

이 세상의 괴로움 없앨 수 있기를.

_《입보리행론》 제10장 회향품回向品 55

티베트에서는 초심자들이 샨띠데바의 《입보리행론》을 외우는 것이 관례가 되어 여럿이 함께 이 게송들을 낭송한다.《입보리행론》의 티베트어 번역본은 모두 게송의 형태로 존재하며 각 게송은 음률을 완벽하게 맞춘 4행으로 구성되어 있다. 내가 승가교육을 받은 남인도의 간덴 사원에서 이 게송들의 시적인 아름다움과 철학적 깊이에 감동하며 함께 낭송하던 즐거운 밤들을 아직도 기억한다.

앞에서 우리는 샨띠데바를 연구하는 현대 독자들이 제기할 만한 질문을 생각해 보았다. 이 책에 담긴 샨띠데바의 시와 달라이 라마의 설명이 그 질문에 대한 답이 될 것이다. 그러나 달라이 라마의 통역사로서 샨띠데바와 달라이 라마의 지혜를 이해하는 데 도움이 될 배경지식을 설명하고자 한다. 그것으로 이 책에 담긴 가르침을 더 넓은 맥락에서 이해하는 데 도움이 되었으면 한다.

티베트어 쇠빠$^{bzod pa}$는 여기에서 '인내'로 번역했다. 그러나 이 단어는 다양한 의미를 내포한다. 글자 그대로 보자면 쇠빠는 '자제'를 뜻하며, 동사적인 의미로는 '견디다' 혹은 '시련을 견디다'에서 사용하는 것처럼 '어떠한 것을 참아 낸다'는 뜻을 지닌다. 그러나 쇠빠를 어떠한 자질을 설명하는 맥락에서 사용한다면, '감내堪耐, 견뎌 냄'이라는 뜻으로 이해하는 게 제일 나을 것 같다. 티베트어로 인내의 자질을 닦은 이를 일컬을 때 "쇠빠가 대단하다."고 한다. 그렇지만 '인내'만으로는 쇠빠에 담긴 뜻을 모두 설명할 수 없다. 왜냐하면 다른 사람들의 의견과 행동을 잘 참는 사람도 성미가 급할 수 있기 때문이다. 그와 반대로 "쇠빠가 대단한" 사람도 참을성이 있을 수 있다.(잘 견디는/감내하는 사람도 성미가 급할 수 있지만, "쇠빠가 대단한" 사람이 참을성이 있을 수도 있기 때문이다.) 그렇다고 티베트어 쇠빠를 '인내, 감내, 감인耐忍'으로만 해석해야 한다는 말은 아니다. 그렇게 한다면 기존의 모든 경전에 반하는 것이 될 수 있기 때문이다. 다만 쇠빠에 이러한 다양한 의미가 있음을 보여 줌으로써 독자들이 이 개념에 함의된 다양한 측면을 인식하기를 바라는 것이다.

티베트어 쇠빠bzod pa는 여기에서 '인내'로 번역했다. 그러나 이 단어는 다양한 의미를 내포한다. 글자 그대로 보자면 쇠빠는 '(잘못한 이에 대한)관대함'을 뜻하며, 구어에서 '견디다' 혹은 '시련을 견디다'에서 사용하는 것처럼 '어떠한 것을 참다'는 뜻을 지닌다. 그러나 쇠빠를 어떤 사람의 자질(성격)을 설명하는 것으로 사용한다면 '관용'이라는 뜻으로 이해하는 게 제일 나을 것 같다. 티베트어로 관용이라는 자질을 닦은 이를 일컬을 때 "쇠빠가 대단하다."고 한다. 그렇지만 '관용'만으로는 쇠빠에 담긴 뜻을 모두 설명할 수 없다. 포용력이 있는 사람도 참을성 없이 성미가 매우 급할 수 있기 때문이다. 하지만 "쇠빠가 대단한 사람(관용이 넘치는 사람)"이라고 할 때 그 말은 참을성이 있는 사람을 일컫는다. 티베트어 쇠빠를 '인내, 관대함, 관용'으로만 해석해야 한다는 말은 아니다. 그렇게 하면 기존의 모든 경전에 반하는 것이 될 수 있기 때문이다. 다만 쇄빠에 이러한 다양한 의미가 있음을 보여 줌으로써 독자들이 이 개념에 함의된 복잡한 측면을 인식하고 있기를 바라는 것이다.

샨띠데바가 인내의 수행을 옹호한 것은 다른 사람의 횡포와 착취를 그냥 놔두라는 뜻이 아니다. 괴로움과 고통을 어떠한 의문도 가지지 말고 받아들이라는 의미도 아니다. 샨띠데바가 《입보리행론》에서 말하고자 하는 것은 역경을 견뎌 내겠다는 굳건한 자세이다.

《입보리행론》의 주석인 이 책에서 달라이 라마는 유순함은 감내와 다르다고 선을 긋는다. 자신이 실제로 위해를 입어도 해를 가한 이에게 보복하지 말 것을 권하며, 그것이야말로 진정한 감내라고 달라이 라마는 말한다. 여기서 중요한 점은 '의식적으로 받아들이는 자세'이다. 샨띠데바나 달라이 라마가 인내에 대해 명확한 정의를 내리고 있지는 않지만, 불교적 이해를 따르자면 '인내(쇄빠)'는 '외적이거나 내적인 동요에 흔들리지 않는, 확립된 성품에서 비롯한 결연한 반응'이다. 확실한 것은 이 인내가 수동적인 굴종은 아니라는 것이다. 인내는 곤란한 상황에 대한 능동적인 대처이다. 샨띠데바는 인내를 논하면서 인내의 세 가지 특징이라고 부를 수 있는 것을 제시한다. 이 세가지는 (1) 고통과 역경을 의식적으로 받아들이는 것에 기반한 감내, (2) 실상에 대한 고찰의 결과로 일어나는 감내, (3) 다른 이들로부터 받은 상해에 대한 감내이다.

샨띠데바는 《입보리행론》 제6장 인욕품忍辱品의 12번부터 21번 게송까지 인내의 첫 번째 측면에 대해서 논한다. 그는 고통과 괴로움이 생명의 기본 요소라는 것을 관찰하며, 이 괴로움이라는 진리가 또 다른 고통과 괴로움을 더하는 것은 아니라는 데에서 시작한다. 그러고 나서 그는 존재의 바탕에 있는 이 사실을 철저하게 이해한다면 우리의 일상생활에 크나큰 이익이 있다고 주장한다. 예를 들어 우리는 괴로움을 수행의 진보를 위한 촉매제로 여길 수 있다. 샨띠데바는 괴로움에 대해 이러한 방식으로 반응할 수 있는 사람이라면, 더 고귀한 목적을 성취하는 데 수반되는 고통과 괴로움도 자주적으로 받아들일 수 있을 것이라고 전한다. 존재하는 모든 것은 괴로움을 바탕으로 한다는 이 원리를 우리는 이론적으로는 이해하고 있다. 열사병으로부터 몸을 보호하기 위해 우리는 예방 접종이라는 고통을 기꺼이 받아들인다. 산띠데바는 우리가 지금 받아들일 수 있는 정도의 고통보다 더 큰 고통을 감내할 수 있도록 수련할 수 있다고 주장하면서 다음과 같은 감동적인 게송을 읊는다.

익숙해지면 모든 것이
(견디기) 쉬워진다.
그러니 작은 위해他害**에 익숙해짐으로써**
큰 위해를 견뎌 내라.

_《입보리행론》제6장 인욕품 14

산띠데바는 고통과 괴로움에 대해 '긍정적'으로 설명할 수 있
는 그 어떤 것이라도 있다면, 괴로움의 긍정적인 측면에 주의를
집중하라고 조언하면서 이를 인내의 첫 번째 특징으로 마무리
짓는다. 그는 괴로움이라는 경험은 잠들어 있는 우리를 일깨워
준다고 말한다. 괴로움은 또한 다른 이들 역시 우리와 마찬가지
로 괴로움을 겪고 있다는 것을 알게 함으로써, 타인에 대한 진정
한 자비심을 일으키도록 한다고 말한다. 더 나아가 괴로움이야
말로 악함[惡]에 대한 두려움을 우리 안에 깃들게 하기 때문에
종교 생활을 하는 사람들에게 중요하다. 마지막으로, 괴로움에
대한 앎은 정신적 자유에 대한 우리의 열망을 더 강렬하게 만든
다. 물론 혹자는 이러한 감성 대부분을 종교적 이기라고 볼 수

있으며 현대의 독자들은 이러한 설명이 오직 종교적인 사람들에게만 호소력을 가진다고 말할 수도 있을 것이다. 그러나 샨띠데바가 설명하는 기본적인 것들은 여전히 유효하다. 만일 올바른 자세로 접근한다면 고통과 괴로움이 가진 긍정적인 결과들을 통해 샨띠데바가 말하는 바를 잘 이해할 수도 있다.

제6장 인욕품 22번부터 34번 게송까지는 인내의 두 번째 측면, 즉 실상에 대한 고찰의 결과로 일어나는 감내를 설명한다. 샨띠데바는 사람들의 행동과 사건들은 다양한 요소들의 관계망 속에서 결정된다는 점을 중점적으로 설명한다. 이를 통해 샨띠데바는 우리에게 해를 입히는 사람들의 행동을 조장하는 숱한 조건들이 사실상 그들의 의지 밖에 있다는 점을 강조한다. 샨띠데바가 말했듯, 우리는 아프고 싶지 않아도 아플 때가 있다. 마찬가지로 화를 내고 싶지 않아도 종종 화를 내고 있는 우리 자신을 발견하곤 한다. 그래서 혹자는, 복잡한 상황에서 그 사람만 떼어 내어 위해를 가하는 행위의 책임이 오직 그 사람에게만 있다고 하는 것은 합당하지 않다고 말한다. 이에 대한 예로 샨띠데바는 누군가 막대기로 우리를 쳤을 때, 막대기와 막대기를 휘두른 사람 둘 다 우리의 고통을 일으킨 책임이 있다고 말한다. 조금 더 깊은 수준에서 보자면, 우리가 형체를 가진 것 역시 고통

을 일으키는 한 요소라는 것이다. 그러나 고통을 일으키게 한 사실상 가장 핵심적인 요소는 그 사람이 남에게 상해를 가하는 행동을 하게 만든 부정적인 감정이다.

인내의 두 번째 측면을 지탱하는 원리가 불교의 근본 원리인 상호 의존성, 즉 연기법이라는 것은 명확하다. 연기법의 측면에서 보자면 그 어느 것도 홀로 존재할 수 없다. 모든 것은 다수의 원인과 조건의 집합에 의해 존재한다. 다양한 수준에서 이 원리를 이해할 수 있다. 원인 의존적 관점에서, 개념들의 상호 의존적 관점에서, 혹은 우리의 지각과 세상 사이의 상호 의존적 관점에서도 이해할 수 있다. 그렇기 때문에 일어나는 사건들과 다른 이들의 행동에 대해 더 큰 감내를 일으키게 하는 이 연기법이라는 현상에 대한 통찰은 상황에 따라 그 이해의 깊이를 바꾸어 가며 적용할 수 있다. 예를 들어 샨띠데바는 세상을 환영과 같은 현상으로 보는 것이 화anger와 같은 강렬한 감정적 반응의 정도를 누그러뜨리는 데 직접적인 영향을 미칠 수 있다고 말한다. 그는 다음과 같은 게송으로 그 점을 지적한다.

이처럼 모든 것은 다른 (조건들의) 힘에 의해 일어나기에

(자신의) 힘으로 (좌지우지)할 수 있는 것이 없다.

이처럼 이해한다면, 모든 현상은

환영과 같으니 화를 내지 말아야 할 것이다.

_《입보리행론》 제6장 인욕품 31

이 게송은 샨띠데바가 제9장 지혜품에서 보여 주는 현상에 대한 관찰과 유사하다. 지혜품에서 그는 현상에 자성이 없다는 것에 기반한 불교 교학적 세계관에 대한 가상의 논쟁을 소개한 뒤 다음과 같은 질문을 던진다. 얻을 것은 무엇이고 잃을 것은 무엇인가? 칭찬받을 이는 누구이고 모욕당할 이는 누구인가? 언제 기쁨과 고통이 일어나는가? 행복해 할 것은 무엇이고 슬퍼할 것은 무엇인가? 피상적으로 보자면 샨띠데바가 냉담한 평정심을 옹호하는 것처럼 보인다. 하지만 그렇게 이 게송을 이해했다면 요점을 아주 빗나간 것이다. 불교 전통의 많은 지혜로운 스승들처럼 샨띠데바 역시 집착과 화 같은 강렬한 감정 사이의 직접적 관계로 우리 주의를 끈다. 우리가 어떤 것에 집착하면 할수록 그 집착 대상에 위협이 가해질 때 화를 낼 가능성이 더 많다. 감내에 대한 샨띠데바의 논의는 현상의 본질을 통찰하는 것에 기반하며 이는 불교 철학에 그 바탕을 두고 있다. 그러나 나는 그의 논리가 기본적으로 현상에 대한 불교 교학의 타당성에 의

존하고 있지 않다고 생각한다. 우리의 경험에 비추어 볼 때, 어떤 사건을 일으키는 환경의 복잡성을 더 깊게 이해하면 할수록, 그 사건을 침착하고 참을성 있게 대응할 수 있는 능력은 더 커진다.

이제 인내의 세 번째 측면을 살펴보자. 인내의 세 번째 측면은 다른 이들로부터 받은 상해를 감내하는 일이다. 이 세 번째 측면이 너무나 중요하기 때문에 샨띠데바는 이를 뒤쪽에서 다루고 있는 것 같다(34번부터 64번 게송까지). 인내의 세 가지 측면 가운데 이 세 번째가 제일 중요하다고 말할 수 있을 것이다. 왜냐하면 우리가 다른 이들과 직접적인 관계를 맺는 상황과 포괄적으로 관련이 있기 때문이다. 우리가 화나 절망을 표출하는 주요 대상은 종종 우리와 같은 인간이다. 화와 같은 강력한 부정적 감정에 지배당하지 않는 방식으로 다른 이들과 교류하는 방법을 배우기 전까지 진정한 인내의 수행이란 있을 수 없다. 아직 깨닫지 못한 모든 중생을 구하겠다고 맹세하는 보살 사상을 수행하는 수행자에게는 특히 그러하다. 따라서 보살행을 닦는 사람이 구제 대상에게 화를 낸다는 것은 어불성설이다.

샨띠데바는 우리에게 해를 끼치는 사람들에게 화를 내는 대신 자비심으로 대하는 것이 가장 적절한 방법이라고 가르친다.

다른 사람을 해치는 이들은 어떻게 보면 무엇에 씐 것이다. 즉, 그들의 행동은 무지의 상태에서 일어난 것이다. 이 가르침은 악마의 하수인들을 용서해야만 한다는, "그들은 자신들이 무슨 일을 저지르는지 모른다네((누가복음) 23장 34절)."라고 한 찬송가의 한 구절을 떠올리게 한다. 실제로 샨띠데바는 더 나아가 우리에게 해를 가하는 이들, 우리의 적들을 귀하게 여겨야 한다고 말한다. 왜냐하면 그들만이 우리가 감내를 수행할 수 있는 드문 기회를 주기 때문이다. 샨띠데바는 다음과 같이 말한다.

세상에 걸인이 많지만
해를 끼치는 이들은 적다.
그러므로 다른 이에게 해를 끼치지 않을 때,
그 누구도 내게 해를 입히지 않을 것이다.

그러므로 노력도 하지 않았는데
집 안에 보물이 나타난 것처럼
(나의) 보리심 수행을 도와주기에
나는 적(의 행위)을 기뻐해야만 한다.

_《입보리행론》제6장 인욕품 106~107

달라이 라마께서는 적이 우리에게는 가장 위대한 스승이라고 종종 말씀하신다. 달라이 라마의 가르침의 근거가 되는 것이 바로 이 게송들이다. 그는 티베트인들과 티베트에 막대한 해를 끼친 중국 정부에 대해서도 이 원칙을 명확하게 적용한다. 달라이 라마의 생각들이 이러한 수행에 근거했다는 것을 이해한다면, 달라이 라마께서 당신과 티베트인들은 중국인들에게 어떠한 증오도 품고 있지 않다는 주장을 어려움 없이 받아들일 수 있을 것이다.

종종 샨띠데바는 이성적 사고를 극단까지 밀고 가는 듯한 논리를 펼친다. 예를 들어 그는 다른 사람의 해로운 행동에 대응해 화를 내는 것이 얼마나 무용한지에 대한 흥미로운 주장을 펼친다. 샨띠데바는 우리가 다른 이에게 해를 끼치는 것이 인간의 핵심 본성인지 혹은 부수적인 자질인지를 고찰해 보라고 권한다. 만일 전자라면, 타인에게 해를 끼치는 행동에 대해 화를 낼 필요가 없다. 왜냐하면 이는 마치 본래부터 타는 성질이 있는 불에게 왜 타느냐고 화를 내는 것과 같기 때문이다. 반면, 해를 끼치는 것이 부수적인 자질이라면 역시나 화를 가지고 반응하는 것은 부적절하다고 말한다. 그 또한 구름이 꼈다고 하늘에 대고 화를 내는 것과 마찬가지이기 때문이다! 그 어느 쪽이든 간에 화를 내야 할 어떠한 논리적 근거도 없다. 이런 논법의 장단점에 대한 논의를 떠나서라도, 그 논리의 정교함에 이의를 제기할 사람은 없을 것이다. 문제는 이런 논법을 우리가 얼마나 진중하게 받아들여야 하는가이다. 일반적인 독자 입장에서라면 이러한 형식의 논법이 잘해 봐야 '사고 실험'으로 쳐 줄 수 있다는 점은 분명하다. 우리는 종종 스스로가 옳다고 확신할 때 화를 내거나 화로부터 일어나는 행위를 북돋우는 경향이 있다. 이에 동의한다면 샨띠데바를 읽는 현대의 독자들도 어떤 사건에 격렬한 감정으로 반응하는 것이 얼마나 비합리적인지를 드러내는 일련의 사고 실험이 의미가 있다는 점을 받아들일 수 있을 것이다.

화를 다루는 법

샨띠데바와 달라이 라마 모두 화와 증오를 다루는 방법을 가장 잘 설명하고 있다는 것은 의심할 여지가 없다. 실제로 샨띠데바는 인욕품 서두에서, 한순간의 화가 '수천 년 겁' 동안 쌓은 공덕을 무너뜨린다는 강력한 구절로 시작한다. 더 나아가 그는 증오만큼 강대한 적은 없으며 인내만큼 강력한 요새는 없다고 주장하며 우리 모두 인내를 길러야 한다고 조언한다. 샨띠데바의 입장에서 볼 때 인내를 기르는 데 있어 화는 주요한 장애물이다.

널리 알려진 비유를 쓰자면, 화는 독이고 인내는 마음속에 깃든 독을 제거하는 해독제이다. 달라이 라마의 주석은 이를 더 명확하게 설명한다. 달라이 라마에 따르면 화를 극복하려는 노력에 필요한 두 가지 결정적인 열쇠를 샨띠데바가 명확히 해 준다고 말한다. 첫 번째로 가장 중요한 것은 화의 부정적인 측면을 심도 깊게 이해하는 것이다. 화가 어떤 유해한 결과를 불러올지 생각해 보는 것이 특히 유효하다. 두 번째는 화가 일어나는 과정에서 기반이 되는 인과 관계에 대해 깊이 이해하는 것이다. 이 두 번째 열쇠가 독자들이 특히 관심을 가지는 부분일 것이다. 오늘날의 독자들은 샨띠데바의 문헌을 인간의 감정에 대한 현대 심리학의 해석과 결부시켜 접할 수밖에 없기 때문이다.

인욕품 7번 게송에서 샨띠데바는 '마음의 불편함'이 바로 화의 '연료'가 된다는 사실을 밝히고 있다. 이 '마음의 불편함'은 흥미로운 개념이다. 티베트어로 이-미-데와$^{yid\ mi\ bde\ ba}$라고 하는데, 이는 '낙담', '불행' 혹은 간단히 '불만족'으로 번역할 수 있다. 이 개념은 심리적 상태만이 아닌 여러 방면에서 잠재적으로 편재하는 불만족으로 이해하는 것이 가장 좋다. 이것은 무엇인가 제대로 가고 있지 않다는, 불만을 일으키는 성가신 느낌이다. 원하는 대로 상황이 흘러가지 않을 때, 당장이라도 화를 격발할 수 있도록 여러 조건과 주변 상황이 만들어진다. 이때 이 '불편함'이 일어난다. 불만족, 불만, 그리고 화 사이의 인과적 관계를 이해할 수 있다면 샨띠데바가 조언하는 화를 다스리는 방법이 도움이 된다는 것을 알 수 있다. 그의 접근법은 이미 폭발한 화에 일일이 대응하는 것이 아니라, 그 화의 원인이 되는 잠재적 불만족을 찾아 제거하는 것을 목표로 한다. 그렇기 때문에 샨띠데바는 마음의 안정을 찾는 것을 목표로 하는 사색을 강조한다. 이를 위한 특별한 수행법들은 이 책에서 샨띠데바의 게송들에 대한 달라이 라마의 상세한 주석을 따라가다 보면 발견할 수 있을 것이다.

여기서 특히 강조하고 싶은 것은, 샨띠데바가 화와 증오를 명확히 구별하고 있지 않다는 점이다. 그러나 달라이 라마는 주석에서 이 둘 사이의 결정적인 차이를 명확하게 설명한다. 그는 원칙상 '긍정적인 화'라는 것을 받아들일 수도 있다고 말한다. 다른 생명을 부당하게 대우하는 것에 대한 분노는 강력한 이타적 행동을 불러오는 중요한 촉매제가 될 수 있기 때문이다. 그러나 그는 증오에는 이러한 가능성이 없다고 말한다. 달라이 라마가 볼 때 증오는 아무 장점이 없다. 증오는 오직 한 사람을 내부에서부터 먹어 치울 뿐이며, 다른 사람과의 관계에 독이 될 뿐이다. 달라이 라마는 '증오가 진정한 적이다. 증오가 내부의 적이다.'라고 말한다. 아마도 우리는 화와 증오를 구분하는 특징을 악의가 있는지 없는지로 말할 수 있을 것이다. 대상에 어떤 악의도 없이 화를 낼 수 있다. 하지만 달라이 라마는 절대로 화가 증오가 되도록 내버려 두지 말라고 우리에게 가르친다. 나는 이것이 중요한 윤리적 가르침이라고 생각한다.

이 책은 감정을 대하는 방법과 인내를 기르는 방법들을 제안한다. 그 방법들의 밑바탕에 깔린 일반적인 원칙 몇 가지를 말하고자 한다. 지금 이야기하는 것들이 이 책을 읽는 일반 독자들에게 도움이 될 수도 있을 것이다. 중요한 원칙은, 마음의 유연성에 대한 믿음이다. 마음은 무한한 발전 가능성을 지닌다는 가정이 바로 마음의 유연성이다. 이는 마음과 마음의 부수적 양상들이 복잡하게 얽힌, 심리학적 구조에 대한 이해를 바탕으로 한다. 샨띠데바와 달라이 라마는 인간의 감정에 대한 상세한 분석을 강조하는 불교 심리학과 심리 철학의 오랜 전통 안에서 우리를 가르친다. 일반적으로 말하자면, 이러한 불교적 관점에서는 마음을 인간 정신의 인지적이고 정서적인 차원이 하나로 통합된 복잡하고 역동적인 시스템으로 이해한다. 따라서 두 분 스승이 화와 같은 감정을 다루는 방법을 제시할 때도 그 감정들을 억눌

러서는 안 된다고 말한다. 불교와 현대 심리학은 마음을 억압하는 것이 부정적인 결과를 일으킨다는 데 의견을 같이한다. 불교는 부정적인 결과를 피하기 위해 화를 억누르는 대신 그 감정의 기저에 있는 원인을 없애는 방법을 사용한다. 다시 말해 샨띠데바와 달라이 라마는 우리의 성질이 나아가는 방향을 바꾸도록 해서 화처럼 강하게 반발하는 감정이 덜 일어나게 되는 방법을 제시한다. 이 책에서 추천하는 대부분의 사색 방법은 이러한 측면에서 이해해야만 한다. 모토는 굉장히 간단하다. 마음을 다스리라는 것이다. 샨띠데바는 다음과 같은 멋진 비유를 들어 내적인 다스림의 중요성을 강조한다.

내가 어디서 땅 위를 다 덮을 수 있을 만큼
많은 가죽을 구할 수 있을까?
그러나 내 신발 바닥만 덮을 만큼의 가죽도
땅 전체를 덮는 것과 같은 효과를 일으킨다.

마찬가지로 밖에서 일어나는 일들 역시
스스로 자제하기 힘들다.
그러나 내 마음을 자제하면,

다른 것들을 자제할 필요가 어디 있겠는가?

_《입보리행론》제5장 호계정지품護戒正智品 13~14

이 게송은《법구경》에 나오는 붓다의 말씀을 상기시킨다.

마음은 붙잡기 어렵고 경솔하여

어디나 좋아하는 곳에 쉽게 머문다.

마음을 다스리는 것은 진정 훌륭하니

잘 다스린 마음이 행복을 가져온다.

_《법구경》◆ 35번 게송

산띠데바는 이런 불교 기초수행을 '마음의 안내'라고 부르며 5장에서 상세하게 다룬다.

독자들이 주목했으면 하는 또 한 가지 일반적인 원칙은, 산띠데바의 가르침에 담긴 실용적인 측면이다. 그는 모든 것을 해결할 수 있는 마법의 열쇠가 있다고 믿지 않는다. 그는 우리 내면의 능력을 최대한 이끌어 내는 방법을 권장한다. 산띠데바의 많

◆ 《법구경 1》(거해 편역, 샘이 깊은 물, 2003)

은 담론은 인간의 이성적인 측면을 이끌어 내는 데 중점을 두고 있다. 하지만 우리의 인간적인 감성에 호소하는 접근법도 함께 사용하며, 종종 우리의 윤리적 격노에 기대기도 한다. 결론적으로 보자면 그의 전략은 '최고의 결과를 낳을 수 있다면 무엇이든'인 것처럼 보인다. 이 책의 마지막에서 제시하는 인내를 기르는 다양한 방법들은 상식에 근거한 지혜이다. 예를 들어 달라이 라마가 즐겨 인용하는 아래 게송이 실제로 실용적인지 누군가는 의구심을 품을 수 있다.

손쓸 수 있는 일이라면
불쾌해야 할 이유가 무엇이며,
손쓸 수 없는 일이라면
불쾌해 하는 것이 무슨 도움이 되겠는가?

_《입보리행론》 제6장 인욕품 10

오늘날 독자들이 중요하게 생각해야 할 점은, 샨띠데바와 달라이 라마가 '단박에 깨달음(돈오돈수)'을 믿지 않는다는 것을 이해하는 일이다. 이 두 분의 가르침에 담긴 가장 기본적인 전제는, 내면의 수행을 닦는 과정은 시간이 걸린다는 것이다. 실제로 달라이 라마는 이 책에서 가르치는 바와 정반대인, 결과를 단박에 성취할 수 있으리라는 기대야말로 인내심이 없다는 증거라고 정확하게 지적한다. 달라이 라마는 종종 현대의 독자들이 원하는 것은 '제일 좋고, 제일 빠르고, 제일 쉽고, 그리고 가능하다면 가장 싼 방법'임을 지적한다. 자기 향상의 길을 가는 이의 여행은 고된 것이며 오랜 시간 노력이 필요하다. 그럼에도 불구하고 이러한 여행을 떠남으로써 얻을 수 있는 잠재적 보상은 어마어마하다. 심지어 아주 짧은 기간이라도 노력하여 그 길을 가고자 한다면 그는 막대한 이익을 얻을 수 있다. 달라이 라마가 이 여행의 결실을 얻은 이들을 대표할 수 있는 사람이라면, 그 노력의 공덕이 어떠할지는 의심할 필요도 없을 것이다.

케임브리지 대학교 거튼칼리지

게쉐 툽뗀 진빠Gesche Thupten Jinpa

차
례

1장

첫 번째 가르침

• • •

일반적으로 말해서 이 세상의 대표적인 종교들은 사랑, 연민, 그리고 감내의 실천을 중요하게 강조한다. 이는 특히 상좌부, 대승, 그리고 금강승(밀교)과 같은 불교 내의 모든 전통들에 해당된다. 이 전통들은 모두 연민과 사랑이 깨달음으로 향하는 길의 바탕이라고 한목소리로 말한다.

자비심의 수행을 향상시키고 내 안의 본래적인 연민과 사랑의 잠재력을 기르기 위해 중요하게 생각해야 할 점은 이와 정반대가 되는 힘들을 무력화시키는 일이다. 이러한 맥락에서 인내와 감내의 수행이 매우 중요하다. 오직 인내를 통해서만 자비의 힘을 가로막는 장애물을 극복할 수 있기 때문이다.

인내와 감내에 대해서 이야기할 때, 감내에도 다양한 정도가 있음을 이해해야 한다. 뜨겁고 차가운 것을 어느 정도 견디는지부터 시작해서, 위대한 보살들의 높은 수행의 경지에서 발견할 수 있는 인내와 감내까지 그 정도가 다양하다. 인내와 감내는 곤란한 상황이나 환경을 맞닥뜨려도 휘둘리지 않으며 굳건하고 흔들림 없는 상태를 유지하는 능력에서 온다. 따라서 인내와 감내는 나약함의 상징이 아니라 흔들림 없이 굳건함을 유지할 수 있는 심오한 힘에서 비롯한 강력함의 상징이다. 일반적으로 인내와 감내를 이와 같은 의미로 정의할 수 있다. 예를 들어 더위와 추위 같은 일정한 육체적 곤란을 어떻게 감내하느냐에 따라 우리의 태도는 큰 영향을 받는다. 만일 이 순간 닥친 곤란한 상황을 견디는 것이 장기적으로 훨씬 이익이 된다는 것을 깨달으면 일상의 곤란함도 더 잘 견딜 수 있을 것이다. 마찬가지로 높은 경지의 인내와 감내의 실천인 보살도를 수행하는 이들에게도 이런 지성이 인내의 수행을 지탱하는 중요한 역할을 한다.

불교 수행의 입장에서 인내와 감내를 실천하는 것이 가치 있는 것은 물론이거니와 일상생활에서 마음의 고요, 평온, 그리고 침착함을 유지하고 지속시키는 것 역시 막대한 이익을 불러온다. 어떤 사람이 인내하고 감내하는 능력이 있다면, 아무리 힘들고 미칠 듯한 스트레스를 받는 상황에서도 흔들림 없이 마음의 고요함과 침착함을 유지할 수 있을 것이다.

나는 이번 강의에서 불교 문헌들 가운데 특히 대승불교권의 문헌을 가르치고자 한다. 이 문헌이 제시하는 많은 수행은 보리 심을 닦고 보살의 계율에 따르는 삶을 지향하는 대승불교 수행 자의 입장에서 기술한 것이다. 그러나 여기에 나온 많은 기술과 방법들은 보살행을 닦지 않는 이들, 혹은 불교를 종교로 받아들 이지 않는 이들도 충분히 수행할 수 있다.

이 문헌은 산스크리트어로 bodhisattva-cārya-avatāra라고 하 며, 번역하자면《입보리행론》이라고 부를 수 있다. 보살행에는 세 가지 단계가 있다. 첫 번째 단계는 보살도에 들어가는 단계 로, 모든 중생의 복지를 위해 깨달음을 얻고자 하는 열망인 보리 심을 일으키는 것이다. 이것이 첫 번째 단계이다. 그다음 단계로 는 실질적인 수행의 단계인데 이는 육바라밀의 수행을 말한다. 보리심을 일으킬 수 있는 주요한 행동 규범인 여섯 바라밀행 가 운데 하나가 바로 인내 또는 감내이다. 세 번째 단계는 이 보살 행의 결과로, 불성의 경지에서 직접 행을 실천하는 것이다.

《입보리행론》의 첫 장에서 샨띠데바는 모든 중생의 복지를 위해 불성을 성취하겠다는 이타적 열망인 보리심을 일으키는 것의 복덕과 이익에 대해 이렇게 말한다.

고귀하고 숭고한 마음을 일으키신

그분의 몸에 예경합니다.

자신을 해친 이들에게도 행복을 이어 주시는

행복의 원천이신 그분께 귀의합니다.

_《입보리행론》제1장 보리심 공덕 찬탄품 36

이 게송에서 샨띠데바는 이 이타적인 서원이 다른 모든 중생을 도울 수 있는 무한한 능력을 일으킬 수 있기 때문에 그런 무한한 이타심을 일으킨 사람은 진정으로 존경과 경의의 대상이 될 자격이 있다고 말한다. 이 무한한 이타심은 그 자신뿐만 아니라 다른 중생에게도 기쁨과 행복의 원천이 되기 때문에 그분과 관계를 맺는 일은 다른 이들의 삶에 지대한 영향을 남길 것이다. 심지어 그분에게 해를 끼치거나 그분과 나쁜 관계를 맺더라도 결국에는 긍정적인 결과를 불러올 것이며 장차 이익이 될 것이다. 이것이 무량한 이타심이 가진 힘이다.

이 무량한 이타심의 진정한 토대가 바로 자비이다. 자비가 무량한 이타심의 뿌리이기 때문에 짠드라끼르띠(Candrakīrti, 월칭月稱. 7세기)는 그의 책《입중론入中論(madhyamakāvatāra)》에서 붓다, 보살 혹은 명상 수행의 대상인 본존本尊에 예경하는 다른 논사들과 달리 자비심에 예경을 올리며 자비심의 중요성과 가치를 저작

전반에 걸쳐 설명한다. 초심자 수준에서 자비심의 중요성은 경시될 수 없다. 깨달음으로 가는 과정에 있는 수행자에게도 자비심의 가치와 중요성은 소홀히 할 수 없는 것이다. 심지어 불성을 깨달은 경지에 이르더라도 자비심은 여전히 중요하며 고귀하다. 세계의 모든 주요 종교들이 자비를 가르치며 자비로운 자세를 향상시키는 것이 왜 중요한지 각기 다른 방식으로 설명하지만, 결국 자비심이 그 뿌리라는 데는 한목소리를 낸다. 이는 아주 중요하다.

자비심은 크게는 비폭력적이거나 비공격적인 상태의 마음이라고 정의할 수 있다. 그러나 이런 대략적인 정의는 자칫 잘못하면 자비심을 집착과 친밀함과 헷갈리게 만들 위험이 있다.

사랑 또는 자비심에는 두 종류가 있다. 첫 번째 종류는 집착에 기반한 또는 집착으로 물든 자비심이다. 집착으로 물든 사랑혹은 자비심, 친밀감은 매우 편협하고 왜곡되어 있으며, 자기가 애정을 가지고 집착하는 대상이 자기에게 소중하거나 자신과 아주 가까운 사람이라는 생각에 매우 기반을 두고 있다. 이와 달리 진정한 자비심은 그러한 집착을 벗어난다. 순수한 자비심은 그 사람이 내 친구라든가, 내게 소중하다거나, 혹은 나와 연관이 있는 사람이라는 것을 동기로 해서 일어나는 것이 아니다. 진정한 자비심은 다른 이들도 나와 마찬가지로 행복해지고 싶고 괴로움을 극복하려는 본능적 욕망이 있으며, 그들 또한 이 근본적인 열망을 충족시킬 권리가 있음을 이해하는 논리에 근거를 둔다. 이 근본적인 평등성과 공통성을 인식하는 것을 기반으로 친숙함과 친밀함을 기르고, 이를 토대로 사랑과 연민의 마음을 일으킬 수 있을 것이다. 이것이 진정한 자비심이다.

또 하나 자명한 사실은, 수행자가 성취한 지혜의 정도가 자비심의 강도와 깊이를 결정하는 다른 한 축이라는 점이다. 불교에서는 자비심을 세 가지 단계로 논한다. 첫 번째 단계는 지혜가 뒷받침해 주지 않는 자비심이다. 두 번째 단계는 중생은 영원하지 않다는 속성, 즉 무상함이라는 특징을 통찰해 낸 지혜가 뒷받침해 주는 자비이다. 그리고 세 번째 단계는 대상에 차별을 두지 않는 무분별적 자비인데, 현상의 궁극적 본질에 대한 통찰이나 지혜가 그를 뒷받침해 준다. 이 세 번째 단계에서는 중생의 본성은 참나(진아眞我)가 부재하다는 것, 즉 공함을 직관하는 이 본질적 통찰로 중생을 향한 자비로운 태도는 한층 더 강해진다. 이처럼 진정한 자비심과 무량한 이타심은 의지를 가지고 수행해 길러야 하는 것이며, 우리 모두 그런 자비심을 기를 수 있는 잠재력이 밑바탕에 깔려 있다.

나는 우리가 자비심을 기를 수 있는 힘이나 원천을 지니고 있으며 인간의 본래적 성품은 온유하다는 것을 마음속 깊이 믿는다. 온유함은 인간뿐만 아니라 모든 중생이 지닌 가장 본래적인 특성이다. 모든 살아 있는 존재는 불성佛性을 가지고 있다는 불교 교리에 기대지 않더라도 내 믿음을 증명할 수 있는 다른 증거들이 있다. 예를 들어 어릴 때부터 죽을 때까지 인간의 삶을 살펴보면 보살핌을 받고 서로 사랑을 주고받는다. 상대방이 베푸는 사랑을 느끼고 우리가 반응하는 방식이 자기 자신을 근본적으로 성장시켰음을 알 수 있다. 이와 더불어 우리는 사랑하는 마음이 내면을 어떻게 바꾸는지도 잘 알고 있다. 사랑하는 마음과 행동, 생각들이 건강과 육체의 행복에 미치는 긍정적인 영향을 생각해 보면 우리 몸에도 훨씬 좋을 것이다. 그와 정반대로 행동했을 때 건강을 얼마나 망치게 될지를 생각해 봐도 알 수 있다. 이런 이유로 나는 온유함이 인간 존재의 특징이라고 추론한다. 만일 그렇다면 우리 존재의 근원적 특징인 온유함에 맞추는 삶을 추구하는 것이 훨씬 더 합리적일 것이다.

그러나 실제로 우리는 마음 안에서 수많은 갈등과 긴장을 발견한다. 뿐만 아니라 가족, 사회, 국가, 그리고 국제적인 관계에서도 갈등과 긴장을 숱하게 찾아볼 수 있다. 이러한 현상은 어떻게 이해할 수 있을까?

이러한 갈등을 일으킨 많은 요인 가운데 하나는 우리가 지닌 상상력, 다른 말로 지성이라고 나는 생각한다. 하지만 또한 지성을 통해서야 이러한 갈등들을 극복할 수 있는 방법과 수단을 찾을 수 있다고 생각한다. 인간의 지성이 야기한 갈등을 인간의 지성으로 극복해야 하는 이 상황에서 중요한 요소가 바로 우리가 지닌 자비심이다. 우리가 처한 현실을 바라봤을 때 외적이고 내적인 갈등을 극복하는 최선의 방법이 화합의 정신이라는 것은 자명하다. 그리고 이 화합의 정신은 자비심과 아주 깊은 관련이 있다.

자비심의 한 측면은 다른 이들의 권리와 의견을 존중하는 것이다. 이것이 화합의 기본이다. 자비심을 바탕으로 한 화합의 정신은 내면 깊은 곳에서 작동한다. 인간의 기본 자질이 온유함이기 때문에, 설사 폭력이나 나쁜 일들을 겪었다고 해도 궁극적으로는 인간의 기본 감성인 자애慈愛에 가장 적합한 해결책이 있다고 나는 생각한다. 따라서 자애慈愛 혹은 자비심은 종교에 국한된 문제가 아니라 우리 일상생활에서도 절대 따로 떼어 생각할 수 없다.

이러한 논의를 염두에 두고 본다면 감내 수행이 얼마나 가치 있는지 알 수 있다. 어렵더라도 실천할 만한 충분한 가치가 있을 것이다.

산띠데바의《입보리행론》제6장 인욕품 첫 번째 게송은 다음과 같다.

1

일천 겁 동안 쌓아 올린 보시와

붓다에게 올린 공양 등의

(어떤) 선행이라 하더라도

단 한 번의 화로 모두 무너질 수 있다.

이 첫 번째 게송의 뜻은 이러하다. 한 수행자가 인내나 감내의 수행을 완성하려면 아주 강력한 열망이 필요하다. 수행자의 열망이 강하면 강할수록 수행의 길에서 만나는 시련을 견뎌 낼 수 있는 힘이 더 강해지기 때문이다. 뿐만 아니라 수행자는 이를 통해 수행 과정에서 필수적으로 겪는 고행을 기꺼이 받아들일 준비를 할 수 있기 때문이다.

인내 수행의 첫 번째 단계는 이 강력한 열망을 일으키는 것이다. 이러한 열망을 일으키려면 증오나 화가 지닌 해로움을 인식하고 인내와 감내의 이로움에 대해 깊이 숙고하는 것이 필요하다.

이 첫 번째 게송에서는 화나 증오를 일으키는 일은 그것이 아무리 순간적이었더라도 천 겁 동안 쌓아 놓은 공덕을 단번에 무너뜨릴 수 있다고 말한다. 짠드라끼르띠 역시《입중론》에서 한 순간의 화나 증오가 백 년 동안 쌓은 복덕을 무너뜨릴 수 있다고 말한다. 이 두 문헌의 차이는 화나 증오가 향하는 대상에 대한 관점의 차이이다. 두 문헌에서 화 때문에 무너지는 복덕의 차이는 이렇게 설명할 수 있다. 만일 화나 증오의 대상이 수행 경지가 높은 보살이라고 한다면 무너질 복덕의 양이 훨씬 클 것이다. 반면 보살이 다른 보살에게 화나 증오를 일으키면 무너지는 공덕의 양은 비교적 적을 것이다.

그러나 우리가 수억 겁 동안 쌓아 온 복덕이 단 한순간의 화로 무너진다고 말할 때, 어떤 종류의 공덕이 무너지는지 알아야 한다. 우리가 읽는《입보리행론》과 짠드라끼르띠의《입중론》에서는 수행 과정에서 복덕이 지혜의 측면이 아니라 방편의 측면이라는 데 동의한다. 특히 방편의 측면 가운데에서도 보시바라밀을 수행함으로써 쌓은 공덕과 지계바라밀, 즉 윤리적으로 계율을 지키며 살아서 쌓은 복덕이 무너진다. 반면 현상의 본질에 대한 통찰을 일으키는 지혜바라밀을 수행함으로써 쌓은 복덕과 명상 수행으로 쌓은 복덕, 명상을 통해 성취한 지혜는 화나 증오로 무너지는 복덕이 아니다.

게송에 사용된 '겁劫'이라는 용어는 불교의 특별한 시간 단위로, 아비달마 사상 체계를 근거로 한 것이다. 여기서 겁이란 '대겁大劫'을 말하며, 스무 중겁中劫이 모여야 한 대겁이 된다. 이는 불교의 우주관하고도 관계가 있다. 이 우주관은 우주 전체의 진화 과정을 설명한다. 예를 들어 아비달마 우주관에 따르면 시간의 진화를 공겁空劫, 성겁成劫, 주겁住劫, 괴겁壞劫 네 단계로 설명하며 각각의 겁은 상세한 체계에 따라 다시 나뉜다. 우주가 150억 년에서 200억 년에 걸쳐 진화해 왔다는 빅뱅 이론에 근거한 현대 천체 물리학과 불교의 우주관을 비교해 보는 것도 흥미로울 것이다.

이 게송에 따르면 지혜, 특히 현상의 궁극적 본질에 대한 통찰(空에 대한 깨달음)을 통해 쌓은 공덕과 사마타 수행(삼매三昧)으로 깨달은 것을 토대로 쌓은 공덕은 화나 증오로 무너지는 공덕과는 전혀 관계가 없다. 이를 통해 우리는 지관止觀 수행, 즉 사마타 수행과 공성에 대한 분석적 통찰인 위빠사나 수행의 중요성을 이해할 수 있다.

두 번째 게송은 다음과 같다.

2
증오만큼 악한 것은 없으며
인내만큼 견디기 힘든 고행도 없다.
그러니 최선을 다해 모든 방법을 다 써서
인내를 수행해야 한다.

일반적으로 자만, 오만, 질투, 욕망, 육욕, 닫힌 마음 등 고통스러운 마음을 일으키는 많은 번뇌가 있지만 이들 가운데에서 증오나 화가 가장 악하다. 이렇게 말하는 데에는 두 가지 이유가 있다.

첫 번째로, 이타심에서 비롯된 서원과 선한 마음을 고양시키는 보리심을 수행하는 이들에게 증오나 화는 큰 걸림돌이 된다. 증오나 화야말로 보리심 수행의 가장 큰 장애물이다.

두 번째로, 증오나 화를 일으키면 수행자의 공덕과 마음의 평정심이 무너질 수 있다. 이런 이유로 증오를 가장 악하다고 여기는 것이다.

불교 심리학에 따르면, 증오는 여섯 가지 근본 번뇌 가운데 하나이다.◆ 티베트어로는 '제당zhe sdang'이라고 하는데, '분노' 또는 '화, 증오'로 번역할 수 있다. 하지만 나는 '분노' 대신 '화, 증오'로 번역하는 것이 더 합당하다고 생각한다. '분노'는 특별한 경우 긍정적으로 받아들여질 가능성이 있기 때문이다. 예를 들어 자비를 동기로 해서 분노가 일어날 수도 있고, 긍정적인 행동을 일으키는 시발점이나 촉매제로 분노라는 감정이 작동할 수 있기 때문이다. 이처럼 특정 상황에서 분노가 긍정적으로 해석될 수 있다. 반면 증오는 긍정적으로 해석될 여지가 전혀 없다.

증오나 화가 완전히 부정적인 것이기 때문에 이 '증오, 화'를 밀교의 맥락에서 티베트어 '제당'을 번역하는 데 절대 쓰면 안 된다. 가끔 우리는 '증오를 수행의 길로 삼아'라는 표현을 듣는다. 이는 오역이다. 밀교의 맥락에서 볼 때 '증오'는 잘못된 단어 선택이다. 여기에서는 '분노'를 써야 한다. 다시 말해 티베트어 '제당'은 '분노' 또는 '증오, 화'로 번역할 수 있지만 '분노'는 긍정적인 의미로도 쓰이므로 '제당'이 번뇌의 하나로 쓰일 때는 반드시 증오로 번역해야 한다.

두 번째 게송의 마지막 두 행은 아래와 같다.

◆ 여섯 가지의 근본 번뇌란 탐욕, 증오, 어리석음, 자만, 의심, 잘못된 견해의 여섯 가지이다.

그러니 최선을 다해 모든 방법을 다 써서

인내를 수행해야 한다.

우리의 목표는 감내할 수 있는 능력의 한계를 높이고 인내의 수행을 강화하는 것이기 때문에 특히 화의 힘을 상쇄할 수 있어야 한다. 따라서 수행자는 모든 방법을 다 동원해서 인내와 더욱 더 익숙해지도록 노력해야 한다. 이런 노력은 현실에서뿐만 아니라 상상 속에서도 특정한 상황을 가정해 떠올린 다음 그 상황에서 어떻게 반응할지 관찰하는 것까지 포함한다. 수행자는 증오와 맞서 싸워야 하고 인내하고 감내하는 능력을 향상시키도록 끊임없이 노력해야만 한다.

3

마음에 증오라는 고통스러운 생각을 품고 있으면

마음의 평온을 경험할 수 없다.

기쁨과 행복을 얻을 수 없으며,

잠도 (잘) 오지 않고, 불안해질 것이다.

세 번째 게송은 화가 끼치는 두드러지고, 명확하며, 직접적으로 해로운 영향을 요약하고 있다. 예를 들어 화라는 강력한 생각이 일어날 때, 바로 그 순간 화를 일으킨 사람은 화에 압도당하고 내면의 평화와 평정심을 잃어버리고 만다. 화가 내면에 자리잡으면 화를 내는 사람은 긴장하고 초조해지며 식욕을 잃고 잠도 제대로 못 자게 될 것이다.

　일반적으로 말해서 우리의 존재 목적은 행복과 성취라고 생각한다. 불교적 입장에서도 행복이나 성취의 네 가지 요소를 말할 때, 종교의 궁극적 열망인 윤회로부터의 해방과 깨달음이라는 목표를 논외로 하면 나머지 두 요소는 세상에서 기쁨과 행복을 성취하는 일이다. 이 두 요소는 우리가 세속적인 측면에서 이해하는 기쁨이나 성취를 말한다. 기쁨과 행복을 더 제대로 경험하는 데 필요한 진정한 열쇠는 마음의 상태에 달려 있다. 그런 마음의 기쁨과 행복을 성취하는 데 도움이 되는 다양한 요소들이 있다. 흔히 우리는 행복한 삶의 필수 조건 중 하나로 건강한 몸을 행복의 원천으로 본다. 또 다른 요소는 부富를 축적하는 일이다. 세속적인 입장에서 우리는 이처럼 건강과 재산을 행복한 삶의 원천이라고 여긴다. 세 번째 요소는 친구 또는 동반자의 존재 여부다. 행복하고 충만한 삶을 영위하려면 우리가 믿고 감정을 나누는 친구가 필요하다고 본다.

이 모든 것이 실질적인 행복의 원천이다. 그러나 행복하고 충만한 삶을 영위한다는 목표를 위해 이들을 충분히 활용하려면 마음의 상태가 결정적으로 중요하다. 만일 남을 미워하는 마음을 품거나 가슴 깊은 곳 어디쯤 강렬한 화가 머물러 있으면 그 때문에 자신의 건강을 망치고 행복의 조건들 가운데 하나를 잃게 된다. 아무리 훌륭한 것들을 소유하고 있어도 화나 증오라는 강렬한 순간에 사로잡히면 그 좋은 것들을 부수거나 집어 던져버리고 싶은 충동을 느낀다. 부富 하나만으로는 우리가 그토록 가지고 싶었던 행복이나 충만한 삶을 보장받을 수 없다. 마찬가지로 극도의 화나 증오가 일어나면 아무리 가까운 친구도 어쩐지 차갑고 멀게 느껴지거나 무척 화가 난 것처럼 보일 것이다.

지금까지 이야기한 바와 같이, 기쁨과 행복의 성취를 결정하는 가장 중요한 것은 바로 우리의 마음 상태이다. 불법 수행의 측면을 논외로 하더라도, 우리가 일상에서 하루하루 세속적인 행복을 추구할 때 평온함이 강할수록 마음의 평화도 커지며 행복하고 기쁜 삶을 즐길 수 있는 힘도 더욱 커진다. 하지만 마음의 평온함이나 평화에 대해 말할 때 완전히 무심하고 무신경한 상태, 즉 멍함이나 넋이 나간 듯한 무감각한 상태와 헷갈려서는 안 된다. 이러한 무신경하고 무감각한 상태는 여기에서 말하는 마음의 평온과는 전혀 다른 것이다.

진정한 마음의 평화는 자애와 연민에 그 뿌리를 두고 일어나는데, 아주 높은 수준의 민감성으로 대상을 느끼고 감지해야 한다. 내면의 수행이 부족해서 마음의 평온이 결여되었을 때는 우리가 외적으로 아무리 편리한 조건들을 갖추고 있어도 절대 기쁨과 행복을 얻지 못한다. 반대로 우리가 마음의 평온, 즉 내면이 어느 정도 안정되어 있다면 일반적으로 기쁨과 행복의 필요조건이라고 하는 다양한 외적 조건들을 다 갖추고 있지 않다 하더라도 행복하고 기쁜 삶을 누리는 것이 가능하다.

감정이 상하거나, 기대했던 만큼 공평한 대우를 받지 못했을 때 화나 증오로 가득한 감정이 우리 안에서 일어난다. 화가 일어나는 과정을 면밀히 살펴보면, 화는 우리에게 해를 끼친 이에게 보복하거나 그에 맞서 함께 싸워 줄 보호자나 친구처럼 다가온다는 것을 느낄 수 있다. 화나 증오에 찬 생각은 마치 보호막이나 보호자로 가장해 일어난다. 하지만 이는 환상에 불과하며 마음의 망상적 상태라고 할 수 있다.

짠드라끼르띠는 《입중론》에서, 만일 피해를 입은 당사자에게 보복이 어떤 식으로든 도움이 되거나, 지금까지 당한 피해와 몸의 상처로 겪은 고통을 보복으로 완화할 수 있거나, 이미 벌어진 일을 미리 막을 수만 있다면 폭력으로 보복하는 일이 정당화될 수도 있다고 말한다. 그러나 알다시피 그런 일은 현실에서 일어나지 않는다. 피해를 입은 일은 이미 일어난 과거의 것이다. 이미 발생한 피해나 몸의 상처로 입은 고통을 보복으로 없애거나 완화할 수 없고, 보복을 한다고 해서 이미 일어난 일을 미리 방지할 수도 없다. 이미 일어나 버린 일이기 때문이다.

만일 어떤 이가 견디지 못하고 부정적인 방법으로 반응한다면, 그 즉시 얻을 수 있는 이익도 없을 뿐더러 부정적인 태도와 감정이 일어나서 그 사람의 미래에 있을 곤란한 일의 씨앗이 될 것이다. 불교적 관점에서 볼 때 보복의 결과는 보복을 한 그 사람에게만 돌아가 미래세에 그 과보를 받아야 한다. 결론적으로 보복은 당사자에게 어떠한 즉각적인 이익도 주지 못하며 길게 보면 결국 그 자신에게 해만 될 뿐이다.

그렇지만 다른 사람을 부당하게 대우하거나 그 상황에 대해 어떤 사과도 없이 지나간다면 죄를 저지른 사람에게 매우 부정적인 결과가 일어날 것이다. 그러한 상황에서는 아주 강력한 대책이 필요하다. 부당한 상황에 처했다면 가해자에 대해 화나 증오의 마음을 품지 말고 자비심을 내는 동시에, 매우 강경한 입장을 취하고 적극적으로 대안을 실행에 옮겨야 한다. 만일 어떤 보살이 굳건한 대응이 필요한 상황에 처했는데도 대안을 강력하게 실행에 옮기지 않으면 이는 보살계 가운데 하나를 위반하는 것이 된다.

이와 더불어《입중론》은 증오에 찬 생각을 일으키면 내생에 바람직하지 못한 몸으로 태어나며, 화가 일어나는 순간에는 아무리 품위 있는 척해도 얼굴은 오히려 추해질 것이라고 말한다. 불쾌한 말이 오가며 그 사람이 보내는 기운도 매우 공격적으로 느껴질 것이다. 그런 기운은 그 사람 몸에서 마치 무엇인가 흘러나오는 것처럼 느껴진다. 그런 기운은 사실상 다른 사람들에게도 몹시 부정적으로 느껴질 뿐만 아니라 동물들도 그 순간에는 그런 사람을 피하려고 할 것이다.

지금까지 말한 것들이 증오가 초래하는 즉각적인 결과이다. 증오는 몸을 매우 추하고 불쾌하게 변화시킨다. 화나 증오가 강렬하게 일어나면 옳고 그른 것을 비롯해 장기적이거나 단기적인 결과를 판단하는 우리 뇌의 가장 중요한 기능을 완전히 정지시켜 버린다. 이 부분이 더 이상 기능하지 않으면 마치 실성한 것처럼 행동하게 된다. 이것이 화와 증오의 부정적이고 유해한 결과들이다. 이처럼 화나 증오가 부정적이고 유해한 결과를 초래한다면 우리는 감정의 폭발을 멀리할 필요가 있다.

화와 증오에 가득 찬 생각이 초래하는 해로운 결과들은 돈으로 막을 수 있는 것이 아니다. 백만장자라 하더라도 화나 증오의 부정적인 결과들을 피할 수 없으며 교육을 많이 받는다고 해서 부정적인 결과를 방지할 수 있으리라는 보장을 못한다. 법도 마찬가지다. 핵폭탄이나 그 아무리 고성능 방어 체계를 갖춰도 부정적인 결과로부터 당사자를 보호하거나 방어해 줄 수 없다.

화와 증오가 초래하는 유해한 결과로부터 자신을 보호할 수 있는 유일한 길은 오직 인내와 감내의 수행에 의지하는 것이다.

명

상

5분 동안 조용히 명상하며 지금까지 우리가 논의해 온 것을 되짚어 봅시다.

청중1　　지난밤에 존자님께서 우리의 본성이 자비롭고 온화하다고
말씀하신 걸로 기억합니다.

달라이 라마　그렇죠.

청중1　　그렇다면 증오는 어디에서 오는 것인지요?

달라이 라마　그 질문은 아주 오랜 시간 동안 토론해야 할 질문입니다. 불
교적 입장에서 답하자면 증오는 그 시작이 없습니다(무시無始). 덧붙여
말해 불교도들은 의식에 굉장히 많은 층이 있다고 믿습니다. 가장 미
세한 의식은 우리가 이전 생, 현생, 다음 생의 기반이 되는 의식입니다.

이 미세한 의식은 원인과 조건의 결과로 일어나는 일시적 현상입니다. 불교도들은 의식 자체가 물질에서 만들어지는 것이 아니라고 결론을 내렸습니다. 따라서 의식은 연속적인 흐름(심상속心相續)일 수밖에 없습니다. 이것이 윤회의 기본 이론입니다.

무지無知나 무명無明, 증오 역시 의식이 있는 곳에서 일어납니다. 이러한 부정적인 감정들이나 긍정적인 감정들 또한 그 시작이 없습니다. 이 모든 것들은 우리 마음의 한 부분입니다. 그런 부정적인 감정들은 무명無明으로부터 일어나는데, 이 무명無明의 존재를 성립시킬 어떠한 타당한 근거도 없습니다(즉, 영원불멸의 진실한 존재가 아니다). 어떤 부정적인 감정들이 아무리 강력할지라도 그것은 견고한 기반을 가지고 있지 않습니다. 반면 연민이나 지혜 같은 긍정적인 감정들은 기반이 확고합니다. 화나 증오 같은 번뇌와는 달리 논리와 이해에 기반한 근거가 있습니다.

가장 미세한 의식 자체의 기본 성질은 중립적입니다. 그래서 이 모든 부정적인 감정들을 정화하거나 없애 버릴 수 있습니다. 이 본성을 우리는 불성佛性이라고 부릅니다. 증오와 부정적인 감정들은 시작이 없습니다. 하지만 끝은 있습니다. 의식 자체는 시작도 끝도 없습니다. 이 점에 대해서는 확실하게 말할 수 있습니다.

청중2   강력한 대처 방법이 언제 필요한지, 또 무슨 대처 방법이 필요한지 어떻게 판단할 수 있을까요? 중국 공산당이 티베트인을 대량 학살한 일에 대한 존자님의 대응에서 우리가 배울 수 있는 점에 대해 가르침을 주시길 바랍니다.

달라이 라마 여러분을 해치는 사람에 대해 강력한 대처법을 사용할 필요가 있는 경우 중 하나는, 만일 상황을 내버려 두었을 때 그 사람의 행동이 나쁜 습관이 될 위험이 있을 때입니다. 계속 그렇게 놓아두면 자기 자신에게 가장 해롭고, 결국 자신의 나쁜 행동 때문에 몰락을 초래할 것입니다. 따라서 이러한 경우에는 그 사람에 대한 자비심이나 다른 이들에 대한 염려의 마음으로 강력한 대처법을 써야 할 필요가 있습니다. 자비로운 동기로 마음을 내었다면, 강력한 대응책을 쓰더라도 그 사람에 대한 염려의 마음을 지닐 수 있습니다.

우리는 중국 정부에 대해 부정적인 감정으로 대하지 않으려고 항상 노력했습니다. 감정이 우리를 지배하지 않도록 매우 주의하고 있습니다. 조금이라도 화와 비슷한 감정이 일어날 것 같으면 의식적으로 우리를 재점검하고 감정을 줄여서 중국 정부를 향해 자비심을 일으키려는 노력을 해 왔습니다.

범죄를 저지른 사람이나 침략자에 대해 자비심을 일으킬 수 있는 까닭은, 그가 범죄를 저지름으로써 그것이 훗날 바라지 않는 결과를 일으키게 될 원인과 조건들을 쌓고 있기 때문입니다. 이런 관점에서 본다면, 침략자에 대해서도 충분히 자비심을 일으킬 수 있다고 생각합니다.

이러한 고찰을 통해 우리는 중국 정부에 대처하고 있습니다. 중국 정부에 대한 이러한 대처 방법이 증오와 적개심을 다루는 한 예가 될 수 있을 것입니다. 이와 더불어 우리의 원칙을 굳건하게 지키며, 필요한 경우 강력한 대처 방안을 쓰는 것이 중요하다는 것을 잊어서는 안 됩니다.

청중3　가끔 제가 증오를 없애려고 노력할 때, 저 자신은 상대방에게 증오의 감정이 없음에도 되레 다른 사람의 화를 더 키우는 경우가 있습니다. 이럴 때는 어떻게 하면 좋을까요?

달라이 라마　매우 좋은 질문입니다. 그런 경우에는 상황에 맞게 즉각적으로 방법을 결정해야 합니다. 이때 실제 상황의 맥락을 파악하는 감수성이 필요합니다. 당신의 말대로 어떤 상황에서는 미워하는 마음이 없었더라도 강력한 대처가 오히려 다른 이의 증오나 화의 감정을 악화시킬 수 있습니다. 그 경우에는 그냥 지나가게 놔두거나 강력한 대응책을 쓰지 않는 것도 가능한 방법입니다.

하지만 그 대처 방법이 낳을 결과를 판단해야만 합니다. 만일 강력하게 대처하지 않아서 그 일이 훗날 해가 될 일을 습관적으로 반복하게 만든다면 차라리 처음부터 강력한 대처 방법을 쓰는 것이 낫습니다. 하지만 강력한 대처가 상황을 오히려 악화시키고 다른 사람의 화나 증오를 키우는 셈이 된다면, 강력한 방법을 쓰지 않고 그저 지나가게 놔두는 것이 좋습니다. 그래서 특정 상황에 대한 감수성이 필요하다는 것입니다.

이는 불교의 원칙들 가운데 하나와 매우 흡사합니다. 즉, 자신의 이익에 관한 한 조금 덜 관여하고 책임을 덜 지며 일이나 사업을 적게 벌이는 것이 이상적이겠지만 큰 공동체의 이익에 대해서는 더 적극적으로 참여하고 가능한 더 많은 일을 해야 한다는 것입니다.

청중4   한순간 일으킨 화가 많은 공덕을 무너뜨린다고 하는데, 같은 양의 공덕을 무너뜨리는 게 맞지 않을까요? 한순간의 행복을 만들기 위해서는 여러 겁의 공덕을 쌓아야 하는데, 화를 일으키면 행복한 순간을 방해해 버리기 때문인가요?

달라이 라마 답하기 매우 어려운 질문입니다. 그렇기 때문에 이 질문이 중요하기도 합니다. 아마도 이러한 점들은 불교 인식론에서 말하는

"매우 두텁게 가려 있는 현상"이라고 부르는 것들일 겁니다. 일반적으로 말하자면, 현상의 본질과 관찰하는 대상에 대해 이야기할 때 불교는 현상을 세 가지 범주로 분류합니다. 첫 번째는 우리의 감각 기관이 명백하게 인식할 수 있는 모든 현상과 일어나는 사건들입니다. 두 번째는 우리 감각 기관으로 감지할 수 있을 만큼 뚜렷하지는 않지만 추론, 즉 논리를 통해 이해하거나 알아차릴 수 있는 현상입니다. 통찰 수행 또는 위빠사나 수행을 함으로써 공성을 알아차리는 것을 그 예로들 수 있습니다. 이 공성은 감각 기관으로 뚜렷하게 인지할 수 있는 것은 아니지만 논리적 분석으로 현상의 참나가 공하다는 것을 추론할 수 있습니다. 마찬가지로 끊임없이 변하는 무상함, 순간순간 변하는 현상의 본질 역시 논리적 사고로써 깨칠 수 있습니다. 세 번째가 앞에서 말한 "매우 두텁게 가려 있는 현상"이라고 부르는 것입니다.

질문하신 것에 대해 대답을 하자면, 한순간의 화나 증오가 여러 겁 동안 쌓아 올린 공덕을 무너뜨릴 수 있습니다. 이런 현상은 논리적 추론으로 이해할 수 있는 것은 아닙니다. 뚜렷하게 알 수도, 논리를 통해 간접적으로 알 수도 없습니다. 오직 우리가 받아들일 수 있는 경전의 증명에 의지해야만 이해할 수 있습니다. 경전의 증명에 의지한다고 말할 때, 모든 경전이 다 해당하는 것은 아닙니다. 권위 있는 경전은 특별한 기준을 가지고 있습니다.

따라서 불교도들은 모든 종류의 경전과 그 경전의 권위가 어떻게 연관이 있는지 이해하는 것이 중요합니다. 불교 전통 안에서 비바사 학파(毘婆沙師, Vaibhāṣika, 설일체유부說一切有部라고도 함)는 석가모니 붓다의 가르침(아함부 경전)을 경전으로 삼고, 경전에 기록되어 있는 것을 글자 그대로 받아들입니다. 그래서 비바사 학파는 글자 그대로 받아들이며 절대적인, 뜻이 명료한 경전(즉, 요의了義)과 해석이 필요한 경전(불료의不了義) 사이의 구분을 못합니다. 그러나 모든 대승불교 학파들은 다른 경전들을 잘 구분할 줄 알아야 한다고 주장합니다. 어떤 경전은 글자 그대로를 명료한 가르침으로 받아들이고, 어떤 경전은 있는 그대로 받아들여서는 안 되며 해석이 필요하다는 것입니다.

이렇게 설명하면 질문이 하나 생깁니다. 어떤 경전이 절대적이며 있는 그대로 받아들일 수 있는지를 어떻게 판단할 수 있을까요? 만일 이 판단을 내리기 위해 또 다른 경전을 근거로 삼아야 한다면 판단 과정은 무한 반복의 오류에 빠질 것입니다. 왜냐하면 그 경전 역시 다른 경전에 의지하기 때문입니다. 결국 경전의 권위에 대한 판단은 인간의 논리적 사고와 이해에 달려 있습니다. 뜻이 명료한 경전과 해석이 필요한 경전은 우리의 논리와 이해를 통해 그 차이를 결정지어야 합니다. 만일 그렇다면 어떤 현상이 세 번째 범주인 '매우 두텁게 가려진 현상'에 속했을 때 그것이 타당한지를 어떻게 알 수 있을까요?

앞에서 말했듯 매우 두텁게 가려 있는 현상들은 전적으로 경전의 권위, 혹은 붓다께서 증명하는 것에 의지해서 타당성을 받아들여야 합니다. 그러기 위해 스승의 가르침, 우리의 경우에는 붓다의 가르침이 의지할 만한지를 살펴볼 필요가 있습니다. 경전을 근거로 들어서는 앞서 말했듯 붓다의 가르침이 의지할 수 있는 것인지 증명할 수 없습니다. 그 대신, 우리가 이해할 수 있는 현상들에 대한 붓다의 가르침이 타당한지를 논리적 사고, 즉 논증을 통해서 검토해 봐야 합니다. 논리를 통해 검토해야 할 것들은 수행의 길에 대한 붓다의 가르침, 현상의 본질에 대한 붓다의 가르침 등이 있습니다.

이러한 것들에 대한 붓다의 가르침이 타당하다고 판단된다면 스승의 가르침에 대한 신뢰는 더욱 견고해질 것입니다. 이와 더불어, 매우 두텁게 가려 있는 현상들을 다루는 경전들을 검토해 봐야 합니다. 즉, 이러한 현상들에 대한 가르침이 한 경전 내에서 서로 논리적인 모순이나 충돌을 일으키고 있지 않은지를 살펴야 합니다.

이러한 두 가지 방법을 통해 우리는 붓다가 믿을 수 있는 스승이며 경전 자체에 어떤 내적인 모순 혹은 불일치성이 없음을 알 수 있습니다. 이로써 붓다께서 증명하는 것을 우리가 신뢰할 수 있다고 받아들이는 것입니다.

청중5　아이들에게는 인내를 어떻게 가르쳐야 할까요? 우리 아이들이 화를 낼 때 어떻게 반응하면 좋을까요?

달라이 라마　아이들에게 인내의 가치와 중요성에 대해서 말로 설명하는 것은 무척 힘든 일입니다. 중요한 것은 아이들이 따라 배울 수 있는 좋은 모범을 만드는 것입니다. 만일 여러분 자신이 항상 성미가 급하고 누가 조금만 건드려도 당장 화를 내면서 아이들에게는 "참아야 해. 인내가 무척 중요한 거야."라고 말하면 전혀 소용이 없습니다.

아이들이 화를 낼 때 어떻게 잘 반응해야 하는지 저로서도 대답하기 쉽지 않은 질문입니다만, 이 책에서 가르치는 인내 수행의 방법이 안내하는 많은 일반적인 원칙들이 질문하신 바의 상황 속에서도 적용할 수 있을 것입니다.

청중6　화나 증오가 치밀어 오를 때, 어떤 방법을 써야 이를 완화시킬 수 있을까요?

달라이 라마　그럴 때는 우선 어떤 상황인지를 정확하게 판단하고 무엇이 그 특별한 상황에서 화나 증오를 일으키는지 파악할 필요가 있습니다. 그에 따라 적절하게 대응하고 반응해야 합니다. 이는 또한 개개인이 일상생활에서 실천하고 있는 수행의 종류와도 관련이 있습니다. 이에 대한 답변은 뒤에서 더 설명하겠습니다.

청중7 만일 약점이 될 만한 극단적인 형태의 인내가 없다고 한다면, 보살이 어떻게 강력한 대응법을 실천할 수 있을까요?

달라이 라마 보살의 의미에 대해 약간 오해가 있는 것 같습니다. 보살이 아주 유약한 사람이라고 생각해서는 안 됩니다. 사실상 보살은 가장 용감한 분들로 원칙을 지키겠다는 그들의 결심은 무척 확고합니다. 예를 들어 현실에서 어떤 사람들이 자기 발가락이 밟히는 일처럼 아무리 사소한 일이라도 참지 않고 당장 행동으로 옮길 때, 우리는 그들을 용감하고 강인한 사람이라고 여기곤 합니다. 만일 그렇다면 보살은 모든 중생의 마음속에 존재하는 악과 싸우겠다고 맹세하고 그 결심을 실천에 옮기는 용감한 사람들입니다. 한편으로는 이러한 태도가 거만해 보일 수 있습니다만, 보살의 경우에는 정당한 근거를 기반으로 하기 때문에 거만하다고 할 수 없습니다. 이런 용감한 태도가 어떤 면에서 거만하게 여겨지더라도 부정적인 의미로 생각되지는 않습니다.

산띠데바의 《입보리행론》 제10장 회향품을 보면, 보살들은 어쩌면 현실에서 이루기 힘든 서원들을 세우고 있는 것을 발견합니다. 그럼에도 불구하고 그들은 이러한 서원들의 비전을 가지고 맹세합니다. 따라서 저는 그들을 영웅이라고 생각합니다. 그들은 진정으로 용감한 중생입니다. 그들은 전혀 유약한 존재가 아닙니다. 보살들은 그런 용감한 태도를 지니고 있으며 맞닥뜨린 상황에 따라 필요하다면 강력한 대처법을 반드시 사용할 수 있는 분들입니다.

청중8 우리가 과거에 수행으로 쌓은 복덕을 회향할 때, 이 복덕도 현재의 화나 증오에 의해 무너질 수 있을까요?

달라이 라마 만일 윤회로부터 벗어나 자유를 획득하겠다는 강력한 서원이나 보리심, 이타적인 서원, 혹은 현상에 참나란 존재하지 않는다(공성)는 깨달음을 얻으려는 의지가 밑바탕에 깔려 있다면 물론 그 공덕은 화나 증오에 의해 파괴될 수 있는 범위를 벗어난 것이므로 보호받을 것입니다.

회향은 불교 수행에서 아주 중요한 요소입니다. 미륵보살은《현관장엄론現觀莊嚴論. abhisamayālaṃkāra, mngon rtogs rgyan》에서 이치에 합당하게 회향이 이루어져야 한다고 말하면서 보리심을 깨닫겠다는 강력한 염원이 중요하다는 점을 지적합니다. 복덕을 회향할 때 반드시 보리심을 깨닫겠다는 굳센 염원, 즉 여러분이 쌓은 복덕을 모든 중생의 이익이 되도록 하겠다는 굳건한 생각을 지녀야만 합니다. 이와 더불어 회향할 때는 현상의 자성이 공하다는 깨달음을 명징하게 인식해야 하며 현상은 무상하여 환영과 같다는 점을 투철하게 이해해야만 합니다. 복덕을 회향할 때 회향하는 사람과 회향이라는 행위, 회향의 대상 모두 본질적으로 공하다는 점을 이해하는 것으로 '검인檢印'을 찍어야 합니다. 이를 '세 측면에서 검인을 받음.'이라고 합니다. 이런 수행을 통해서 복덕을 보호할 수 있습니다.

불법의 수행을 효과적이고 강력하게 만들고 싶다면 수행의 단 한 측면에만 집중하는 것은 바람직하지 않습니다. 그렇게 하기 위해서는 많은 보조적인 요소들, 지혜, 회향 등이 필요합니다. 특히 대승불교의 수행에서는 더욱더 절실합니다.

두 번째 가르침

• • •

우리는 일반적으로 우정을 두 가지로 구분한다. 어떤 우정은 부, 권력, 혹은 사회적 지위를 노린 순수하지 못한 관계이다. 이럴 때 친구라고 부르는 사람들은 그들이 원하는 권력, 부, 사회적 지위가 있어야만 주변에 남아 있을 것이다.

　그와 반대로 순수한 인간의 직감에 기반한 진정한 우정이 있다. 여기서 순수한 인간의 직감이란, 서로 공유하고 연결되어 있다는 느낌에서 비롯한 친밀함을 말한다. 이러한 종류의 우정을 나는 순수하다고 한다. 왜냐하면 이 우정은 한 개인의 부나 사회적 지위, 혹은 권력의 나고 듦에 관계없이 지속되기 때문이다. 우정을 지속시키는 요소는 두 사람이 서로 사랑과 온정을 느끼는지 여부에 달려 있다. 만일 사랑과 온정이 없다면 순수한 우정을 지속할 수 없다. 이는 매우 자명한 사실이다.

4

자신의 부와 명예를 왕의 친절함에

기대야 하는 사람들이라 할지라도

그 왕이 증오를 지닌 자라면

그를 죽이겠다고 들 것이다.

5

(증오는) 가까운 이들까지도 낙담시킨다.

베풂으로 끌어모으려 해도 의지하려 들지 않는다.

요약하자면, 증오를 (가진 이에게는)

결코 행복이란 있을 수 없다.

6

이뿐만 아니라 증오라는 적은

많은 괴로움을 일으킨다.

노력하여 증오를 이겨 내는 이들은

현재와 미래의 삶에서 행복할 수 있다.

여섯 번째 게송은 인내나 감내의 가치와 이익에 대해 설명하고 있다. 화와 증오의 부정적인 결과, 인내와 감내의 긍정적인 결과에 대해 생각하면 할수록 이들에 대해 더 명확히 관찰할 수 있게 되고 그러면 더 많은 이들이 화와 증오를 더욱더 조심하고 멀리하게 될 것이다. 더 나아가 인내와 감내에 대한 친밀감을 느끼게 되면 그 자체로 우리 마음에 아주 큰 영향을 준다. 인내와 감내를 실천할 능력을 키우겠다는 열망이 커질 것이고 인내를 직접적으로 실천하는 일 또한 늘어날 것이다.

인내를 기르겠다는 강렬한 의지로 염원하고 이를 실천에 옮기면 현실에서도 인내하고 감내하는 능력을 끌어올릴 수 있게 된다. 샨띠데바의 가르침에서 나오는 방법은, 먼저 화와 증오를 일으키는 원인과 조건들을 찾아 점검해 보는 것에서 시작한다. 이는 어떤 곤란한 상황이나 문제에 대처하는 불교의 일반적 접근 방법과 비슷하다.

불교에서는 모든 것은 원인과 결과의 관계라는 인과법을 보편적인 원칙으로 받아들이며 실제 현실 상황에서도 이러한 인과법을 적용한다. 예를 들어 일상생활에서 우리가 원치 않는 일들이 일어났다고 치자. 그 일이 다시 반복되지 않게 하는 최선의 방법은, 그 일의 원인이 되는 인과적 조건이 발생하지 않도록 방지하는 것이다. 마찬가지로 우리가 어떠한 특정 상황이 일어나기를 바라는 경우라면 그 일을 발생하게 만드는 원인과 조건을 찾아 늘리는 것이 합리적인 방법일 것이다.

우리는 이것을 마음의 상태와 정신적 경험에도 적용할 수 있다. 만일 특정한 경험을 하고 싶다면 그 경험이 일어나게 될 원인을 찾아봐야 한다. 고통이나 괴로움과 같은 특정한 경험이 일어나지 않기를 바란다면 그 상황들을 만드는 원인과 조건을 찾아 그 원인과 조건이 다시는 일어나지 않도록 방지해야 한다.

이러한 인과법의 가치는 매우 중요하다. 화와 증오를 줄이고 이를 극복하고자 하는 염원을 일으키고 나서, 화와 증오가 더는 일어나지 않기를 그저 바라고 기도하기만 한다면 원하는 바를 얻지 못한다. 더불어, 이미 화를 내거나 증오를 일으키고 나서 뒤늦게 무엇인가를 해 보려는 것도 그다지 확실한 효과를 보지 못할 것이다. 그 순간 마음은 이미 화와 증오의 강렬함에 사로잡혔기 때문이다. 이미 사로잡히고 나서 그 감정이 일어나는 것을 막아 보려는 것은 무의미한 일이다. 이미 통제가 거의 불가능해졌기 때문이다.

그러니 최선의 방법은 무엇보다도 화와 증오를 일으키는 원인과 조건이 무엇인지를 파악하는 것이다.

7

원하지 않은 일을 하거나
하고 싶은 일을 못하게 될 때 일어나는
마음의 불쾌함을 먹이로 삼아
화가 커져서 나 자신을 파멸시킨다.

이 게송에서는 화나 증오를 키우는 연료가 무엇인지를 설명하고 있다. 여기서는 마음의 불쾌함으로 번역하고 있지만, "불만"이 더 나은 단어 선택이 아닐까 생각한다. 좀처럼 누그러지지 않는 불만족스러운 느낌, 무엇인가 충족이 안 되는 것 같은 혹은 무엇인가 옳지 않은 듯한 느낌이 화와 증오를 일으키는 땔감이다. 우리는 연료가 되는 이 불만족스럽고 불충분한 느낌을 어떻게 미리 방지할 수 있는지 알아보려고 노력해야 한다. 일반적으로 이 불만족의 감정은 우리 자신이나 우리가 아끼는 누군가, 혹은 우리 친구들이 부당한 대우나 위협을 받았을 때 일어난다. 또한 다른 사람들이 모종의 방식으로 우리가 무엇인가를 성취하는 것을 방해할 때, 우리는 짓밟혔다는 생각이 들면서 몹시 화가 난다. 따라서 그 문제의 뿌리를 찾아 들어가 궁극적으로 화나 증오와 같은 폭발적인 감정 상태로 발전될 인과의 그물을 감정하는 접근 방법을 써야 한다. 요점은 화 또는 증오가 완전히 발화하기 전 초기에 그것을 잠재우는 것이다. 예를 들어 우리가 강의 흐름을 멈추고자 할 때 최선의 방법은 원천으로 거슬러 올라가 물길을 바꾸는 식으로 방법을 강구해 보아야 하는 것이다.

8

그러니 나는 이놈의 먹잇감을

모조리 찾아 없애야만 한다.

이처럼 이 (화라는) 적이 내게 저지르는

일이라고는 해를 입히는 것 말고는 없다.

여기에서의 "적"은 내면의 진정한 적으로, 궁극의 적인 증오를 말한다. 증오라는 감정은 우리의 평정과 평안을 단박에 깨뜨릴 뿐만 아니라 우리를 혼란의 구렁텅이로 던져 놓는다. 온갖 혼란과 문젯거리, 곤경, 끊임없이 마주해야 할 아주 복잡한 상황에 우리를 빠뜨리는 것이다.

그렇기 때문에 이 게송에서 설명하는 바는 사실상 증오라는 내면의 적이 우리에게 하는 일이라고는 오로지 우리를 해치는 일뿐이라는 것이다. 증오는 현재와 미래를 통틀어 우리를 파멸시키는 것 말고는 어떠한 일도 하지 않는다.

이 증오라는 적은 여느 적들과는 사뭇 다르다. 보통 우리가 적으로 여기는 사람은 우리를 해치는 일 외에 밥도 먹고 잠도 자는 등 다른 활동도 많이 한다. 그렇기 때문에 우리를 해치겠다는 프로젝트에 24시간 내내 매달려 있을 수는 없다. 반면, 증오라는 적은 우리를 해치는 일 외에 다른 목적이 없다. 이 사실을 이해한다면 수행을 할 때 이 증오라는 적이 조금이라도 일어나도록 내버려 두지 않겠다는 결심을 해야 한다.

증오와 맞서 싸울 때, "증오는 본래 내 마음의 일부분이고 내 정신의 한 부분이다. 그러니 어떻게 감히 나 자신의 마음과 맞서 싸울 수 있을까?" 하는 생각이 들 수도 있다. 여기서 알아 두면 좋을 것은, 인간의 마음은 복잡할 뿐만 아니라 매우 숙련되어 있다는 점이다. 마음은 곤란한 상황을 헤쳐 나갈 여러 가지 방법과 이러한 상황에 적용할 수 있는 다양한 시각을 찾는 힘을 가지고 있다.

예를 들어 불교 논서들 가운데 미륵보살이 지은 《현관장엄론》은 사성제四聖諦 가운데 첫 번째인 괴로움의 진리(고제苦諦)에 대한 특별한 명상법을 설명한다. 이 명상법은 자신의 몸을 적으로 간주하고 이 적과 일종의 대화를 나눈다. 이와 비슷하게 중생의 복지를 위해 자신의 이타심을 증장하는 보리심 수행에서도 오로지 자신만 생각하는 이기적인 자신과 수행자로서의 자신을 상정하고 대화를 시도하는 명상법이 있다. 또한 화나 증오가 내 마음의 일부분이라면 그들과 전투를 벌일 수도 있을 것이다.

이렇게도 생각해 볼 수 있다. 일상생활에서 우리는 종종 스스로를 비난해야만 하는 상황에 처한다. "아, 이러이러한 날 나 자신에게 실망했다."고 말하며 자기 자신에게 화를 낸다. 사실 우리 안에 서로 다른 두 자아가 있는 것이 아니라 한 개인의 의식의 흐름이 있을 뿐이다. 그럼에도 불구하고 우리는 스스로를 비난하는 방식으로 자신과 대화하는 것이 가능하다는 사실을 경험으로 잘 안다. 자기 자신, 즉 한 개인의 의식 흐름에서 서로 다른 자아가 하나 이상 있는 것은 아니지만 서로 다른 관점들이 존재한다고 가정할 수 있다. "내가 실수했어!" 하고 말할 때, 자기 자신에게 "내가 잘못한 거지!"라며 비판할 수 있다. 비난하는 자아는 자기 자신을 전지적 시점에서 바라보는 관점이고, 비난을 받는 자아는 특정한 경험이나 상황의 관점에서 바라보는 자아이다. 그러므로 자아 대 자아의 관계를 설정하고 수행하는 일은 충분히 가능하다.

이런 맥락에서 자신 안에 있는 다양한 측면들에 대해 사색해 보면 도움이 될 수 있다. 티베트 스님을 한 예로 들어 보자. 이 스님이 "나, 스님"이라고 할 때 승려라는 관점에서 자기 정체성을 세운다. 승려라는 정체성 외에 다른 상태의 자아를 가질 수도 있다. 즉, 티베트인이라는 민족적 정체성을 기반으로 자기 정체성을 확립할 수 있다. 그러면 그는 "나, 티베트인"이라고도 말할 수 있을 것이다. 더 나아가 승려나 티베트인 외에 또 다른 상태의 인간이라는 자아를 성립시킬 수 있다. 그러면 그는 "나, 인간"이라고 말할 것이다. 이렇게 한 사람의 정체성 안에 다양한 관점들을 가질 수 있다. 이것은 우리가 어떤 사실을 개념적으로 생각할 때 그 현상을 여러 관점에서 볼 수 있지만 보통은 어떤 한 개념을 자의적으로 선택한다는 것을 보여 준다. 우리는 한 현상의 어느 특정한 측면에 집중하고 아주 특정한 관점만을 받아들인다.

9

어떤 일이 닥쳐도, (누군가 나를) 불쾌하게 만들어도

내 마음의 평안을 망치지 못하리니,

(그렇지 않으면) 원하는 바를 이루지 못할 것이며,

내 공덕이 쇠퇴할 것이기 때문에.

이 아홉 번째 게송은 인내를 수행할 때 "어떠한 일이 닥치더라도 그 일이 내 마음의 평안을 어지럽히지 못하게 하겠다."는 맹세에 대한 내용이다.

평안은 마음이 고요하거나 안정된 상태를 일컫는 것으로, 불만이나 마음의 불행과 대치되는 단어이다. 자기 마음의 평안이 절대 흐트러지지 않게 하겠다는 맹세를 하는 이유는, 불행이나 불만족스러운 마음 상태가 원하는 바를 성취하는 데 아무 도움도 안 되기 때문이다. 따라서 불행하다는 생각은 매우 해롭고 의미 없는 일이다. 마음의 안정과 행복을 잃어버리면 화와 증오가 생겨서 공덕을 쇠퇴하게 만들기 때문이다.

10
손쓸 수 있는 일이라면
불쾌해야 할 이유가 무엇이며,
손쓸 수 없는 일이라면
불쾌해 하는 것이 무슨 도움이 되겠는가?

이 게송에서 샨띠데바는 마음이 불쾌해지는 일을 피해야 할 또 다른 이유를 설명한다. 만일 당면한 문제가 손써 볼 수 있는 것이라면 화를 내고 불쾌해 할 이유가 없다. 해결을 하면 되기 때문이다. 마찬가지로 당면한 상황의 문제점이나 어려움이 극복할 수 없는 종류의 것이라도 그 일에 대해 화를 내거나 불행할 필요가 없다. 화를 내거나 불행해 하는 것으로 문제가 해결되지 않기 때문이다.

다음 11번 게송에서 샨띠데바는 불만족과 불행의 감정을 촉발시키는 일반적인 요인을 설명한다.

11

나와 내 지인들에게는 괴로움, 멸시, 험담,

불쾌함이라는 것들이 일어나기를 원하지 않는다.

그러나 반대로 (증오라는) 적에게는

이러한 일들이 (일어나기를 원한다.)

이 게송은 세상의 여덟 가지 근심거리에 대해 설명한다. 흔히 현실에서 우리 마음은 기분 좋은 일이 일어나면 행복하고 일이 잘못 돌아가면 불행해 한다. 칭찬을 들으면 기쁘고 모욕을 받거나 험담을 들으면 기분이 나쁘다. 마찬가지로 원하던 것을 소유하면 행복하고 못 가지면 불행하다. 유명해지면 행복하고 우리에 대해 나쁜 소문이 나면 불행해 한다. 이런 여덟 가지 근심은 자연스러운 감정인데, 가족이나 가까운 이들, 아끼는 누군가에게 이런 근심이 일어나도 우리는 비슷한 감정을 느낀다.

그러나 우리의 적에게 이런 일이 일어나면 상황은 완전히 달라진다. 적에게는 모든 감정이 정반대로 일어난다. 적들이 성공하는 삶을 살면 우리가 불행해지고 적의 재산이 줄면 우리는 행복해진다. 적이 유명해지면 우리 마음은 도리어 비참하고 불행해지지만 적의 명성이 땅에 떨어지면 우리는 기뻐한다. 이것이 지극히 평범한 우리 마음의 모습이다.

이것이 우리에게 말하는 바는 우리가 천성적으로 괴로움이나 불행, 문젯거리 등을 싫어하고 기쁨과 즐거움, 행복을 추구한다는 것이다. 우리가 느끼는 불만족과 불행이라는 감정은 이런 자연스러운 마음가짐과 관련 있기 때문에 샨띠데바는 괴로움을 대하는 우리의 관점을 고칠 필요가 있다고 말한다. 괴로움은 어쩌면 우리가 생각하는 것만큼 나쁜 것이 아닐 수도 있다.

괴로움에 대한 불교의 기본적인 입장을 알아보는 것이 중요하다. 붓다께서는 대중들을 가르칠 때 가장 먼저 사성제四聖諦의 첫 번째 진리인 괴로움의 진리에 대해 가르치셨다. 이 가르침에서 그는 존재 자체의 근본적 괴로움을 대단히 많이 강조한다. 괴로움에 대한 성찰이 중요한 까닭은 그 과정에서 괴로움으로부터 벗어나 자유로워질 수 있는 대안이 있기 때문이다. 그 때문에 우리는 근본적 괴로움을 성찰하는 것이다. 만일 괴로움으로부터 벗어날 수 있다는 희망이 없다면, 괴로움에 대해 성찰하는 일도 우울하고 부정적인 생각에 지나지 않을 것이고 우리는 영영 괴로움에서 벗어나지 못할 것이다.

산띠데바는 미래의 극심한 괴로움으로부터 자유로워지기 위해서는 특별한 마음가짐으로 더 높은 목표를 위해 당면한 역경을 감내할 수 있어야 한다고 격려한다.

열두 번째 게송의 첫 두 줄은 다음과 같다.

12ab

행복의 원인은 드문드문 일어나지만,

괴로움의 원인은 자주 (일어난다.)

삶에서 고통과 괴로움을 유발하는 요인과 조건은 아주 많지만 그에 비해 기쁨과 행복을 일으키는 조건들은 적다. 이것이 우리 존재의 본질이기 때문에 감내하려는 마음을 더 크게 갖는 것이 이치에 맞다. 괴로움은 존재의 선천적인 요소로 삶의 한 부분을 차지한다. 좋든 싫든 우리는 괴로움을 겪어야 한다. 그렇기 때문에 괴로움을 더 잘 견디려는 마음 자세를 갖추어 정신적으로 괴로움에 덜 휘둘리도록 할 수 있다. 우리에게 그 정도의 인내심도 없다면 삶은 참으로 끔찍할 것이다. 예를 들어 너무 괴로웠던 어느 날에는 밤이 영원히 계속될 것만 같고 절대 끝나지 않을 것처럼 느껴진다. 마찬가지로 괴로움을 참고 견디는 마음 자세를 갖추지 못한다면 삶은 더욱 비참할 것이다.

어떤 사람이 물질적으로 풍요롭고 고생도 없이 선택 받은 환경에서 산다고 하자. 그는 너무 유약해져서 참을 수 있는 괴로움의 정도도 매우 낮을 것이다. 그러다 보니 아주 사소한 문제도 견디기 힘들어한다. 세상을 떠난 내 형 롭상 삼뗀은 미국에서 오래 살았는데, 만일 전기가 끊기면 오래 지나지 않아 많은 사람들이 굶어 죽을 것이라고 말했다. 냉동고, 냉장고, 그리고 전기를 사용하는 요리 기구까지 삶을 편하게 해 주는 것들 대부분을 전기에 의존하기 때문이라는 것이다. 도시에 있는 많은 고층 빌딩에는 엘리베이터가 있는데 만일 전기가 없다면 작동을 멈출 것이다. 그렇게 되면 고층에 사는 사람들은 장시간 명상이라도 하지 않는 이상 겨울에는 얼어 죽고 말 것이다.

열두 번째 게송의 마지막 두 행은 다음과 같다.

12cd

괴로움이 없다면 (윤회에 대한) 출리심出離心도 없을 것이다.

그러니 이 마음을 단단히 먹어라.

이 두 행은 괴로움을 성찰하는 것은 중요할 뿐만 아니라 아주 큰 이익이 뒤따른다고 말한다. 괴로움의 본질에 대해 성찰함으로써 윤회를 벗어나겠다는 결심, 이 속박을 벗어나 자유를 찾겠다는 진정한 의지인 출리심出離心(또는 염리심厭離心)을 일으킬 수 있기 때문에 괴로움에 대한 성찰이 굉장히 중요하다는 것이다.

예를 들어 불법을 수행할 때에는 직접적이고 명백한 고통들뿐만 아니라 괴로움과 불만족이라는 본질을 지닌 이 존재 자체에 대해서도 궁리해 보아야 한다. 업과 착각에 휘둘리며 사는 한 괴로움과 불만족의 상태를 벗어날 수 없다. 그러므로 고통, 고생, 상처와 같이 비교적 알아차리기 쉬운 괴로움을 우리 존재의 불만족이라는 원초적 본질을 파악하는 강력한 척도로 삼아야 한다.

고생스러운 일들, 고통, 괴로움 등등에 대해 불평하는 불교 수행자들을 만날 때, 그것이 한편으로는 감사한 일이라고 나는 가끔 농담처럼 말한다. 그렇지 않으면 괴로움에 대한 명상에 기반해서 간접적으로만 괴로움을 경험할 수밖에 없기 때문이다. 괴로움은 우리 존재가 불완전한 상태에 있음을 몸으로 나타내고 있는 것이다. 그러므로 우리는 이러한 고통과 괴로움을 감사해야 한다.

13

(두르가의) 고행자들◆과 까르나빠 지방 사람들은◆◆

태우고 자르는 등의 고통을

아무런 목표 없이도 견디는데,

(해탈이라는) 목표를 가진 내가 어찌 두려워하겠는가? ◆◆◆

◆ 겔렉 린뽀체에 따르면, 두르가 여신을 따르는 고행자가 극심한 고행을 할 때 그의 처인 우마가 유혹해서 고행을 멈추게 했다고 한다. 티베트어 bka'zlog은 '고행에서 돌아온 자'라는 뜻으로 이 이야기를 함축한 것이다. 참고 Kyabje Gelek Rinpoche, Shantideva's Guide to the Bodhisattva's Way of Life: An Oral Explanation of Chapter 6: Patience (Ann Arbor, MI: Jewel heart Transcript, 2000-2002), 89.

◆◆ 겔렉 린뽀체에 따르면, 옛날 남인도 까르나따까(혹은 까르나빠) 사람들은 상대방의 팔다리를 자르고 누가 더 오래 버티는지를 겨루어 오래 참는 자를 승자로 여겼다고 한다. 참고: ibid., 90.

◆◆◆ 여기서 티베트어 sngar은 이전이라는 뜻이 아니라 동사 sngar ba(산스크리트어로는 kātara)로 두려워하다, 유약하다는 뜻이다.

만일 사람들이 궁극적인 것이 아닌 목표를 달성하기 위해 고생, 고통, 어려움을 견딜 준비가 되어 있다면, 괴로움으로부터의 완전한 자유라는 궁극적인 목표를 원하는 우리가 어째서 이 정도의 고생과 고통을 참지 못하는 것일까? 이 가르침은 많은 불교 문헌에서도 찾을 수 있다. 작은 목표를 위해 큰 목표를 희생하는 것은 지혜롭지 못한 일이다. 백 개를 내려놓음으로써 천 개를 되찾을 수 있다는 티베트 표현이 있다. 보다 높은 목표를 위해서는 사소한 것을 희생할 수도 있어야 한다는 것을 우리는 알지만 정말로 그렇게 할 수 있는지에 대해서는 회의적이다.

다음에 나올 열네 번째 게송에서 샨띠데바는 그렇다고 낙담하거나 풀이 죽을 필요가 없다고 말한다. 어떤 일이든 끊임없이 익숙해지고 끈질기게 단련한다면 하기 쉬워지고 받아들이기 쉬워지기 때문이다. 14번 게송은 다음과 같다.

14

익숙해지는 데 쉬워지지 않을

그런 일은 절대 없다.

그러니 작은 해악^{害惡}에 익숙해짐으로써

더 큰 해악을 견뎌야 한다.

어떤 행동이나 수행을 하려고 할 때 처음에는 감당하기 힘들어 보여도 계속해서 친밀해지고 끊임없이 결의를 다진다면 수행이 훨씬 수월해진다. 수행 자체가 쉬워지는 것이 아니라 자신의 태도와 마음가짐이 그 수행에 더 친밀해지는 것이다. 태도와 마음가짐이 달라지면 현상의 모습도 변화하기 때문이다.

다음에 나오는 세 게송에서 샨띠데바는 몇 가지 고통과 괴로움을 예로 들어 계속해서 경험하고 가까이 다가감으로써 고통과 괴로움을 익숙하게 다룰 수 있다고 말한다.

15

뱀, 등에에 물린 고통과

배고픔, 목마름 등의 고통과

발진※※ 등의 의미 없는 고통을

어찌 겪지 않았겠는가?

16

더위, 추위, 비, 바람,

질병, 속박, 구타 등을

나는 견디지 못하면 안 된다.

그러면 해악이 더 늘어날 것이기에.

17

어떤 이들은 자신의 피를 보면

더 용감해지고 굳건해지며,

어떤 이들은 다른 이의 피를 보면

의식을 잃고 기절한다.

여기서 샨띠데바는 두 종류의 사람들을 예로 제시한다. 누군가 피를 보았을 때, 심지어 그것이 자신의 피라도 더 용맹해지고 용감하게 행동하는 사람이 있는 반면 자신의 피든 다른 이들의 피든 그저 의식을 잃고 마는 사람이 있다. 이는 고통과 괴로움에 스스로를 얼마나 적응시켜 익숙해졌는지에 따른 차이다.

18번째 게송은 이렇게 시작한다.

18ab

이는 마음의 굳건함이나

유약한 상태에서 비롯된 것이니,

다음 두 행은 우리가 지금까지 배워 온 것을 요약한다.

18cd

(나에게 오는) 해악은 무시하고

괴로움에는 흔들리지 말아야 한다.

지금까지 우리는 불평, 불만, 불쾌함 같은 감정이 일어날 때 어떻게 대처해야 하는지 논의해 왔다. 즉, 괴로움과 고통에 대한 우리의 태도와 마음가짐을 바꾸는 것이다. 지금까지 늘 해 왔던 태도대로라면 괴로움과 고통이 끔찍하게 싫어지는 것은 매우 자연스럽다. 고통과 괴로움을 싫어하고 참지 못하는 데에는 감정의 강렬함이 있다. 하지만 괴로움의 본성을 성찰하고 지속적으로 익숙해짐으로써 우리는 괴로움을 대하는 우리의 태도를 바꿀 수 있다는 가능성을 바탕으로 그 감정의 강렬함을 예전보다는 더 잘 참아 낼 수 있다.

그러나 이와 같은 성찰의 몇몇 결과들은 올바른 맥락에서 이해해야만 한다. 여기서는 불교의 특별한 수행 체제를 어느 정도 전제로 하는데, 사성제四聖諦와 진속이제眞俗二諦를 제시할 수 있다. 이 수행 체제는 수행의 길, 수행의 경지, 그리고 수행이 경지에 이르렀을 때 얻을 수 있는 결과라는 세 가지로 이루어져 있다. 이런 맥락을 알지 못하면 앞에서 소개한 괴로움에 대한 접근법이 우울한 방법으로 오인될 소지가 있다. 따라서 맥락을 제대로 이해하는 것이 매우 중요하다.

그러므로 불교 문헌들을 읽을 때는 그 주제가 불교 수행도의 시각과 다른 시각과의 관계에서 적절한 맥락으로 제시되고 있는지 잘 살펴야 한다. 이런 점에서 나는 티베트불교의 전통이 훌륭하다고 생각한다. 티베트불교는 공부와 수행을 겸하는 접근 방법을 항상 강조하기 때문이다.

명

상

———

명상을 하는 동안, 모든 것이 매 순간순간 변한다는 것을 생각하면서 우리 존재의 본질적인 괴로움에 의식을 집중합니다. 순간순간 변한다는 것은 모든 현상이 끊임없이 움직이며 단 한순간도 그대로 머무르는 적이 없다는 뜻입니다. 불교 수행에서는 현상, 즉 사건이나 사물들의 무너짐이 발생하는 것이 어떤 부차적인 요소 때문이 아님을 이해하는 것이 매우 중요합니다. 모든 현상은 그 존재의 구조 자체가 무상합니다. 이것이 가르치는 바는 모든 현상과 사건이 다른 조건들의 지배하에 있다는 것입니다. 우리의 몸이나 오온五蘊의 집합에 대해 생각해 볼 때 몸은 무지無知(혹은 무명無明)와 망상이라는 요소의 영향을 받고 있음을 알 수 있습니다. 오온이 무지와 망상의 영향을 받는 한 진정한 기쁨과 행복이 들어설 여지가 없습니다. 무지는 부정적인 것으로 이런 무지의 영향 아래 있다는 것은 그것이 무엇이든 긍정적이거나 선하거나 바랄 만한 것이 못될 것입니다.

우리 내부의 적인 증오와 집착 혹은 욕심은 무지의 두 "졸개"라고 불립니다. 바꿔 말해 무지가 수상이나 대통령 같은 것이라면 집착과 증오는 그 수하에 있는 강력한 두 장관이라고 할 수 있습니다. 이 셋을 함께 마음의 "세 가지 독(삼독三毒)"이라고 합니다.

우리의 삶은 존재하는 자체만으로 이 세 가지 독의 영향 아래 있습니다. 이 세 가지 유해한 힘의 영향을 받을 수밖에 없다면 우리의 존재는 당연히 근본적으로 불만족스럽습니다. 이것이 바로 괴로움을 명상함으로써 우리가 알고자 하는 것입니다. 여기서의 괴로움은 그야말로 아주 뿌리 깊게 박혀 있는 것으로, 육체적인 아픔이나 좌절을 느끼는 것 이상의 괴로움입니다. 요점은 그 심연으로 들어가 문제의 뿌리를 뽑아 버리는 것입니다. 이것이 괴로움에 대한 명상입니다.

순간순간 변하는 존재의 본질과 그 원인에 대해서 생각하는 것으로 시작해, 윤회와 윤회의 영향에 대해 명상합니다. 이것이 올바르게 명상하는 법입니다.

청중1　　서양의 심리치료법은 화를 밖으로 표출하는 것이 좋다고 말

합니다. 인내라는 방법과 대치되지 않고 화를 적절하게 표출할 수 있

는 방법이 있을까요? 심리치료사나 상담사들은 화나 증오에 대해서

"그것을 드러내 보세요."라고 할 텐데 존자님께서는 그것에 대해 어떻

게 생각하십니까?

달라이 라마　　저는 아주 다양한 상황이 있다는 점을 우선 이해해야 한다

고 생각합니다. 어떤 사람들은 과거에 받았던 학대와 같은 상처를 숨

기고 화라는 강렬한 감정을 억누르기도 합니다. 이 경우에 맞는 티베

트 격언이 있습니다. 만일 소라 나발 속이 뭔가로 막혀 있으면 일단 나

발을 불어서 나발 안에 막힌 것을 꺼내야 한다는 것입니다. 이처럼 화

라는 감정을 드러내고 표출해야 더 나은 상황도 있습니다.

하지만 일반적으로 화나 증오를 가만히 내버려 둔 채 신경 쓰지 않으면 그 감정들끼리 뭉치고 점점 불어나는 성향이 있습니다. 더 신경 쓰고 주의 깊게 바라보면서 화나 증오라는 감정이 지닌 힘을 줄이는 것이 더 좋다고 생각합니다.

청중2　증오나 화는 사물에 대한 집착뿐만 아니라, 원칙이나 이상처럼 특히 "나"를 영원한 참나와 동일시하는 것과 관련이 있지 않나요?

달라이 라마　증오나 화가 궁극적으로는 진아眞我, 즉 영원불멸하는 확고한 자아가 있다는 믿음에 뿌리를 두고 있다는 것은 사실입니다. 일반적으로 에고ego의 개념을 파악할 때 우리는 두 가지 유형으로 구분해야 합니다. 에고의 정의 가운데 하나는 자기중심적인 사고방식입니다. 자기중심적인 사고를 하는 사람들은 자신의 이익 이외에는 그 어떤 것도 중요하지 않으며 타인의 감정을 고려하지 않고 무관심합니다. 또 다른 유형의 에고는, 자아를 영원히 변하지 않고 실재한다고 여기는 것입니다. 초기 단계에서는 이 두 가지 유형의 자아가 상호 보완적으로 작용해 서로의 개념을 강화시킵니다. 그래서 이 두 가지 자아는 우리 마음속에서 분리하기 힘들 정도로 얽혀 있습니다.

그러나 모든 중생을 위해 불성을 성취하겠다는 보리심 수행을 상소하면서도 현상의 본질을 파악하는 지혜를 일으키는 것에는 전혀 관심이 없다면, 이 역시 이타심의 역량을 상하게 하는 길입니다. 어떤 경우에는 보리심의 성취가 불가능할 수도 있습니다. 이 경우 다른 이들의 복지와 감정을 무시하는 이기적이고 자기중심적인 생각과 태도는 줄어들지 몰라도 영원불변하는 개별체로 존재하는 자아에 대한 집착은 여전히 남아 있습니다. 마찬가지로 공성의 수행만을 강조하고 보리심의 측면은 신경 쓰지 않는 사람이 있다면 그는 영원히 존재하고 불변하는 자아에 대한 집착은 덜할 수 있겠지만 이기적이고 자기중심적인 생각이 여전히 남아 있는 것입니다. 보다 높은 수행의 경지에 있는 사람은 이러한 두 유형의 에고에 대한 차이를 잘 이해할 수 있습니다. 그래서 완벽한 깨달음을 얻고자 수행하는 사람은 방편과 지혜를 통합하는 것이 중요합니다.

한편으로 저는 이 질문이 불교의 기본 입장과도 관련이 있다고 생각합니다. 증오와 집착은 궁극적으로 현상의 본질인 공성에 대한 무지에 뿌리를 두고 있습니다. 그래서 화나 증오, 집착에 대한 대치법對治法으로는 한계가 있는 것처럼 보입니다. 그야말로 몇몇 특정한 번뇌를 대치하는 데 한정되기 때문입니다. 반면 공성에 대한 무지, 혹은 참나가 있다는 착각에 대한 대치법은 훨씬 포괄적이며 공성에 대한 무지뿐만 아니라 증오와 집착까지도 치료할 수 있습니다. 증오와 집착이 바로 무지에 근거하고 있기 때문입니다.

불교에서 다루는 자아의 개념은 다양한 수준과 유형이 있다는 점을 염두에 두어야 합니다. 그 다양한 자아 개념 중에 우리가 잘 가꾸고 닦아 더 높게 키울 수 있는 것도 있습니다. 예를 들어 모든 중생의 안락을 위해 불성을 성취하겠다는 불굴의 결단을 내리려면 우선 아주 강한 확신이 있어야 합니다. 그 강한 확신은 서원과 용기에 토대를 두며 확고한 자기 정체성을 필요로 합니다. 확고한 자기 정체성이 없다면 목표를 이루겠다는 확신과 용기가 생기지 않습니다. 더불어 불성佛性이라는 불교의 교리 역시 우리를 고무시키며 우리에게 확신을 줍니다. 그토록 찾고자 하는, 궁극을 성취할 수 있게 해 줄 잠재력이 우리 안에 있다는 것을 깨우치게 하기 때문입니다. 그러나 이와는 다른 유형의 자아도 있습니다. 이 자아는 영원하고 독립적이며 단일한 "자아" 또는 "나"라고 불리는 실체에 대한 믿음에서 비롯합니다. 이 실체가 아주 구체적이며 객관적인 어떤 것이라는 믿음이 있습니다. 이러한 자아의 개념은 잘못된 것으로 반드시 넘어서야 합니다.

이처럼 우리는 다양하고 조잡한 형태의 자아 개념을 볼 수 있는데, 이는 자아가 영원히 존재하고 불변한다는 순박한 믿음에 근거합니다. 조금 더 들여다보면 어떤 현상에 본질적인 실체가 있다는 것, 그 현상만이 가진 독립적인 상태의 무엇인가가 있다고 믿는 것입니다. 이 역시 잘못된 생각입니다. ◆

또 다른 강력한 자아의 개념은 다른 이들의 복지와 감정과 권리를 무시하는 잘못된 성향을 가지고 있습니다. 이러한 자아의 개념 역시 버리고 넘어서야 합니다. 그래서 우리가 "에고"에 대해서 그리고 불교에서의 "자아" 개념에 대해서 논할 때는 "이것은 맞고 이것은 틀리다."는 흑백 논리에 빠지지 말고 매우 섬세하게 접근해야 합니다.

청중3　분노존忿怒尊◆◆은 어떠한 역할을 하는지요?

달라이 라마　설명하기 쉽지 않은 질문입니다. 제가 이해하기로는 그 근저를 이루는 철학에서는 분노◆◆◆와 같은 인간의 감정이 행동을 빨리

◆　달라이 라마는 여기서 외도의 조잡한 자아 개념인 영원하고 독립적이며 단일한 자아의 개념과, 불교 내의 미세한 자아 개념인 참나(진아眞我)라는 두 종류의 자아 개념을 설명하고 있다.

◆◆　부처의 명을 받아 모든 번뇌와 악마를 굴복시키기 위해 분노한 모습을 하고 있는 명왕明王.

◆◆◆　원문에서는 같은 화이지만 여기서는 긍정적인 의미가 담겨 있기 때문에 분노로 번역했다.

촉발시키는 힘으로 작용한다는 것입니다. 따라서 분노존의 근간에 있는 일반적인 원리는, 분노나 다른 번뇌가 지닌 독특한 감정 상태가 일종의 에너지를 가지고 있으며 우리가 그 감정 상태를 경험하면 즉각적으로 행동하게 된다는 것입니다. 이것은 아주 강력한 동력입니다. 분노존과 연관된 수행을 이해하려면 이러한 점을 생각하면 될 것입니다. 또 우리가 이해해야 할 점은 이른바 번뇌라고 불리는 감정들에 대한 불교의 기본 입장입니다. 대승불교가 아닌 소승불교와 같은 불교 체계에서는 윤회에서 벗어나 해탈하는 것이 궁극적인 불교 수행의 목표입니다. 그래서 보리심의 중요성에 대해서는 언급하지 않고 몸과 말, 뜻의 부정적인 행위들을 버려야 한다고 주장합니다. 어떤 경우에도 그런 부정적인 행위들이 허용되지 않습니다. 그런 감정들은 절대적으로 파기되어야 하는 것들입니다.

그러나 대승경전 체계에서는 보살 수행의 궁극적인 목표가 다른 이들에게 봉사하는 것이기 때문에 몸과 말의 부정적인 행위들이 예외적으로 허용되는 상황들이 있습니다. 그러나 마음의 공덕에 대해서는 어떠한 예외도 허용되지 않습니다. 왜냐하면 정신적인 악업이 이익이 되는 경우는 결코 없기 때문입니다. 보살 수행에서는 더 큰 공동체나 더 많은 중생에게 이익이 될 수만 있다면 그것이 수행 자체가 아니더라도 수행에 이바지하는, 즉 다른 이들을 돕는 방편의 하나로 집착이 용인

됩니다. 그러나 경승經乘 또는 현교승顯敎乘(sūtrayāna)에서는 증오나 화를 일으키는 것은 금지되어 있습니다.

밀교密敎에서는 본존요가(本尊)에 기반한 독특한 수행법이 있습니다. 여기서 본존요가란, 수행자가 자신의 일반적인 지각과 인식, 그리고 의식적으로 만들어 낸 완벽하고 신성한 자기 자신을 융화시키는 명상법입니다. 이 본존요가를 바탕으로 수행 중에 분노를 사용하는 것이 예외적으로 허용됩니다. 이러한 맥락에서 분노존이 밀교 수행에 사용됩니다.

분노의 에너지를 다른 이들을 위해 사용하고자 하는 이들은 자애롭고 평화로운 적정존寂靜尊보다 분노존을 관상觀想하는 것이 더 쉽습니다.

청중4 만일 영혼이 없다고 한다면, 다음 생으로 윤회하는 의식의 흐름, 즉 심상속心相續의 본성은 무엇인가요? 어떻게 그처럼 의식이 전혀 다른 존재가 될 수 있는지요?

달라이 라마 이는 "영혼"이라는 단어를 어떻게 이해하는지에 따라 매우 달라질 수 있습니다. 만일 "영혼"을 찰나에서 찰나로, 생에서 생으로 옮겨 가는 개체성의 연속이라고 이해한다면 불교에서도 영혼이라는 개념을 받아들인다고 말할 수 있습니다. 불교에서도 마음의 연속성을 말하기 때문입니다. 이 관점에서 보면 영혼이 있는지 없는지에 대한 논쟁은 전적으로 그것이 가지는 의미에 대한 것입니다. 그러나 불교에서 말하는 무아나 "영혼의 부재"라는 측면에서 보자면 영원불변하고 지속적으로 존재하는 불멸의 자아나 영혼은 존재하지 않습니다. 불교에서는 그것을 부정합니다.

불교는 의식의 연속인 심상속을 부정하지는 않습니다. 그래서 사꺄빠의 스승 가운데 한 분인 렌다와와 같이 자아나 영혼, 티베트어로는 "강삭끼닥gang zag gi bdag"과 같은 것들을 받아들이는 티베트 학자들도 있습니다. 그러나 이와 동시에 많은 다른 학자들은 똑같은 용어인 "강삭끼닥", 즉 자아나 영혼, 개인의 정체성 등을 부정하기도 합니다.

자아의 본질이 정확하게 무엇인지, 한 순간에서 다음 순간으로 한 삶에서 다음 삶으로 이어지는 이 대상이나 현상이 정확하게 무엇인지에 대해서는 심지어 불교 학자들 사이에서도 아주 다양한 의견이 있음을 알 수 있습니다. 어떤 이는 자아를 몸과 마음을 이루는 오온五蘊 가운데 하나라고 주장하기도 하고, 또 다른 이들은 자아가 몸과 마음의 총합이라고 설명하기도 합니다.

대승불교 전통 안에는 "오직 마음뿐"이라고 주장하는 유식학파가 있습니다. 이 학파의 한 분파는 기저의식인 아뢰야식阿賴耶識이라고 부르는, 특별한 의식의 연속적인 흐름을 주장합니다. 그들이 아뢰야식을 주장하는 이유는 만일 자아라고 부를 수 있는 것이 있다면, 한 삶에서 다음 삶으로 이어지는 의식의 연속적인 흐름이라는 것이 있다면, 그것이 "자아"이든 "나" 또는 다른 어떤 것이라도 그 단어가 지칭하는 실체를 반드시 찾을 수 있어야 합니다. 하지만 그 단어가 지칭하는 실체가 존재하지 않는다면 "나"라고 할 수 있는 것은 무엇으로도 존재하지 않는다는 극단적인 허무주의에 빠지게 되기 때문입니다. 그러나 우리가 몸과 마음에 의지하지 않고 독립적인 개체로 존재하는 자아라는 것을 가정하면 영원불변하는 참나가 있다는 극단적인 절대주의에 빠지는 오류를 범하게 됩니다. 더 나아가 만일 우리가 자아 또는 의식의 연속적인 흐름 그 자체에 있는 개아個我◆(pudgala, 보특가라)라는 것을 "나"로 상정하면 이것 역시 문제가 될 수 있습니다. 불교는 아주 특정한 존재의 상태들을 받아들이는데 그중에는 의식이 부재하는 상태도 있습니다.◆◆ 그 순간에는 그 사람의 마음에 어떠한 의식도 나타나지 않습니다. 이러한 문제점들이 있기 때문에 이 학파는 보통의 의식 흐름과는 다른 아뢰야식이라는 특정한 의식의 연속적인 흐름을 기저의식으

◆ 금강경에서 설하는 네 가지 잘못된 자아에 대한 견해 가운데 인상人相을 말하는 것으로 보인다.

◆◆ 생각이 없는 선정의 상태는 이무심정二無心定으로, 깨닫지 못한 이들의 무상정無想定(asaṃjñi-samāpatti)과 깨달은 분들의 멸진정滅盡定(nirodha-samāpatti)이 있다.

로 상정합니다.

이와 더불어 유식학파가 이 특정한 유형의 의식의 흐름을 상정해야만 한다고 생각한 이유들 가운데 하나는 이렇습니다. 만일 우리가 자아나 개아個我를 여섯 종류의 의식과 다섯 종류의 감각 기관을 통해 설명하려고 한다면 앞서 설명했듯이 문제가 있습니다. 예를 들어 생각이 없는 선정의 상태, 즉 무심정無心定에서는 의식이 없기 때문에 개아個我가 존재할 수 없습니다. 마찬가지로 불교에서는 공성을 직관적이고 직접적으로 지각하는 상태가 가능하다고 말합니다. 이 경지에서 의식은 완벽하게 순수하고 청정하며 번뇌의 때가 묻지 않은 상태입니다. 바로 그 순간에는 그 상태에 있는 사람이 깨닫지 못했다 하더라도 어떠한 때 묻은 의식도 남아 있지 않습니다.◆ 그러나 완벽한 깨달음을 얻지 못하도록 가로막는 어떤 형태의 염오染汚는 아직 남아 있습니다. 이 문제는 무시 이래의 훈습薰習 등의 관점에서 이해해야만 합니다. 이런 이유로 유식학파에서는 근본적인 토대가 되는 의식을 상정할 필요가 있습니다. 그리고 그 기저의식을 모든 사건의 인상을 '의식종자'로서 저장하는 의식으로 정의합니다.

◆ 이무심정二無心定 가운데 무상정無想定을 뜻하는 것으로 보인다.

청중5　화와 증오는 냉혹한 살인이라는 사회적 결과로 이어지며, 이러한 잔혹한 살인을 저지르는 연령대가 점점 낮아지고 있습니다. 이러한 화와 증오의 결과에 대해서 사회는 어떠한 역할을 해야 할까요?

달라이 라마　어제 기자 회견장에서도 말씀드렸듯이, 저는 지난 수십 년 동안 우리가 간과해 온 것이 있다고 생각합니다. 우리는 가장 기본적인 인간의 가치들에 주의를 기울이지 않았습니다. 그 무관심이 다른 요인들과 합쳐져 지금 우리가 살고 있는 사회를 만들어 냈다고 생각합니다. 이 문제를 해결할 수 있는 간단한 해결책은 없습니다. 다양한 관점에서 이 문제를 바라보며 다 함께 조화롭게 해결하는 것이 필요하다고 생각합니다. 이때 교육이 중요하다는 것은 의심의 여지가 없습니다. 아이들을 교육시키는 방법은 매우 중요합니다. 저는 선생님의 행동 또한 아주 중요하다고 생각합니다. 선생님의 의무는 정보나 지식을 전달하는 것뿐만이 아니라 우리가 가르치려고 하는 원칙들의 좋은 모범이 되어야 합니다. 그래서 아이들을 가르치는 교육법이 매우 중요하다는 것이며 특히 어른들은 본보기가 되어야 합니다. 이렇게 하면 이러한 원칙들이 아이들의 가슴속에서 매우 소중한 가치로 자리 잡게 될 것입니다. 물론 대중매체들도 적극적으로 동참해야 합니다.

청중6 욕심이 끼칠 영향을 줄이기 위해서 우리가 할 수 있는 일은 무엇일까요?

달라이 라마 어떤 의미에서 보면 욕심이 없다면 윤회도 없을 것입니다. 화의 경우와 마찬가지로 저는 욕심에도 다양한 유형이 있으며 어떤 욕심은 좋고 어떤 욕심은 나쁜 것이라고 생각합니다. 욕심은 일종의 원하는 마음입니다. 그러나 욕심은 그 원하는 마음이 과도한 기대 때문에 크게 부푼 것입니다.

욕심을 치유할 수 있는 진정한 해독제는 만족입니다. 불법 수행자들은 수행으로 욕심을 상쇄할 수 있습니다. 괴로움에서 해방되어 자유를 찾는 것이 얼마나 가치 있는 일인지를 아는 것, 존재는 그 자체로 불만족스러운 속성을 내재하고 있음을 알아차리는 것 등이 그런 수행입니다. 이러한 관점들은 개개인의 욕심을 상쇄시키는 데에도 도움을 줄 수 있습니다. 그러나 욕심에 대한 직접적인 치유법은 지나친 욕심의 부작용에 대해 숙고해 보는 것입니다. 지나친 욕심이 한 개인에게 어떤 영향을 끼칠지, 그 개인을 어디까지 몰아붙일지를 잘 숙고해야 합니다. 욕심은 좌절과 실망, 큰 혼란과 아주 많은 문제들로 우리를 끌고 갑니다. 욕심에 대해 생각할 때 참으로 희한한 점은, 무엇을 소유하고 싶다는 마음에서 욕심이 생기지만 원하는 것을 가진다고 해서 욕심이 충족되지 않는다는 것입니다. 욕심은 한도 끝도 없으며 수많은 문젯거리로 우리를 이끕니다. 만족을 원하기 때문에 욕심이라는 것이 생기지만, 앞서 말했듯이 원하는 것을 얻었더라도 여전히 만족하지 못한다는 것이 욕심의 흥미로운 특징입니다. 반면 만일 우리가 강력한 만족감을 가지고 있다면 어떤 대상을 소유하거나 소유하지 못하는 것이 큰 문제가 되지 않습니다. 그것이 있든 없든 상관없이 늘 만족하고 있기 때문입니다.

청중7 명상과 인내는 어떤 관계가 있으며, 겸손과 인내 사이는 또 어떤 관계가 있는지요?

달라이 라마 일반적으로 말하자면 어떤 형식의 수행을 하기 시작하면 명상하는 습관이 필요합니다. 명상은 관찰 대상에 의식을 집중하는 것을 가능하게 해 주기 때문입니다. 수행 대상이 인내든 다른 것이든 간에 수행하는 사람은 의식을 그 특정 수행에 향하도록 해야 합니다. 그래서 마음을 오롯이 모으는 삼매가 필수적입니다.

겸손과 인내 사이에는 아주 밀접한 관계가 있습니다. 제가 겸손한 마음을 기르라고 할 때, 이는 복수할 힘이 있더라도 그렇게 하지 않겠다고 결심하는 것을 의미하기 때문입니다. 마음만 먹으면 복수할 대상과 맞서거나 공격적으로 나갈 힘이 있을 수 있습니다. 하지만 그런 힘이 있어도 의식적으로 그러지 않겠다고 결심하는 것입니다. 이것이 제가 말하는 진정한 겸손입니다. 특정 상황에서 어찌해 보지 못하거나 어찌해 볼 권한이 없다고 느끼는 것은 진정한 겸손이 아닙니다. 그것은 방법이 없기 때문에 그냥 포기하는 것입니다.

마찬가지로 인내와 감내도 종류가 다양합니다. 순수한 자기 수련을 통해 더 잘 견디겠다고 결심하는 것이 그 하나입니다. 그와 달리 순응하도록 강요받았을 때 참고 견디는 것은 인내라기보다 일종의 복종이라고 볼 수 있습니다. 인내와 감내에도 이처럼 다양한 형태가 있습니다.

일반적으로 인내하기 위해서는 자기 계발이 필요합니다. 즉, 어떤 상황에 대해 다른 방법으로 대처할 수 있다는 사실을 아는 것이 필요합니다. 그 상황을 인내하도록 다른 사람들에게 강요당하지 않고, 공격적인 방법을 취할 수도 있지만 그러지 않을 것임을 스스로 결정할 수 있도록 수양해야 합니다. 중국에 대한 우리 티베트인들의 인내 역시 그처럼 순수한 것입니다.

2장

첫 번째 가르침

····

개인의 행동 규범과 사원에서 지켜야 할 규칙을 가르치는《별해탈율別解脫律(prātimokṣa)》에 따르면, 붓다께서는 깨달음에 해로운 행동(불선법不善法)을 탐하지 말고 언제나 유익한 행동을 취하라고 가르치신다. 이러한 삶은 반드시 잘 다스려진 마음가짐에 기반해야 한다. 불교의 기본적인 가르침은 마음을 잘 길들이고 다스려서 내적인 변화를 불러일으키는 것이다. 우리가 하는 행동이 유익한지 해로운지는 그 행위가 잘 다스려진 마음에서 나오는지 그렇지 못한 마음에서 나오는지에 달려 있다.

이런 가르침은 다른 여러 경전에서도 찾을 수 있다. 마음을 잘 다스리고 길들여 마음이 평온해진다면 이 마음은 우리를 기쁨과 행복으로 이끌 것이다. 그러나 마음을 잘 다스리지 못해 평온하지 않다면 그 마음은 우리를 불행과 괴로움으로 이끌 것이다. 결국 우리의 마음이 어떠한지가 결정적인 요소이다.

어떤 특정 종교를 따르는 삶의 방식은 그 종교 전통에서만 입는 특별한 의복이나 집에 모시는 제단, 염송이나 염불하는 행위 등의 외적인 요소를 통해 설명한다. 그러나 나는 이러한 외적인 요소들은 종교 생활에서 부차적인 부분이라고 생각한다. 이런 것들은 아주 나쁜 마음을 가진 사람도 할 수 있기 때문이다. 반면 덕스러운 성품과 같은 높은 정신적 자질은 나쁜 생각이나 마음의 부정적인 상태와는 단 한순간도 동시에 존재할 수 없는 아주 순수한 상태라고 할 수 있다.

따라서 자기 마음의 수양을 고쳐시키는 수행법을 실천하는 것이 종교적 삶의 정수이다. 어떤 이가 영적인 삶을 제대로 살고 있는지 그렇지 않은지는 그가 마음을 성공적으로 다스리고 길들일 수 있는지의 여부에 달려 있다.

불교에서는 방편과 지혜를 함께 갖추는 것이 내적 변화를 불러올 수 있는 가장 실질적인 방법이라고 말한다. 우리가 여기서 함께 공부하는 샨띠데바의 《입보리행론》의 예를 들어 보자. 이 논서의 제9장 지혜품은 진리를 통찰해 내는 지혜의 측면을 다루고 있는데, 이 논서의 다른 품들은 방편의 측면을 논하고 있다. 대승불교에서 방편의 측면에 대해 말할 때 가장 기본이 되는 수행은 자애와 연민, 즉 자비를 기르는 것이다. 자비를 성공적으

로 기르기 위해서는 이 수행을 방해하는 요소들을 없앨 수 있어
야 한다. 그렇기 때문에 보살 수행에서 인내하고 감내하는 일이
중요한 것이다.

대승불교 수행에서 지혜의 측면과 방편의 측면이 서로를 보
완해 주고 강화하는 것처럼, 인내와 감내의 수행은 자애와 연민
의 힘을 일으키고 강화하는 데 필수적이다. 그래서 이 수행이 진
전될수록 한편으로는 자애와 연민이 길러지고 또 다른 한편으
로는 인내와 감내가 길러져 서로를 보완하며 강화시킨다.

다음 두 게송을 읽어 보자.

19
지혜로운 분들은 괴로움을 겪을 때에도
마음을 번뇌에 물들지 않게 하신다.
번뇌와의 전쟁에 참전할 때,
그 싸움에서 많은 상처가 일어난다.

20
모든 괴로움을 없애고
화 등의 적들을 정복하시는,

그분들이야말로 (진정한) 정복자요, 영웅들이시다.

나머지는 (그제) 시체나 죽이고 있을 뿐이다.

인내와 감내를 기르는 수행은 실제로 화나 증오와 전쟁을 치르는 것과 같다. 일단 전쟁에 참여했다면 승리해야겠지만 한편으로는 전쟁에서 패했을 경우도 대비해야 한다. 따라서 전투에 참여하는 동안에는 수행에 진전이 있을수록 그만큼 많은 문제점과 시련도 마주할 것이라는 점을 늘 염두에 두어야 한다. 이러한 시련과 문제점들을 꿋꿋이 견딜 수 있는 능력과 힘이 있어야한다. 그 지난한 과정을 통해 증오와 화를 정복한 사람이야말로 진정한 영웅이라고 부를 수 있다. 이와 반대로 화와 증오, 거친 감정에 휘말려 남과 싸우는 이들은 그 싸움에서 승리를 거뒀다 하더라도 진정한 영웅이라고 할 수 없다. 그들은 단지 시체나 베는 것이다. 생명은 유한하므로 사람은 언젠가는 죽는다. 적들이 전투 중에 죽는가 아닌가는 또 다른 문제이지만, 어쨌든 그들도 언젠가는 죽을 것이다. 그러므로 싸움터에서 실제로 하는 일은 그저 시체를 베는 일에 불과하다. 진정한 영웅은 증오와 화를 상대로 승리를 거둔 이들이다.

어떤 이는 이런 의문을 품을 수 있다. 증오와 화, 그리고 다른 망상을 상대로 전쟁을 벌여야 한다는 것이 맞지만 그 전투에서 승리할 수 있다고 누가 장담할 수 있느냐는 것이다. 나는 이 점이 매우 중요하다고 생각한다. 어떤 일을 최선을 다해 추구할 때 승리할 수 있다는 확신이 있어야 한다.

번뇌는 티베트어로 "뇬몽nyon mongs"이라고 발음하는데 어원을 살펴보면 "안에서 마음을 괴롭히는"이라는 뜻이다. 우리가 충분히 주의를 기울이기만 하면 번뇌와 망상을 쉽게 알아차릴 수 있다. 이 번뇌라는 말은 종종 "망상"으로도 번역된다. 잘 살펴보면 이 말은 감정적이고 인지적인 현상과 관련이 있음을 알 수 있다. 번뇌는 저절로 우리 마음을 괴롭힌다. 또한 마음의 평화를 부수고 혼란을 불러일으킨다. 우리가 면밀히 주의를 기울이면 번뇌가 일어날 때의 고통스러움을 이해할 수 있다. 우리의 평정심을 무너뜨리는 이런 번뇌를 제거하고 대처할 방법이 있는지 확신하기는 어렵다. 이는 열반, 혹은 윤회로부터 자유를 성취할 수 있는가 하는 문제와 직결된 물음이다. 따라서 이는 매우 중요하지만 대답하기는 어려운 문제다.

불교에서 이야기하는 열반, 즉 윤회로부터의 해탈과 자유에 관한 가르침은 붓다께서 초기에 가르치신 경전에서 찾을 수 있다. 세 번에 걸친 법륜 가운데 첫 번째 법륜은 주로 사성제四聖諦

를 중심으로 펼쳐진다. 그러나 열반과 해탈의 개념에 대한 완전하고 포괄적인 이해는 두 번째와 세 번째 법륜의 경전에 나오는 가르침을 이해해야만 일어날 수 있다.

그렇다면 이러한 번뇌를 우리 마음속에서 완전히 제거할 수 있다는 것을 받아들이려면 어떤 근거가 필요할까? 불교에서는 세 가지 논거를 들고 있다. 첫 번째는, 마음의 모든 망상과 번뇌는 전도顚倒된 상태에서 현상을 왜곡해 인식하는 반면 자애나 연민, 통찰의 지혜와 같은 요소들은 마음의 왜곡된 인식 없이 우리의 다양한 경험과 진실에 기초한다는 것이다.

두 번째는, 이 모든 번뇌를 대치對峙하는 힘은 수행과 훈련으로 단련할 수 있다는 것이다. 부단히 갈고 닦으면 번뇌를 대치하는 능력이 강화되고 잠재력을 무한히 확장시킬 수 있다. 따라서 이 두 번째 근거는 수행과 훈련을 통해 번뇌에 대치하는 힘을 강화하고 확장하면 마음이 왜곡된 상태에서 일어나는 번뇌와 망상의 영향력을 약화시킬 수 있다는 것이다.

세 번째는, 마음의 본질적 상태는 청정하다는 것이다. 바꾸어 말해 마음의 본질은 청명한 빛을 띠고 있으며 불성이 깃들어 있다는 것이다.*

이러한 세 가지 근거를 들어 불교는 망상을 비롯한 모든 고통스러운 감정들과 생각들을 수행과 명상을 통해 완전히 소멸시킬 수 있다고 본다.

이 가운데 몇몇은 우리가 충분히 주의를 기울이면 꽤 명료하게 이해할 수 있다. 반면 잘 드러나지 않고 감춰져 있어서 분석과 고찰을 통해 추론해야 알 수 있는 것들도 있다. 하지만 경전에 의지하지 않더라도 추론으로 충분히 알 수 있다.

'매우 두텁게 가려 있는 현상'에 대한 붓다의 가르침이 옳다고 말할 수 있는 까닭은 '덜 두텁게 가려 있는 현상'에 대한 붓다의 가르침이 옳다고 판명되었기 때문이다. 열반을 갈구하는 우리의 가장 큰 관심은 괴로움으로부터 해방되는 것, 혹은 자유가 가능한지 여부를 아는 것이다. 그리고 이 주제에 관한 한 붓다의 가르침은 올바르고 의지할 만하다고 증명되어 왔다.

21

더불어, 괴로움에도 좋은 점은 있으니,

(윤회하는 삶에 대해) 염리심厭離心**을 일으켜 오만함을 없애 주고,**

—

◆ 청명한 빛의 마음과 죽음의 과정 및 본질에 대해서는《달라이 라마, 죽음을 말하다》에도 잘 나와 있다.

윤회하는 중생에 대한 연민의 마음을 일으키며,

악행을 피하게 하고 공덕을 좋아하게 만드는 것이네.

이 게송에서 샨띠데바는 괴로움에 대해 고찰하는 것이 어떤 이로움을 주는지 자세하게 설명한다. 첫 번째로, 우리가 괴로움에 대해 성찰하면 존재의 불완전성을 제대로 알아볼 수 있게 되고 그로 인해 오만하고 자만하는 태도가 저절로 누그러진다고 말한다. 그와 더불어 존재의 본질적 괴로움과 우리 자신의 고통과 괴로움을 알아차리면 다른 사람의 감정도 잘 이해할 수 있게 되어 타인을 향한 더 큰 자비심을 기를 수 있다고 설명한다. 또한 괴로움의 본질을 깨닫게 되면 우리를 고통으로 이끄는 악행을 멈추고 행복과 기쁨으로 이끄는 선행을 증장시키겠다는 결심을 더욱 강하게 만들 수 있다고 말한다. 이것이 괴로움을 성찰함으로써 얻을 수 있는 이익 혹은 공덕이다.

이때 우리의 접근 방식이 너무 극단적이지 않도록 상황에 맞게 여러 기술을 공교^{工巧}하게 적용하는 것이 중요하다. 예를 들어 자신의 중요성을 지나치게 강조하거나 스스로의 성취로 거만해졌을 때는 자신이 안고 있는 괴로움이나 문제점, 존재의 불완전성이라는 본질에 대해 더 성찰해 보는 것이다. 이렇게 하면 자기 자신을 지나치게 중요하게 여기는 태도가 가라앉고 현실을 있는 그대로 볼 수 있을 것이다.

하지만 불완전성이라는 존재의 본질, 괴로움이나 고통에 대해 또 너무 지나치게 생각하면 거기에 압도당해 정반대의 극단으로 빠질 수도 있다. 완전히 기가 죽거나 무기력하고 침울해져서 "아, 난 아무것도 할 수 없어. 살 가치가 없어."라고 생각하는 데까지 다다를 수 있다. 이러한 극단 역시 위험하다. 이때는 자신이 지금까지 이룬 것들이나 자기 장점 등 자신의 성취를 돌아보며 스스로를 북돋우는 것이 중요하다. 그러면 낙담하고 의기소침한 마음 상태를 벗어날 수 있을 것이다. 여기에서 가장 필요한 것은 균형과 공교^{工巧}한 접근이다.

이는 묘목이나 씨앗을 심어 가꾸는 일과 유사하다. 초기 단계일수록 더 섬세하고 공교해야 한다. 물을 지나치게 많이 주거나 일조량이 너무 많아도 묘목이나 씨앗이 죽는다. 여기서 필요한 것은 묘목이 건강하게 자랄 수 있도록 균형 잡힌 환경을 조성하는 일이다. 마찬가지로 우리도 건강한 마음과 정신의 성장을 추구해야 하며 부드럽고 공교한 방법으로 접근해야 한다. 그렇지 않으면 극단에 빠질 위험이 있기 때문이다.

어떤 사람이 불교 서적의 한 대목을 뽑아 들고서 "이것이 불교적인 접근 방법이다."라고 말하는 경우가 있을 수 있다. 불교적 접근 방식을 모 아니면 도라는 극단적인 시각으로 바라보는 것, 한 가지 접근 방식이 모든 상황에 무조건적으로 통할 수 있다는 생각은 반드시 피해야 한다.

전압에 과부하가 걸리면 전압 안정기가 안정적이고 지속적으로 전력이 공급되도록 조절한다. 진정한 진리의 수행은 어떤 면에서 전압 안정기와도 같다.

22

황달과 같은 괴로움의 큰 원천에게는

화를 내지 않으면서

유정有情들에게는 어찌 화를 내겠는가?

그들 역시 모두 조건에 의지하여 일어났을 뿐인데.

23

예를 들어 원하지 않았음에도

병이 일어나게 되는 것과 같이,

원하지 않았어도

번뇌는 반드시 일어날 것이다.

24

"화를 내리라." 하고 생각하지 않아도
사람들은 자연스럽게 화를 낸다.
"(화를) 일으킬 것이다." 하고 생각하지 않아도
화가 그렇듯 일어나게 된다.

스물두 번째 게송에서 샨띠데바는 현실의 복잡한 상황에 기
반해서 인내와 감내를 개발하는 방법을 설명한다. 여기서 고통
과 상처를 입힌 사람에 대해 참지 않는 것이 정당하다고 생각할
수 있다. 상처를 입힌 사람을 미워하고 그에게 화내는 것을 정당
화하는 것이다.

이에 대해 샨띠데바는 이렇게 답한다. 상황을 면밀히 들여다
보면, 우리를 다치게 하거나 피해를 입혀 고통과 괴로움을 일
으키는 원인들 중에는 생명이 있는 유정有情과 생명이 없는 무정
無情이 있다. 그런데 어째서 우리는 사람과 같은 유정有情들, 동적
인 요인들에게만 책임이 있다고 생각하고 그러한 상황을 만드
는 데 한몫한 무정無情과 같은 정적인 요인들에게는 그러한 책임
이 없다고 생각하는 것일까? 예를 들어 우리는 우리를 아프게
하는 질병에게는 화를 내지는 않는다. 질병이 우리를 아프게 하

는데도 말이다. 혹자는 질병은 살아 있지 않기 때문에 우리를 해칠 의도나 고의성이 전혀 없어져버리고 주장할 수 있다. 더 나아가 질병과 같은 이런 요소들은 자기 의사나 선택 없이 스스로 발생한다.

이에 대해 샨띠데바는 어떤 사람이 우리에게 피해를 입히는 일 또한 어떤 면에서 그 사람이 통제할 수 있는 것이 아니라고 말한다. 나쁜 감정이나 착각, 나쁜 기분이 그 가해자를 그렇게 몰아붙였기 때문이다. 더 나아가서 악의나 증오 같은 나쁜 감정들 역시 여러 요인들로 인해 일어나며 의도적으로 선택하는 많은 조건들까지 합쳐져 발생한다.

스물다섯 번째와 스물여섯 번째 게송에서 샨띠데바는 이전 게송에서 대략적으로 언급한 것을 이렇게 설명한다.

25

존재하는 모든 과오過誤와

다양한 모습의 악행惡行들은

모두 조건들(연緣)의 힘에 의해 일어난 것이니,

자력自力으로 존재하지 않네.

126

26

이 (과오過誤와 악행惡行)은 조건들이 모여 일어났지만,

'(누군가가 나를) 생기게 했다.'라는 생각이 없다.

(과오過誤와 악행惡行)을 생기게 하는 (조건들) 또한

"내가 (그것을) 일으켰다."라고 생각하지 않는다.

발생하는 모든 일에는 반드시 인과 관계가 있다. 하나가 다른
하나를 연쇄적으로 일어나게 만드는 과정이 있는 것이다. 독자
적으로 일어날 수 있는 것은 아무것도 없으며, 그 어떤 것도 스
스로를 통제할 힘이 없다.

27

"원초적 물질(원질原質, prakṛti)"이라고 주장하는 것과

"자아自我"라고 (잘못) 덧씌운 것들,

이들이 "내가 일어나겠다."라고

의식적으로 생각해도 (그들은) 일어나지 않는다.

스물일곱 번째 게송에서 우리가 알 수 있는 것은 샨띠데바가
살던 당시의 비불교도들, 특히 상캬 학파와 니야야 학파의 특정

관점에 대한 비판이다. 이 게송에서 샨띠데바는 어떤 현상과 사건도 자기 의지대로 일어나는 것은 없다고 말한다. 그 어떤 것도 독자적인 상태를 가지고 있을 수 없다. 이 뜻을 완전히 파악하려면 어떤 특별한 사건이나 현상이 독립적인 상태를 가지고 있다는, 샨띠데바의 견해와 대치되는 학파의 주장을 알고 있어야만 한다. 샹캬 학파의 "원초적 물질(원질原質, prakṛti)"이라는 주장은, 어떤 근본적인 물질이 존재한다는 믿음이다. 만일 이 전체 현상계의 기초를 이루는 원초적 물질(쁘라끄르띠)이 있다면 그 원초적 물질이 전체 현상계를 창조하는 본질이라는 주장이다. 이 원초적 물질은 그 자체로 독립적이며 영원하고 절대적이라고 샹캬 학파는 주장한다. 니야야 학파 역시 "자아"는 독립적이고 절대적이며 영원한 존재의 상태를 가지고 있다고 주장한다.

28

(독자적으로) 발생하지 않는 것이 없다고 한다면,

일어나고자 하는 의지를 가진 모든 것은

대상을 영원히 인식하기 때문에

(대상에 대한 인식을) 멈추지도 못한다.

29

만일 이 자아가 영원하다면 허공처럼

행동하는 자가 없을 것이라는 것은 분명하네.

다른 조건들(연緣)을 만난다 하더라도

이 변하지 않는 (자아가) 무엇을 하겠는가?

30

(그 자아가 다른 조건들에 의해) 행동할 때조차 그 전과 똑같다면,

무엇을 하기 위해 행동하는가?

(그 조건들의) 행위가 이 (자아)라고 말한다면,

그 둘 사이의 관계는 무엇인가?

27~30번까지 게송에서 샨띠데바는 이러한 외도들의 주장을, 불교의 인과에는 예외가 없다는 만유인과법萬有因果法을 중심으로 논파하고 있다. 샨띠데바는 다음과 같이 묻는다. 만일 원초적 물질이나 자아라는 것이 영원불변하다면 이 현상 세계와 어떻게 상호 작용할 수 있는가? 그 둘 사이는 어떤 관계인가? 현상 세계와 원초적 물질, 혹은 자아와의 관계를 바탕으로 어떻게 현상 세계의 조건성을 설명할 수 있는가? 만일 자아나 원초적인

물질이 영원불변하다면 어떻게 이것이 다른 것을 발생시킬 수 있는가? 어떤 것이 다른 것을 발생시키려면 그 자체가 생성된 것이어야 한다. 그 자체가 반드시 다른 조건과 요소들에 의지하고 있어야 한다. 만일 그것이 생성되지 않았다면 다른 어떤 것도 발생시킬 수 없다. 이렇게 샨띠데바는 불교의 만유인과론에 기반해 샹캬 학파와 니야야 학파의 주장들을 논파한다.

31

이처럼 모든 것은 다른 (조건들의) 힘에 의해 일어나기에

(자신의) 힘으로 (좌지우지)할 수 있는 것이 없다.

이것을 이해한다면, 모든 현상은

환영과도 같으니, 화를 내지 말아야 할 것이다.

여기에서 환영의 비유를 사용하는 이유는, 환영이 마술사가 만들어 낸 허상이기 때문이다. 환영은 어떠한 객관적인 상태도 아니며 전적으로 마술사의 변덕에 달려 있다. 환영은 어떠한 객관적 혹은 독립적인 삶도 가지고 있지 않다. 즉, 다른 요소들에 의해 만들어진 것이다. 마찬가지로 모든 현상은 다른 요소들의 영향 아래 있으며 다른 원인과 조건의 결과로 존재하기 때문에 스스로 독립적 존재 상태를 가지고 있지 않다. 이런 관점에서 모든 현상은 환영과도 같은 것이다. 따라서 자기 의지가 아니라 조건들로부터 일어난 현상에 대해 화나 증오 같은 극단적인 방식으로 응대하는 것은 바람직하지 않다. 이러한 현상들은 어떻게 보면 자기 힘으로 할 수 있는 것이 아무것도 없기 때문이다.

불교 교리 가운데 만유인과법 또는 인과법을 이해하는 것이 매우 중요하다. 그리고 인과의 원칙에 대해서 이야기할 때 우리는 이 교리의 기본 특징을 잘 알아야 한다. 인과법은 아상가(Asaṅga, 4세기 경)의 《대승아비달마집론大乘阿毘達磨集論(Abhidharmasamuccaya)》에 아주 명료하게 나와 있다. 이 논서에서 아상가는 불교의 인과법에 세 가지 주요한 특징이 있다고 말한다. 첫 번째로, 독립적인 창조주의 존재를 거부한다. 어떤 창조주가 우리가 알지 못하는 거대한 계획을 이미 설계해 놓았다든가 하는 것을 받아들이지 않는다. 왜냐하면 붓다께서 원인이 있기 때문에 결과나 과보가 따라온다고 말씀하셨기 때문이다. 어떠한 독립적인 행위자나 창조자의 존재를 전혀 받아들이지 않기 때문에 모든 것을 인과법의 관점에서 이해해야만 한다. 경전에서는 "이것이 생겼기 때문에 이것이 이 결과를 일으킨다."라고 되어 있다. 두 번째 특징은, 원인이 되는 모든 현상은 본질적으로 순간적이라는 것이다. 즉, 모든 것은 변한다. 만일 어떤 현상이 영원하고 영구히 불변한다면 다른 것을 발생시킬 어떠한 능력도 가지지 못한다. 세 번째 특징은, 상호 간의 관계, 즉 원인과 결과 사이에는 아주 특수한 관계가 있어야 한다는 것이다. 이것이 바로 만유인과법 또는 인과의 법칙이라는 불교 교리의 세 가지 특징이다.

인과법을 조금 더 자세히 살펴보자면, 불교는 주요한 두 가지 유형의 인과를 말한다. 첫 번째는 "재료적 원인"으로 후에 결과로 바뀌는 재료이다. 그리고 보조적 원인이 있는데 이는 그 재료적 원인이 결과가 되도록 보조하는 요소들이기 때문에 주원인은 아니다. 예를 들어 새싹을 기를 때 필요한 물과 온도, 비료 등이 보조적 원인들이다. 우리가 염두에 두어야 할 것은 이러한 설명을 하는 교학적 기반은 대승불교, 더 나아가 귀류논증 중관학파(Prāsaṅgika-Mādhyamika)의 교학 체계라는 것이다. 공성에 대한 철학적 입장에 관해서 샨띠데바는 짠드라끼르띠(Candrakīrti, 월칭月稱)와 같은 교학적 체제를 공유하고 있다. 두 사람 모두 나가르주나(Nāgārjuna, 龍樹)의 공성空性 철학에 대한 해석에 동의하며, 귀류논증 중관학파로 분류된다. 따라서 우리가 모든 현상과 사건들을 허상과 같은 환영이라고 말할 때, 우리는 이 말을 귀류논증 중관학파의 관점으로 이해해야만 한다.

여기서 이러한 질문이 있을 수 있다. 만일 모든 현상과 사건들이 환영과 같다면, 어째서 우리는 그들을 중대하게 받아들여야 하는 것일까? 그 환영들은 어째서 우리에게 이만큼이나 영향을 미치는 것일까? 샨띠데바는 모든 현상과 사건들이 환영과 같지만, 이것을 경험하는 주체 역시 환영과 같기 때문이라고 말한다. 하지만 고통과 괴로움에 대한 우리의 경험이 아무리 환영 같은 것이라고 해도 그것은 실제인 것처럼 느껴진다. 우리 자신의 경험이 그것을 사실이라고 확인해 준다. 이 점을 부정하지는 말아야 한다. 우리는 곤란한 일들에 맞닥뜨리고 괴로움을 겪는다. 이런 존재의 구체성 혹은 실체성에 관한 한 우리의 경험이 그렇다고 말하고 있다. 이를 부정하는 것은 소용없는 일이다. 따라서 꿈속에서처럼 환영과 같은 주체가 똑같이 환영과 같은 괴로움과 고통을 겪을 수 있다. 이 실체의 영향을 부정할 수는 없는데, 우리의 경험이 그 존재를 주장하고 있기 때문이다. 따라서 현상과 사건의 환영과도 같은 성질을 제대로 이해함으로써 우리는 곤란한 상황에 더 잘 대처할 수 있게 된다.

명

상

———

관상 명상을 잠깐 해 보자. 당신과 앙숙 관계에 있거나, 그런 관계에 처한 당신이 잘 아는 어떤 사람, 또는 당신에게 화를 내기 직전인 어떤 사람을 마음속에 그려 본다. 이 사람은 아주 격렬하게 화가 나 있고 분노에 차 있다는 모든 신호를 보여 준다. 마음의 평정을 완전히 잃고 아주 부정적인 '기운'을 뿜어내며 자신을 해치거나 물건을 부수기 직전의 상태이다. 다른 사람에게 이런 상황이 일어났다는 상상을 해 보고 그것을 관상하라고 하는 이유는, 내 잘못을 보는 것보다 남의 잘못을 보는 일이 훨씬 쉽기 때문이다. 따라서 어떤 사람을 떠올려 관상하고 그에게 일어나는 육체적 변화까지도 살펴보라. 당신이 가깝다고 생각하는 사람, 당신이 좋아했거나 예전에 당신에게 기쁨을 주었던 그 사람이 화에 휩싸인 모습은 몰골까지 보기 흉하다. 이것이 일종의 분석 명상이다. 이런 방법으로 상상력을 동원해서 분석 명상과 관상을 몇 분 동안 한다. 명상을 마무리할 즈음 이 경험을 당신의 경험과 연관시킨다. 그러고 나서 "나는 절대 나 자신을 이처럼 강렬한 화와 증오의 격류에 휩쓸리지 않게 하겠다. 만일 내가 그렇게 되면 나 역시 똑같은 처지가 되어 마음의 평화를 잃고 평정심이 무너져 그러한 흉측한 몰골이 되고 모든 과보를 받아 괴로울 것이기 때문이다."라고 생각하며 결의를 다진다. 이 결론에 집중하여 삼매三昧에 머문다.

첫 번째 부분은 분석 명상 또는 위빠사나이며, 두 번째 단계는 삼매 혹은 사마타 명상이다. 만일 우리가 상상력으로 이러한 관상 명상을 할 수 있다면 상상력은 아주 강력하고 효과적인 도구가 될 것이다. 예를 들어 일상생활에서 우리는 텔레비전이나 영화 속 아주 많은 사건과 시나리오에 노출되어 있다. 폭력적이고 선정적인 장면들도 있지만 그런 장면들을 극단적인 행동이 불러오는 결과로 여기며 명상의 대상으로도 볼 수 있다. 그런 장면들에 시각적으로 압도당하는 대신 교훈을 얻을 수 있는 일종의 지표로 받아들일 수 있다. 티베트의 까담빠 스승들 중 한 분인 뽀또와는, 특정한 마음의 평정과 깨달음을 이룬 수행자는 경험하는 모든 것을 가르침으로 받아들일 수 있다고 말한다. 그가 겪는 모든 사건과 경험이 일종의 학습 경험이 된다는 것이다. 나는 이 말씀이 옳다고 생각한다.

달라이 라마와
청중의 대화

청중1　　존자님, 우리의 내적 자질을 향상시켜야 할 필요와 다른 사람의 이익을 어떻게 균형을 맞추는 것이 좋을까요?

달라이 라마　무엇을 먼저 해야 하는지에 대해서라면, 우리 자신의 내적 계발을 우선시해야 합니다.《보리도차제菩提道次第》◆ 수행에서는 기반이 되는 세 가지 잠재력, 혹은 세 가지 근기라고 합니다. 이 람림 수행에서는 수행자의 동기에 따라서 수행을 세 단계로 구분합니다. 각 단계는 특정한 개인마다 수행의 발전 정도에 상응합니다. 붓다께서도 대중 설

◆ 《보리도차제론菩提道次第論》은 겔룩빠를 창시한 쫑카파가 지은 저서이다. 티베트 말로 '람림Lamrim'이라고 한다. '람'은 깨달음의 길(보리도菩提道), '림'은 단계(차제次第)를 뜻하는 말로, 깨달음을 성취하기 위한 수행의 단계를 상세하게 설명하고 있다.

법을 하실 때 보리심의 가르침부터 시작하지 않고 사성제四聖諦부터 시작하셨습니다. 두 번째 가르침을 설하실 때에야 비로소 보리심에 대해 상세하게 설명하셨습니다. 그러나 두 번째와 세 번째 가르침은 역사적 기록이 남아 있지 않습니다. 아마 선별된 소수 제자들에게만 전해졌던 것 같습니다.

청중2　모든 악은 마음의 습관인지요? 그리고 각각에 대치제를 처방하면 악을 모두 제거할 수 있는지요? 아니면 없앴다고 하는 것은 방편적으로 그렇게 했다고 믿는 것이고, 사실 자성이 공하다는 것을 깨달을 때만 없앨 수 있는지요?

달라이 라마　질문의 첫 번째 부분부터 답하겠습니다. 현재 일어나고 있는 번뇌의 본모습을 살펴보면 이 모든 의식적이고 감정적인 상태는 이전 순간을 원인으로 해서 일어난 결과라는 것을 알 수 있습니다. 일종의 이어지는 흐름 또는 상속相續입니다. 따라서 번뇌는 조건들의 소산으로 볼 수 있습니다. 불교적 관점에서 보자면 현재 일어나고 있는 일들에 대해서는 반드시 이번 생뿐만 아니라 이전 생과의 관계 속에서 이해해야 합니다. 다시 말해 윤회전생의 관점에서 이해해야만 합니다. 더불어 주변의 외적 환경 역시 특정 종류의 번뇌에서 강도나 정도의 차이를 가져다주기도 합니다. 예를 들어 한 가족 안에서 똑같은 부모 아래 다른 아이들이 나오고 그 아이들도 제각각 타고난 성격이 다른데 이는 과거 업의 결과입니다. 그런데 이 아이들이 자라나면서 특정한 감정은 더 강해지고 다른 감정은 더 약해지기도 합니다. 따라서 번뇌가 이전 생의 여러 가지 조건에 따른 결과이기는 하지만 직접적인 상황의 측면도 영향을 미칩니다.

번뇌의 원천이 어디인가라는 질문에 대해 답하겠습니다. 불교적 관점에서 본다면 그 시작을 알 수 없다는 무시無始의 의식에 관한 붓다의 가르침을 받아들여야 합니다. 무시의 의식에 대해서 저 개인적으로는 이에 찬성하는 논증이나 근거가 있다고 생각하지 않습니다. 근본적인 의식의 흐름(아뢰야식)의 관점에서 설명하려는 분도 있겠지만 그 역시 논리적 추론으로 완벽하게 증명할 수는 없다고 생각합니다. 그러나 만일 우리가 이와 반대의 입장을 채택하고 의식에 시작이 있다는 입장을 취한다면 다음의 둘 가운데 하나일 것입니다. 첫 번째로, 외적인 창조자 또는 행위자의 존재를 인정해야 하는데 그렇다면 그 창조자가 문제의 원인이 된다는 문제점이 있습니다. 그렇지 않으면 두 번째로 모종의 인과관계가 없는 사건, 즉 원인과 조건이 없는 사건을 받아들여야 하는데 이 역시 일관성이 없고 논리적으로 앞뒤가 맞지 않습니다.

따라서 이러한 가능성들을 놓고 보면 의식의 연속적인 흐름에서 특정한 시작이 없다는 주장이 다른 주장들에 비해 일관성이 있고 논리적 모순이 적은 것 같습니다. 의식의 흐름에 대해 무시無始의 입장을 기반으로 하면 우리 자신의 부정적인 습관이나 성향 또한 그 시작이 없다는 주장을 받아들일 수 있습니다. 그러나 고도의 정신적인 힘이나 의식을 지닌 몇몇은 그 시작조차 알 수 없는 먼 과거의 시간까지는 아니더라도 예닐곱 전생의 삶을 돌아볼 수는 있습니다. 이것은 가능합니다.

질문의 두 번째 부분에 대해 답하겠습니다. 모든 불교 전통은 번뇌와 그에 따르는 사건들을 제거하기 위해 지혜를 사용해야 한다는 데 대체로 동의합니다. 지혜는 필수 불가결합니다. 예를 들어 공성의 교리, 혹은 현상의 자성自性은 부재하다는 데 동의하지 않는 불교 전통의 시각에서도 자애와 연민에 대한 명상은 화와 증오를 직접적으로 대처하는 해독제 역할을 할 수 있다고 봅니다. 그러나 명상만으로 화와 증오를 완전히 없애지는 못합니다. 그것들을 완전히 제거하려면 참나가 없다는 것, 혹은 무아의 깨달음인 지혜를 발휘해야 합니다. 모든 불교 전통이 동의하는 부분은, 부정적인 성향들을 완전히 뿌리 뽑기 위해 지혜를 사용해야 한다는 것입니다. 대승불교 전통에서 유식학파와 중관학파는 오직 공성이나 무자성에 대한 통찰의 지혜를 일으키는 일만이 번뇌의 장애와 지혜의 장애를 완벽하게 제거할 수 있다고 말합니다.

따라서 무자성에 대한 통찰의 지혜로 우리는 번뇌나 그에 따르는 사건들, 전도몽상에 직접적으로 대처할 수 있습니다. 또한 정신에 깊숙이 배인 훈습과 잠재적 성향을 발본색원하기 위해 현상에 대한 공성의 교리를 직접적인 해독제로 쓸 수 있습니다. 그러나 귀류논증 중관학파에 따르면 사람의 자성 부재(인무아人無我)와 현상의 자성 부재(법무아法無我)는 주체와 객체와의 관계 속에서 그 차이가 있다고 말합니다. 즉, 부정의 방법에는 차이가 없습니다. 다시 말하지만 공성에 대한 통찰의 지혜를 일으켜야만 번뇌와 망상을 철저하게 제거할 수 있습니다.

청중3　꿈속에서 보이는 이미지들은 일상생활의 의식에 중요한 의미와 계시를 주는지요?

달라이 라마　평범한 꿈이라면 보통 실재하지 않는 것의 예라고 할 수 있습니다. 따라서 저는 그 꿈들을 심각하게 받아들일 필요가 없다고 생각합니다. 물론 칼 구스타프 융이나 지그문트 프로이트처럼 꿈을 굉장히 중요하게 다루는 사람들도 있었습니다.
그렇다고 꿈을 완전히 무시할 수도 없습니다. 어떤 경우에는 많은 요소들의 결집이 꿈에 중요한 지표로 나타날 때도 있습니다. 어떤 꿈은 아주 중요한 의미를 지니기 때문에 꿈을 다 무시할 수 없습니다.
중요한 꿈을 꾸도록 해 주는 상세한 방법은 딴뜨라 수행, 특히 무상요가 딴뜨라에서 찾을 수 있습니다. 그러나 무상요가 딴뜨라 수행에서 꿈과 연관된 꿈요가(dream yoga)를 강조하는 이유는 꿈속의 특별한 기술이 깨어 있을 때에도 중대한 영향을 미치기 때문입니다. 또 다른 이유는 꿈을 꾸고 있을 때 그 꿈이 기회를 주기 때문입니다. 만일 그 상황에서 수행 방법을 제대로 적용할 수 있다면 미세한 몸을 우리의 육신과 같은 거친 몸으로부터 분리시킬 수 있습니다.

청중4　화를 비롯한 부정적인 감정들이 원인과 조건들에 의해 일어나며 우리가 통제할 수 없다면, 어떻게 우리는 자애를 비롯해 다른 좋은 감정들을 닦겠다는 의지를 직접적으로 일으킬 수 있을까요?

달라이 라마　비유하자면, 무지 혹은 무명無明은 꽤 자연 발생적인 것입니다. 우리는 자라면서 점점 무지해집니다. 그러다가 교육과 학습을 통해 지식을 배우고 무지를 떨칩니다. 만일 우리가 의식적으로 앎을 계발하지 않고 무지한 상태를 그대로 내버려 둔다면 무지를 없앨 수 없을 것입니다. 여기서 말하는 무지는 불교적인 입장에서의 무지, 즉 무명無明이 아니라 지식의 부재를 말합니다. 그래서 우리가 이 무지의 상태를 떨치려는 노력을 하지 않고 관심도 주지 않는다면, 그 반대급부의 요소들이 일어나지 않고 자연스레 사라질 것입니다.

마찬가지로 증오와 화 또한 자연스럽게 일어나지만 이들을 떨쳐 내거나 제거하기 위해 의식적으로 노력해야 하고, 증오와 화에 대처할 수 있는 자애와 연민을 갈고닦아 해독제로 삼아야 합니다. 자애와 연민은 노력을 해야 얻을 수 있으므로 반드시 이 수행을 해야 합니다.

불교 용어인 니르바나(Nirvāṇa, 열반涅槃), 즉 윤회로부터의 해방 혹은 자유는 종종 "강 건너편 저쪽 언덕(피안彼岸)" 혹은 "저 너머"라고 부릅니다. 우리가 살고 있는, 깨닫지 못한 상태의 삼사라(saṃsāra, 윤회輪廻)는 "여기, 지금", 또는 "이쪽 언덕(차안此岸)"이라고 부릅니다. 깨닫지 못한 개별 중생은 오직 목전의 환경만 볼 수 있습니다. 그들은 오직 드러난 현상만을 봅니다. 이것이 간접적으로 뜻하는 바는, 무시 이래로 나쁜 습성들, 마음의 전도된 생각들, 번뇌와 망상 등 괴로움의 원인들은 윤회 속에 있으며 "이쪽 언덕"에 속해 있기 때문에 우리에게 자연스럽게 일어난다는 것입니다. 그와 반대로 우리가 애써 일으켜야 할 대부분의 좋은 자질은 "저쪽 언덕", "저 너머", 해방과 자유, 그리고 니르바나에 속해 있습니다. 그래서 우리가 의식적으로 계발하지 않는다면 이 좋은 자질들은 저절로 일어나지 않습니다. 만일 우리가 피안의 세계로 건너가는 데 성공한다면 전도몽상 등 여러 부정적인 성향들로부터 일어나는 관점을 "저쪽 언덕"의 것으로 변화시킬 수 있을 것입니다.

청중5　만일 어떤 일이 잘못되거나 해를 입어서 증오가 일어나면, 이는 매정하게 남을 해치는 것보다는 조금 덜 나쁘고 덜 부정적인 것 아닐까요? 아니면 티베트인들에게 가해진 것에서 볼 수 있듯이, 해침 이라는 행위는 늘 증오에서 일어나는 것일까요?

달라이 라마　아주 복잡한 질문입니다. 질문의 첫 번째 부분은 매우 복잡한 문제인데, 그 상황에 처한 사람이 다양한 상황을 잘 구별할 수 있어야 한다고 생각합니다.

특별히 증오라는 감정을 동반하지 않더라도 무지로 누군가에게 해를 입히기도 합니다. 예를 들어 우리는 물고기를 많이 먹습니다. 우리가 물고기를 잡을 때 물고기가 중생, 혹은 살아 있는 생명이라는 생각이 별로 없습니다. 여기에는 증오가 없습니다. 이때의 살생은 무지로 일어나는 것입니다. 다른 종류의 살생도 있습니다. 재미로 사냥을 하는 것입니다. 이 살생도 증오를 기반으로 하지 않습니다. 저는 이런 사냥역시 주로 무지 때문에 일어나며 아마도 탐욕과도 연관이 있다고 생각합니다. 물론 생계를 위해 살생이나 사냥을 하는 이들도 있습니다. 이처럼 상황은 아주 다양합니다.

강제 수용소에 유대인들을 가두고 수많은 사람을 학살한 나치의 경우는 또 다릅니다. 이런 아주 극단적인 상황에서도 증오와 같은 사적인 감정을 지니지 않고 가담한 사람들이 있을 수도 있습니다. 이처럼 상황과 인간 행동의 복잡성 때문에 불교에서는 업이라는 교리를 통해 인간의 행동을 크게 네 가지로 구분합니다. 동기 없이 행한 행동, 동기는 있었지만 행동으로 완전히 옮기지 않는 것, 동기와 행위의 완성을 모두 갖춘 행동, 마지막으로 동기도 없고 행동도 없는 것입니다. 또한 "안락사"라는 것도 있습니다. 따라서 무지를 동기로 한 살생과 증오를 동기로 한 살생 가운데 증오에 기반한 살생이 더 위중하고 더 나쁘다고 생각합니다.

살생의 경우에도 여러 가지 다양한 요인들이 어떻게 함께 일어났는지에 따라 악업의 정도가 사람마다 다를 수 있습니다. 예를 들어 누군가를 죽이고 싶다는 지극히 나쁜 감정으로 살생을 행했고 심지어 그 방법까지도 잔혹했다고 칩시다. 만일 증오에 기반해 살생을 했다면 그 방법까지도 잔악했겠지요. 그런데 살생을 한 그 사람이 자신이 저지른 일을 후회하기는커녕 만족감을 느꼈다면, 이 경우 그가 쌓아 올린 악업은 최악이라고 생각할 수 있습니다. 반면, 덜 강력한 감정을 동기로 살생을 저질렀고 방법 역시 덜 잔혹했으며, 살생이 끝났을 때 그 일을 후회했다면 그때의 악업은 상대적으로 약할 것입니다.

살생이 증오를 동기로 일어났을 때 증오도 다양한 양상으로 나타납니다. 증오가 아주 미세할 수 있습니다. 만일 수년에 걸쳐 살인을 계획했다면 그 계획이 실행되었을 때 화가 결부되지 않을 것입니다. 하지만 이 경우에도 증오가 없다고는 말할 수 없습니다. 아주 깊은 곳에 증오가 있습니다. 그러나 그 살생이 행동으로 실행되는 그 순간에 강한 감정은 없었을 것입니다.

티베트에서는 세상 물정을 잘 아는 사람일수록 증오의 감정을 숨기는데 더 능숙하다는 말이 있습니다. 화를 잘 내고 증오의 감정을 잘 일으키는 사람이 있다면 그는 오히려 온순한 사람일지도 모릅니다. 그것이 가치가 있는지는 모르겠습니다.

청중6 삶의 목적에 대해서 조금만 더 말씀해 주시면 감사하겠습니다. 삶의 목적이 기쁨과 행복이라면 뭔가 시시하게 생각됩니다. 기쁘고 행복하려면 아주 많은 것들을 해야 하는데, 모든 일이 편안과 행복과는 거리가 먼 것처럼 보입니다. 슬픈 일들이 도처에서 많이 일어나는데 행복하겠다고 한다면 이기적으로 느껴집니다.

달라이 라마 저는 삶의 목적은 행복이라고 믿습니다. 그렇다면 무엇이 행복일까요? 행복에도 여러 단계가 있습니다. 최고의 행복은 성불입니다. 깨달음을 얻은 상태야말로 가장 심오한 행복에 이르는 단계입니다. 그보다 약간 낮은 단계의 행복은 아라한이 되는 것으로, 니르바나 혹은 열반의 경지입니다. 물론 아라한의 경지가 완전한 만족을 주지는 않습니다. 무지에 의한 괴로움은 일어나지 않지만 아직 흠이 남아 있기 때문입니다. 하지만 이 역시 행복한 경지입니다. 내생과 관련하여 생각해 본다면, 좋은 몸으로 태어나는 것 역시 행복으로 정의할 수 있습니다. 동물, 아귀, 지옥 중생의 몸으로 태어나면 괴로움이 더 많기 때문입니다. 누구나 낮은 몸에 태어나는 것을 원치 않고 더 높은 몸을 가지고 싶어 합니다. 왜 그럴까요? 더 행복할 수 있기 때문입니다.

현생으로 한정해 보면, 매일매일의 삶 그 자체는 희망으로 생기가 넘친다고 생각합니다. 미래에 대한 보장이 없어도 그렇습니다. 여전히 우리는 희망을 발판으로 미래를 향해 일합니다. 그래서 저는 삶은 행복한 것이라고 믿습니다. 이것이 제가 믿는 바입니다. 삶을 행복이라 여긴다 해서 꼭 이기적이라고 느낄 필요는 없습니다. 행복은 다른 이들을 괴롭게 만드는 것이 아니라 섬기기 위한 것입니다. 섬긴다는 것은 자기 스스로 행복을 만끽하는 일이기도 하고 다른 사람들이 더욱 행복해지도록 돕는 일입니다. 저는 이것이 철학의 전부이자 근간이라고 생각합니다. 따라서 행복은 그리 간단한 것이 아닙니다.

청중7   지성과 인내는 서로 보완하는 사이라고 말씀하셨는데, 조금 더 자세하게 설명해 주시겠습니까?

달라이 라마 이 책에서 설명하는 많은 방법을 잘 배우려면 논리적으로 사고하고 분석적으로 생각해야 합니다. 이것이 바로 지성이 인내를 보완하는 요소라는 의미입니다. 높은 수행의 단계에서 지혜의 통찰에는 다양한 종류가 있습니다. 매 순간순간 역동적으로 변하는 현상의 본질을 통찰하는 것, 즉 실체의 궁극적인 본질을 통찰하는 것 등이 높은 수행 단계에서 지혜를 보완해 주는 요소로 작용합니다. 이는 인내의 수행에서도 보완적 요소로 작용할 수 있습니다.

청중8 불교에서는 낙태에 대해 어떻게 생각하는지요?

달라이 라마 문제를 일으키는 사람이 많긴 하지만, 일반적으로 불교도들은 모든 인간의 삶이 소중하다고 생각합니다. 따라서 이런 귀중한 생명을 통제하는 것을 권장하지 않습니다. 그러나 오늘날 이런 소중한 생명이 너무나 많습니다. 50억 명◆이 넘습니다. 이것이 현실입니다. 질문하신 주제에 대해 다른 차원에서도 생각해 볼 필요가 있습니다. 북반구에 사는 사람들과 남반구에 사는 사람들 간의 경제 격차는 윤리적으로만 잘못된 것이 아니라 실제적인 견지에서도 잘못된 것입니다. 만

◆ 2020년 상반기 통계청 Kosis 기준 전 세계 인구는 약 77억 9,480만 명이다.

일 이 경제 격차가 계속된다면 어떤 사회 문제의 근원이 될 수 있습니다. 현재 경제적인 격차 때문에 많은 난민이 산업화된 나라로 몰려들고 있습니다. 이것 역시 큰 문제를 일으키는데 특히 유럽은 상황이 심각합니다. 미국에서는 범죄는 종종 일어나지만 땅이 넓기 때문에 문제가 비교적 적습니다. 그러므로 우리는 경제 격차를 줄이기 위해 최선을 다해야 합니다. 전문가들에 따르면 북반구 사람들이 누리는 삶의 수준을 남반구 사람들도 누리게 할 수 있을 만큼 천연자원이 충분하지 않습니다. 50억 명 정도의 인구만 가지고도 그렇습니다. 따라서 인류는 심각한 인구 문제에 직면하고 있습니다. 논리적으로 말하면 이런 점들을 고려해 볼 때 산아제한을 심각하게 생각해 보아야 합니다.

일반적으로 말해서 낙태는 나쁜 것입니다. 생명을 죽이는 행위이기 때문입니다. 얼마 전 저는 태아의 인권에 대한 글을 읽었습니다. 그것은 불교적 관점에서도 틀림이 없는 사실입니다. 아직 태어나지 않은 태아 역시 마음을 지닌, 생명을 가진 존재이기 때문입니다.

구족계를 받은 비구나 비구니의 가장 근본이 되는 계율 가운데 하나는 다른 인간을 죽이지 않는 것입니다. 만일 구족계를 받은 비구나 비구니가 태아를 죽인다면 이는 근본 계율을 어기는 일이 됩니다. 그러나 이러한 일들을 바라보는 불교의 또 다른 중요한 입장은, 상황에 따라 판단해야 한다는 것입니다. 일반화된 원칙이 있겠지만 안락사처럼 늘 예외는 있기 마련입니다. 물론 원칙적으로 낙태는 반드시 피해야 합니다. 그렇지만 아주 특정한 상황에서 낙태 시술이 이해할 만한 선택지가 되기도 합니다. 예를 들어 엄마와 아이의 생명이 아주 중대한 위기에 처했을 때입니다. 또는 한 가족에게 미치는 영향이 심각할 정도로 나쁜 상황도 예가 될 수 있습니다.

안락사 문제도 마찬가지입니다. 만일 환자를 조금이라도 더 살리려고 할 때 비용이 너무나 많이 들고 남은 가족들이 몹시 힘들어한다면, 환자가 어떤 정신 활동도 없는 혼수상태에 빠졌다면 불가피할 수 있습니다. 물론 그 환자의 가족이 재정적 여력이 충분하고 환자가 살아 있기를 바란다면 판단은 그들 몫입니다. 그러나 만일 주변 환경이 좋지 못해 문제가 계속해서 발생한다면 이런 예외적인 상황에서도 안락사가 가능할 수 있습니다. 마찬가지로 특별한 상황에서는 낙태도 허용될 수 있다고 생각합니다. 그러나 사례별로 판단을 달리 해야 한다고 생각합니다. 이것이 낙태에 대한 일반적인 접근 방법입니다.

두 번째 가르침

• • •

다음은 32번과 33번 게송이다.

32

(모든 것이 환영과 같이 실체가 아니라면) 어떤 것이 어떤 것(즉, 화 등)을

부정할 수 있겠는가?

부정하는 것 역시 이치에 맞지 않다고 (반대하는 이가 주장)하겠지만,

(세속제의 관점에서 화에 대처하는 일에) 의지해 괴로움의

흐름을 끊어 내는 것도 틀린 이치는 아니다.

33

따라서 적이든 친구이든

이치에 맞지 않은 일을 하는 것을 본다면,

그러한 것은 조건들로부터 일어나는 것이라고

이와 같이 생각하여 (마음을) 편안하게 하리라.

공성의 교학에 관해서는《입보리행론》9장 지혜품에서 아주 상세하게 설명하고 있다.

34
만일 뜻하는 대로 (다) 이루어진다면
그 어느 누구도 괴로움을 원하지 않을 것이니,
살아 있는 모든 것들, 그 누구에게도
괴로움은 일어나지 않을 것이다.

35
부주의함 때문에 (사람들은) 자신에게조차
가시 등으로 해를 입힌다.
여인 등을 얻기 위해서
갈망하며 음식 등을 끊기도 한다.

34번과 35번 게송에서 샨띠데바는 범죄의 진짜 가해자에 대해 평등한 마음(사捨, upekṣā) 을 일으켜 자기가 입은 피해를 인내하는 방법을 설명한다.* 그는 가해자가 처한 상황을 잘 살펴보면 가해 행위들 대부분이 무지나 부주의로 일어났으며 가해자 입장에서는 선택의 여지가 별로 없다는 점을 알 수 있다고 말한다. 그렇지 않으면 어째서 사람들이 자기 자신을 해치는 일까지 발생하겠는가? 따라서 상황을 주의 깊게 살피면 해를 끼치는 행동 대부분은 악한 의도에서 일어난 것이 아니라 많은 경우 부주의하거나 둔감해서 그렇다는 것을 알 수 있다.

36

어떤 이는 목을 매달고, (어떤 이는) 절벽에서 뛰어내리며,

독과 해로운 것을 먹는 등

공덕이 되지 않을 일들을 해서

자기 자신에게 해를 입힌다.

37

번뇌에 휘둘려

사랑하는 자기 자신조차 죽이는데,

◆ 사무량심四無量心 가운데 사무량심捨無量心을 말하는 것으로 보인다.

어떻게 그들이 다른 생명들에게

해를 끼치지 않겠는가?

37번 게송에서 샨띠데바는 만일 개개인이 무지나 부주의로 스스로를 해치거나 다치게 할 수 있다면, 마찬가지로 다른 이들에게도 충분히 해를 가할 것이라고 말한다. 자기 자신에게 해를 끼칠 수 있는 사람은 다른 이들을 해할 가능성 또한 다분하다는 것이다.

38

일어난 번뇌로 인하여, 그처럼

자기 자신에게조차 (해를) 끼치는 (이들에게)

조금이라도 연민을 일으키지는 못할지언정

어찌 화를 낼 수 있겠는가!

38번 게송에서 샨띠데바는 자기 자신이나 다른 이에게 해를 끼치는 행동을 저지르는 사람들을 증오하거나 그들에게 화를 내는 대신, 연민이라는 올바른 마음을 일으켜야 한다고 말한다.

39

만일 다른 사람을 해치는 것이

어리석은 이의 본성이라 하더라도,

그것에 화를 내는 것은 이치에 맞지 않으니,

불타는 성질을 가졌다며 불에게 화를 내는 것과 같다.

40

만일 천성적으로 온화한 중생이

우연히 잘못을 일으켰다면,

(그 중생에게) 화를 내는 것은 또한 이치에 맞지 않으니,

연기가 퍼진다고 허공을 질책하는 것과 같다.

여기에서 샨띠데바는 평소 화를 일으키게 만드는 원인을 방지하는 법을 알려 준다. 다른 이에게 해를 끼치는 일이 그 가해자의 본래 성품이라면, 그에게 화를 품는 것은 의미 없다. 다른 이들을 해치는 일은 그 사람의 천성이기 때문이다. 반면 남에게 해를 가하는 것이 천성이어서가 아니라 모종의 주변 상황 때문이었다면 그는 환경적인 조건에 휘둘린 것이다. 따라서 그 경우에도 그에게 화를 내거나 책임을 묻는 것은 의미 없는 일이다.

전자의 경우는 불에게 왜 불타느냐고 화를 내는 것과 마찬가
지다. 태우는 것이 불의 속성인데 그런 태우는 성질을 지녔다고
불에게 화를 내 보아야 무슨 소용이 있겠는가? 후자의 경우도,
상황이나 환경에 휘둘리는 이에게 화를 내 보았자 이는 구름이
하늘을 덮었다고 구름에게 화를 내는 것과 다를 바 없다. 흐린
날씨가 하늘의 본성은 아니지만 환경적인 조건의 영향으로 이
따금 구름이 하늘을 뒤덮기 때문이다.

41
만일 (나를) 때린 사람에게 화가 난다면,
화가 (그 사람이 나를 때리도록) 시킨 것이니,
비난을 하겠다면 그 화에 화를 내는 것이
이치에 맞다.

41번 게송에서 샨띠데바는 화가 일어나는 것을 방지하거나
화의 힘을 완화시킬 수 있는 또 다른 방법을 제시한다. 먼저 특
정한 행동이나 상해를 일으키는 직접적인 요인과 장기적인 요
인들을 점검하는 것이다. 한편으로 우리가 화를 내게 하는 직접
적인 요인이 있다. 예를 들어 누군가가 다른 사람을 막대기로 때

렸다고 하자. 그러면 그 막대기가 고통의 직접적인 요인이므로 맞은 사람은 그 막대에게 화를 내야 한다. 이와 반대로 때리는 행위를 일으킨 근본적이고 잠재적인 원인에 대해 화를 낼 수도 있다. 다른 사람을 때리는 행동은 증오에서 나오므로 맞은 사람은 그 증오를 향해 화를 내야 한다. 그렇다면 어째서 우리가 받은 상처를 일으킨 직접적인 원인인 막대기와, 간접적이고 잠재적인 원인인 증오 사이의 중간을 선택하는 걸까? 우리는 직접적인 요인과 잠재적이고 근원적인 요인 이 두 가지를 내버려 두고 그 둘 사이에 있는 행위자를 고르고 나서 모든 화를 그에게 쏟아붓는다. 샨띠데바는 이렇게 화를 내도록 정당화시키는 것이 무엇인지를 묻는다.

42

내가 전에 (다른) 중생에게

이와 같이 해를 입힌 적이 있기에

(다른) 중생에게 입힌 해가

나를 해치는 것은 당연하다.

42번 게송에서 그는 앞서 예로 들었던 막대기로 때리는 행위에 대한 또 다른 관점을 설명한다. 우리가 겪는 고통은 과거에 행한 업의 결과이기 때문에, 상해를 초래한 것들에 책임이 있다고 주장한다면 우리 자신도 그 원인에 포함된다는 것이다.

43

(적의) 칼과 나의 몸,

둘 다 (내) 괴로움의 원인이다.

그는 칼을, 나는 몸을 일으켰는데

누구에게 화를 내야 할 것인가?

43번 게송에서 샨띠데바는 다양한 요인과 조건들이 합쳐져서 우리가 고통을 겪고 있다고 설명한다. 예를 들어 어떤 사람이 무기로 우리를 해하는 경우, 그가 꺼낸 무기와 우리 몸은 고통이 일어나는 것을 보조하는 요소이다. 우리 몸은 상처나 피해를 입으면 고통을 느끼는 성질이 있다. 몸이 고통을 느끼는 성질이 없었다면 괴로움을 겪거나 상처를 입는 경험은 애초에 일어나지 않았을 것이다. 따라서 다른 이의 무기와 내 몸이라는 조건의 조합이 상처나 피해를 일으키는 것인데, 어째서 우리는 무기와 몸 같은 대상에 화를 내지 않는가?

예를 들어 남이 우리를 험담하는 것을 알아챘다고 치자. 그 일에 상처 받아서 화를 내고 부정적으로 반응한다면 당신은 마음의 평화를 스스로 무너뜨리는 것이다. 자신의 고통은 결국 자기가 만드는 것이다. 티베트 격언에, 우리에게 상처 주는 것들을 마치 귓전에 흐르는 바람처럼 여겨야 한다는 말이 있다. 바꾸어 말하면 상처 받는 말은 듣고 털어 내 버리라는 말이다. 그래야 마음의 상처나 고통으로부터 스스로를 보호할 수 있다. 내가 고통을 겪을지 겪지 않을지는 주어진 상황에 내가 어떻게 반응하는가에 달려 있다. 지나치게 예민해져서 그 일들을 얼마나 심각하게 생각하고 있는지 여부가 고통의 차이를 만든다.

불교적 관점에서 보자면, 일상생활에서 우리는 종종 별것 아닌 일에 지나치게 반응하곤 한다. 그러면서 장기간에 걸쳐 큰 결과를 초래하는 중대한 문제들은 또 가볍게 여긴다. 그래서 경전에서는 우리 같은 평범한 사람들을 어린아이 같다거나 혹은 순진하다고 기술하고 있다. 티베트어로 지빠(byis pa), 혹은 순진하다는 말은 여러 가지 의미로 쓰이는데 보통은 나이가 어리다는 뜻이다. 다른 한편으로 깨달은 성인, 수승한 분들과 정반대인 우리 같은 평범한 사람들을 일컫는 말이기도 하다. 또한 오직 이번 생에만 관심을 둘 뿐 미래의 삶이나 내생에 일어날 일에 대해서

는 전혀 신경 쓰지 않는 사람들을 가리킨다. 따라서 어린아이와
도 같은 지나친 순진함 때문에 우리는 사소한 것에 쉽게 기분이
상해 그것을 심각하게 받아들이고, 장기적으로 큰 결과를 일으
키는 상황들을 맞닥뜨렸을 때에는 오히려 덜 진지하게 대하곤
하는 것이다.

44

몸에 난 종양처럼 감히 건드리지도 못할

괴로운 (이 몸)에 집착하느라

내가 맹목적으로 붙들고 있는 것이라면,

그 (몸)이 다칠 때 누구에게 화를 낼 수 있겠는가?

44번 게송에서 샨띠데바는 우리가 업과 전도망상의 소산인
오온五蘊으로 이루어진 몸을 지니고 있는 한, 우리는 늘 고통과
괴로움, 불만족을 느낄 수밖에 없다고 말한다.

45

어리석은 이는 괴로움을 원하지는 않지만,

괴로움의 원인에 집착하여

자기 스스로에게 해를 입힌다.

그런데 누구에게 성질을 부릴 수 있겠는가?

46

예를 들어, 지옥의 문지기와

칼날 이파리로 된 나무의 숲은

자신의 업이 일으킨 것이다.

이것을 누구에게 화를 낼 수 있겠는가?

45번 게송에서 샨띠데바는 고통과 괴로움 대부분은 우리의 어리석은 성품 때문에 일어난다고 말한다. 앞서 말했듯이 여기서 어리석은 성품이란, 사소한 일은 귀하게 다루고 장기적으로 영향을 끼치는 것들에 대해서는 덜 중요하게 여기는 것을 말한다. 우리의 고통과 괴로움은 사실상 우리 자신의 소행인데 어째서 다른 사람에게 그 책임을 전가해서 그들이 우리를 고통스럽고 괴롭게 만든다고 하는 것일까?

예를 들어 걸프 전쟁 후에 많은 사람들이 사담 후세인을 전쟁의 원인이라고 비난했다. 그러나 나는 "후세인을 그렇게 취급하는 것은 부당하다."고 말했다. 앞서 말한 맥락에서 나는 진심으로 사담 후세인에게 연민을 느꼈다. 그가 독재자라는 것은 당연한 사실이다. 또한 수많은 악행을 저질렀다. 하지만 그 악행들은 군사용 무기가 반드시 있어야 할 수 있는 일들이었다. 그리고 이라크는 심지어 군사용 무기를 자체 생산하지도 않았다. 즉, 군사 무기를 다른 나라에서 수입한 것이었다. 이런 시각에서 바라보면 걸프 전쟁에는 많은 나라들이 연관되어 있다고 할 수 있다. 그러나 우리는 보통 밖으로 드러난 외적 원인만을 비난하곤 한다. 이는 단일한 원인에만 초점을 맞추어 자기 자신은 연대 책임을 피하려는 것이다.

나는 이 마음 훈련이, 그 사건에 많은 일들이 얽혀 있음을 이해하고 사건을 총체적인 관점에서 바라보게 한다고 생각한다. 발생한 사건의 책임을 전적으로 한 사람의 잘못으로 몰아붙일 수는 없다. 티베트와 중국의 문제를 보자. 나는 그 끔찍한 티베트인 학살과 점령이 일어나는 데 티베트 내부의 많은 조건들도 일조했다고 생각한다. 우리 세대가 그런 일이 발생하게 한 요인일 수도 있지만, 우리 이전의 최소한 서너 세대가 그런 일이 발생하도록 만든 것이다. 따라서 중국에만 모든 책임이 있다고 비난하는 것은 불공정하다.

이처럼 우리가 어떤 주어진 상황을 왜곡되지 않은 공정한 방식으로, 또 더 넓은 관점으로 바라본다면 대부분의 사건들이 일어나는 데 우리도 일부 책임이 있음을 깨닫게 된다.

47
내가 한 행동에 자극을 받아
나에게 해를 끼치는 이들이 생겨난다.
(내게 해를 끼친 일) 때문에 그 중생이 지옥에 간다면,
내가 그들을 망치는 것이 아니겠는가?

47번 게송에서 샨띠데바는 과거에 우리가 저질렀던 악업과 악행이 다른 이들로 하여금 우리를 상처 입히게 만들었다고 말한다. 즉, 우리의 과거 악업 때문에 그들 또한 악업을 짓게 되었다는 것이다. 이는 우리가 다른 사람들에게 죄를 짓도록 이끄는 것이다. 우리가 지은 업으로 다른 이들이 또 다른 악업을 짓도록 조장한 것이기 때문이다.

48
그들에게 의지하여 (그들의 악행을)
인내함으로써 나의 악업을 많이 정화하지만,

나에게 의지하여 그들은

오랫동안 지옥의 괴로움을 겪을 것이다.

49

나는 그들에게 (도리어) 해를 입히고

그들은 나에게 도움을 주는데,

날뛰는 마음이여, 너는 어째서

못되게 화를 내는가?

48번과 49번 게송에서 샨띠데바는 앞서 지적했던 관점으로 살펴본다. 다른 사람이 우리에게 해를 입히거나 다치게 했을 때 그는 악업을 쌓는 것이다. 하지만 그 사건을 면밀하게 관찰하면 바로 그 행위 때문에 우리는 인내와 감내를 닦을 수 있는 좋은 기회를 얻을 수 있다. 따라서 상처 받은 일을 절호의 기회로 삼고 그 기회를 선사한 이에게 오히려 감사해야 한다. 그들은 우리에게 해를 입히는 것으로 악업을 쌓지만 그 일을 인내함으로써 우리는 선업을 쌓을 기회로 삼을 수 있기 때문이다. 그런데 어째서 우리는 이를 완전히 잘못된 방법으로 반응하고 마는 것일까? 왜 우리는 누가 우리를 해칠 때, 이러한 좋은 기회를 준 것에 대해서 감사하는 대신에 화를 내는 것일까?

50

만일 내 마음에 (인내의) 덕이 있다면

지옥에 가지 않을 것이니,

내 마음을 내가 보호하는데

그들에게 (악업이) 일어나겠는가?

이 지점에서 두 가지 의문점이 생긴다. 첫째, 누가 나를 해칠 때 그가 악업을 지을 기회를 주었기 때문에 나 역시 악업을 짓는 셈일까? 이에 대해 샨띠데바는 아니라고 말한다. 왜냐하면 그 사람이 이 기회를 통해 우리에게 해를 끼치는 대신 그 일을 인내와 감내를 수행하는 긍정적인 기회로 삼는다면 그는 오히려 선업을 쌓게 되기 때문이라는 것이다.

둘째, 누군가 내게 상처를 입혀서 내가 인내와 감내를 수행할 기회를 얻었고 그래서 그 일로 내가 선업을 쌓았다면, 선업 쌓을 기회를 내게 준 그 사람 역시 선업을 쌓는 셈일까? 샨띠데바는 그렇지 않다고 한다. 인내와 감내를 수행하는 선업이라는 결과는 오직 인내와 감내를 수행하는 사람에게만 생기기 때문이다.

51

그럼에도 (그들에게) 보복한다면

그들을 보호하지 못하게 되니,

나의 행 역시 퇴보하게 될 것이다.

이렇게 (인내의) 고행이 무너지게 된다.

샨띠데바는 우리를 상처 입힌 사람에게 보복으로 대응한다면 그 행위가 그 사람에게 해를 입히는 것은 물론 우리 자신에게도 불이익이 될 거라고 말한다. 만일 보리심을 닦고 있었다면 보리심 수행을 망치고 지금까지 인내와 감내를 수행하며 만들어 온 우리의 용기를 약화시키기 때문이다. 따라서 이러한 행위는 그 사람과 우리에게 모두 좋지 못하다.

어떤 사람이 우리를 해칠 때 인내와 감내의 수행을 닦는 대신 앙갚음하고 보복을 가한다면 악순환을 부추기게 될 뿐이다. 한 사람이 보복하면 다른 사람이 다시 보복할 것이다. 그러면 보복당한 사람은 다시 똑같은 짓을 하며 보복이 꼬리에 꼬리를 물고 이어진다. 그것이 공동체 단위에서 일어난다면 세대를 넘어 이어지는 악순환이 된다. 그렇게 되면 양쪽 모두 괴로움을 겪게 되며 인생의 모든 목표를 망가뜨리게 될 것이다. 예를 들어 난민

캠프에서는 어릴 때부터 증오심을 키운다. 몇몇은 그렇게 강한 증오심을 키우는 것이 나라를 위해 도움이 될 것이라고 생각한다. 하지만 나는 그것이 아주 심하게 나쁜 일이며 근시안적이라고 생각한다.

앞서 우리는 다른 사람이 우리에게 입힌 상처에 어떻게 반응하는 것이 적절한지에 대해 이야기했다. 또한 인내하고 감내하는 마음을 어떻게 일으킬지에 대해서도 논의했다. 그러나 샨띠데바의 가르침을, 우리가 모든 것을 포기한 채로 복종하거나 우리가 입은 피해를 무조건적으로 받아들이라는 뜻으로 오해해서는 안 된다.

이것은 불교의 실천적 측면으로 자비심을 지니고 다른 사람에게 베푸는 보시바라밀과 관련이 있다. 보살사상에 따르면 다른 사람에게 베푸는 보시행은 자신의 희생을 감수하고 목숨까지 기꺼이 내어 줄 수 있을 정도가 되어야 한다. 그러나 이 경우 언제가 그러한 행을 실천하기 적절한 시기인지를 잘 파악하는 것이 중요하다. 우리는 이러한 수행을 섣부르게 실천에 옮겨서는 안 된다. 우선 알맞은 힘과 깨달음 등을 수행을 통해 갖추어야 한다. 그래서 적절한 시기를 잘 아는 것이 매우 중요하다는 것이다. 이것은 앞서 내가 말한 것과 연관되어 있다. 사소한 목적을 위해 굴종하거나 더 높은 가능성을 가진 것을 희생해서는 안 된다. 만일 그런 상황에 처한다면 샨띠데바는 보살행을 실천하는 수행자들에게 우리가 받는 어떤 상해에 대해서도 순종적으로 받아들이라고 조언하지 않을 것이다. 그와 반대로 그때는 오히려 도망치는 것도 현명한 방법일 수 있다. 가능한 멀리!

내가 수행자의 수준에 따라 수행을 실천할 수 있는 적절한 시기를 잘 파악해야 한다고 말하는 이유는, 불교 경전에 자기희생을 실천하는 위대한 수행자들이 많이 나오기 때문이다. 예를 들어 붓다의 전생 이야기를 담은 자타카(본생담)에서는 붓다가 전생에 몸이 절단 당하고, 사지가 잘리는 등 모든 신체 상해를 기꺼이 받아들였다는 이야기가 나온다. 붓다는 그러한 상황을 피하는 대신 그대로 직면하고 받아들였다. 이는 아주 높은 수준의 깨달음을 얻고 그렇게 함으로써 더 큰 목적을 달성할 수 있다는 것을 아는 사람만이 할 수 있는 수행이다.

이러한 예들이 말하고자 하는 것은, 수행하는 사람은 현재의 여러 가지 상황과 단기적이고 장기적인 결과, 그리고 그 상황의 장단점을 잘 파악하는 능력을 반드시 갖추어야 한다는 것이다.

사원의 규범을 담은 비나야, 즉 율장은 윤리적인 문제에 대해 대승의 입장보다 덜 유연하다. 그런데 이런 덜 유연한 율장에서도 붓다는 전반적으로 해서는 안 되는 것들을 가르치면서 또한 전혀 다른 상황에서 똑같은 행동이라도 예외적으로 허용이 되는 경우도 가르친다. 마찬가지로 제자들이 보편적인 상황에서 따라야 하는 계율들을 가르치면서 특수한 상황에 처한 개인을 계율의 예외로 두거나, 혹은 특정한 기간에는 그 계율을 반드시 고수하지 않아도 된다는 예외적인 경우들을 가르치기도 한다. 이처럼 이러한 사안들에 대해 덜 유연한 율장의 관점에서도 전후 사정과 상황에 따라 적절하게 파악해야 한다는 점을 알 수 있다.

지금까지 우리는 다른 사람이 우리에게 가하는 물리적인 상해와 그들을 대처하는 방법, 해를 끼치는 행동에 적절하게 반응하는 방법들을 논했다. 다음 게송에서 샨띠데바는 신체에 대한 상해가 아니라 다른 사람들이 우리를 모욕하거나 조롱하는 등 우리 마음에 가하는 상처에 대해 말한다.

52

마음은 형체가 없어

그 어느 누구도 무너뜨릴 수 없다.

(그러나) 몸에 강하게 집착하면

괴로움들에 해를 입는다.

53

모욕적인 말과 모진 말,

기분을 나쁘게 하는 말은

몸에 해를 끼칠 수 없는데,

마음이여, 너는 왜 그리 화를 내는가?

52번과 53번 게송에서 샨띠데바는 마음은 몸을 가지고 있지 않다는 것을 상기시키며 몸과 마음의 관계에 대해 설명한다. 어떤 사람이 결례를 범하며 심하고 모욕적인 말을 했을 때 그것이 우리 신체에 해를 가하는 것은 아니다. 하지만 우리 마음은 왜 그 사람에게 화를 내는 걸까?

54

다른 사람이 나를 좋아하지 않아도,

이 생에서도 다음 생에서도

그들이 나를 잡아먹을 것도 아닌데,

나는 왜 이 '싫어함'을 받아들이지 못하는가?

이 게송에서 샨띠데바는 모욕이나 경멸과 같은 행동이 우리

170

에게 직접적으로 상해를 입히는 것은 아니지만 다른 이들이 나를 싫어하도록 만들 수 있기 때문에 화를 내야 한다는 반박이 나올 것을 예상하고 있다. 하지만 샨띠데바는 그것이 우리가 화를 내야 하는 정당한 근거가 될 수 없다고 말한다. 왜냐하면 다른 사람들이 나를 싫어한다고 해서 그 일이 이번 생이나 다음 생에 아주 심각한 몰락을 불러오지는 않기 때문이다. 반면 다른 사람이 하는 무례하고 모욕적인 행동에 대해 발끈해서 화를 내는 부정적인 방법으로 반응한다면 그것은 결국 자기 자신을 잃어버리는 결과를 낳고 만다. 이러한 부정적인 반응이 마음의 평정과 고요함을 무너뜨리기 때문이다. 화를 내면 잃어버리는 것은 결국 나 자신이라는 것이다.

샨띠데바의 이런 조언을 오해해서는 안 된다. 샨띠데바는 다른 이들의 의견을 완전히 무시하라거나 다른 사람이 우리를 어떻게 생각하는지 따위는 무시해 버리라고 말하는 것이 아니다. 오히려 그는 《입보리행론》의 다른 품 게송에서 새로운 장소나 마을로 삶의 터전을 옮길 때는 반드시 그 공동체의 생활 방식을 익혀야 하며 다른 사람의 기분을 상하게 하지 않는 방법을 배우라고 조언하기도 한다. 다른 사람을 행복하게 해 줄 수 있다면 그들을 더 잘 섬길 수 있기 때문이다. 이것이 보살행의 원칙들 가운데 하나이다. 따라서 샨띠데바가 다른 이들을 무시하라고 조언하는 것이 아님을 분명히 알아야 한다. 우리는 그가 한 말의 맥락을 잘 파악해야 한다. 여기서 우리는 샨띠데바가 가르치는 것을 상황에 따라 적절하게 실천해야 한다. 즉, 다른 이들이 내게 저지르는 모욕이나 경멸과 같은 행동에 화를 일으키지 않기 위해서 그런 방식으로 생각을 하라는 것이다.

55

(세속적인) 이익을 가로막기 때문에

이 (다른 사람이 나를 싫어함)을 원하지 않는다면,

그렇게 내가 쌓은 이득은 여기에 두고 가야 하지만

(이득을 위해 내가 저지른) 악행은 굳건하게 남는다.

이 게송에서 샨띠데바는 다음과 같은 반론을 예상하고 답변을 펼친다. 우리를 모욕하고 조롱하며 악담을 퍼붓는 이에게 보복하는 일은 당연하다. 그들의 행동이 우리의 세속적인 이익이나 성공, 성취를 막을 것이기 때문이다. 만약 우리가 그런 행위에 보복하지 않으면 그들이 우리의 세속적인 성공을 가로막을 것이라고 주장하는 사람이 있다고 하자. 샨띠데바는 이것이 모욕이나 조롱에 보복하는 정당한 이유가 아니라고 말한다. 다른 사람의 그런 행위가 우리의 성취를 가로막더라도 세속적인 이익이라는 것은 궁극적으로 죽으면 가져가지 못한다. 재산은 오직 이번 생에만 유익하고 쓸모 있는 것이지 죽을 때는 그 재산을 가져갈 수 없으니 그 세속적인 이익은 내게 큰 도움이 되지 않는 것이다. 반면 다른 사람의 모욕이나 조롱에 발끈하여 부정적으로 반응하면 그 보복 행위로 발생한 악업은 미래생까지 우리가 지고 가야 할 것이 된다.

56

차라리 오늘 죽을지언정, 악행을 저지르며
오래 사는 것은 도리에 맞지 않다.
나와 같은 이들이 오래 산다 하더라도
죽음의 괴로움은 여전하기 때문이다.

57

어떤 이는 백 년 동안 안락을
맛보고 꿈에서 깨고,
어떤 이는 하루 동안 안락을

맛보고 꿈에서 깬다고 하자.

58
꿈에서 깨어난 두 사람 모두에게
(그 꿈과 같은) 안락은 다시 오지 않는다.
목숨이 긴 사람도, 목숨이 짧은 사람도
죽을 때는 (꿈을 꾸는 것)과 같을 것이다.

59
(세속적인) 이익을 잔뜩 얻어서
오랫동안 안락을 누린다 하더라도
도둑이 도둑질해 가듯
(죽을 때는) 빈 몸에 빈손으로 간다.

여기에서 샨띠데바는 악행을 저질러 얻은 물질적 성공을 바탕으로 오래 사느니 차라리 오늘 죽는 것이 낫다고 말한다. 우리는 언젠가는 죽을 것이며 우리가 쌓아 놓은 것들은 뒤에 남겨질 것이기 때문이다. 우리가 쌓은 악업은 앞으로도 오랫동안 짊어지고 가야 한다. 악한 행위로 물질적 성공을 얻은 삶에서 느끼는 순간적인 안락이나 행복은 그 사람이 그것을 얼마나 오래 누리며 살든 간에 지나간 꿈처럼 사소한 기억이 될 뿐이다. 악행으로 쌓은 부를 누리며 오래 사는 것과 그 부를 한순간 느끼며 사는 것 사이에는 질적인 차이가 없다. 지나가 버리면 모두 다 꿈 같은 것에 지나지 않는다.

60

(세속적인 물질적) 이익은 나를 살게 해 주니

나는 악행을 없애고 공덕을 (쉽게) 지을 수 있을 것이지만,

내가 그 (세속적인 물질적) 이익을 위해

화를 낸다면 공덕이 사라지고 악행은 늘지 않겠는가?

61

내 삶의 목적,

그것이 무너진다면

악행만을 일삼으면서

사는 것이 무슨 가치가 있는가?

누군가 "물질적 풍요를 얻으면 편하게 살 수 있고 다른 이에

게 선행을 베풀어 공덕 쌓는 기회를 얻을 수도 있다. 그렇기 때문에 내가 이익을 얻는 것을 방해하는 사람에게 보복하는 것이 당연하다."고 말했다고 하자. 이에 대해 샨띠데바는 이 역시 보복을 정당화하는 좋은 이유가 아니라고 말한다. 자신이 모은 부를 가지고 선행을 해서 공덕을 쌓는 것과, 자신을 모욕하는 이에게 보복을 해서 발생하는 악업은 비교가 되지 않는다. 악업은 그 사람이 지을 몇몇 선업보다 훨씬 더 무겁기 때문이다. 따라서 이러한 논리로 보복 행위를 정당화할 수 없다.

62

나에 대한 신뢰를 떨어뜨리고

내 마음을 상하게 하는 말에 화가 난다면,

다른 이에게 상처 입히는 말을 하는 사람들에게도

마찬가지로 화를 내야 하지 않겠는가?

63

믿지 못할 다른 사람에게는

신뢰가 떨어져도 그것을 참을 수가 있다면

번뇌를 생기게 하는

듣기 싫은 말은 어찌하여 참지 못하는가?

여기서 샨띠데바는 다른 예상되는 반론을 소개한다. "누군가 나를 모욕하거나 무례하게 굴고 나에 대해서 악담을 할 때 내가 그 사람에게 화를 내는 것은 잘못이 아니다. 그것이 나에 대한 사람들의 신뢰를 떨어뜨릴 것이기 때문이다."라는 반박이 있을 수 있다.

샨띠데바는 만일 그런 논리가 보복을 진정으로 정당화시킬 수 있다면, 다른 사람이 또 다른 사람에 대해 악담하는 것에는 왜 화를 내지 않느냐고 되묻는다. 아마도 그 반론을 제기한 사람은 "누군가 다른 사람을 모욕하는 것은 나하고는 관계없는 일이다."라고 말할 것이다.

명

상

이번 시간에는 여러분이 싫어하는 사람을 관하는 명상을 해 봅시다. 여러분을 짜증나게 만드는 사람, 당신에게 많은 문제를 일으키는 사람, 당신의 신경을 거스르는 사람을 생각해 봅시다. 그 사람이 당신 마음을 불편하게 만들고 당신의 기분을 상하게 하거나 짜증나게 하는 상황을 상상해 봅니다. 그리고 당신이 그려 내는 이 상황 속에 당신의 반응이 자연스럽게 따라 일어나도록 놓아둡니다. 그러고 나서 그것이 당신의 심장 박동을 빠르게 하는지 여부를 관찰합니다. 당신의 감정을 관찰하면서 불편한 감정이 즉각적으로 일어나는지, 아니면 마음의 평화를 더 깊게 할 수 있는지를 살펴봅니다. 그렇게 3~4분 동안 어떤 상태가 되는지 판단을 내려 보고 관찰합니다. 마지막으로 그 불편한 감정이 커지도록 놓아두는 것이 쓸모없는 일이라는 것을 이해합니다. 즉

각적으로 마음의 평정심을 잃기 때문입니다. 이제 스스로에게 이렇게 말하십시오. "앞으로 나는 절대 그렇게 하지 않을 것이다." 결심을 굳히고 삼매에 들어 긴장을 풉니다.

달라이 라마와
청중의 대화

청중1　자신의 괴로움을 관찰하는 것 이외에 자만심을 다루는 다른 방법이나 치유법이 있을까요?

달라이 라마　한 가지 치유책은 다양한 방법을 모색해 보는 것입니다. 불교적인 접근 방식을 따르자면, 자만심을 다스리는 한 가지 치유법은 경전에서 설하는 다양한 범주, 즉 진리 등을 직관할 수 있는 다양한 방법을 고찰해 보는 것입니다. 또 다른 예로는 다양한 분야를 가르치는 현대 교육 제도입니다. 자신이 무지한 여러 분야를 인지하는 것도 자만심을 누그러뜨리는 데 도움을 줄 수 있을 것입니다.

청중2　인내와 감내를 끌어올리는 데 용서의 역할은 무엇인가요?

달라이 라마 용서는 인내와 감내의 마지막 결론이나 결과 같은 것입니다. 진정으로 참고 인내하면 용서는 자연스럽게 따라옵니다. 따라서 이 둘 사이에는 매우 밀접한 관계가 있습니다.

청중3 불교에서 여성의 지위는 어떤지요? 불교뿐만 아니라 다른 종교에서도 여성이 당하는 폭력이나 편견, 명백하게 부당한 일들이 많습니다. 그리고 불교 문헌들은 남성의 관점에서 말하는 것처럼 보입니다. 여성들은 다른 종류의 사회적, 신체적 사안들이 있습니다. 여성 재가신도나 사미니, 비구니들이 수행하는 데 도움이 될 특별한 수행법이나 문헌이 있습니까? 비구니의 생활은 비구의 삶과 어떻게 다릅니까?

달라이 라마 티베트의 불교 논서와 사상을 논할 때 근거로 인용하는 인도 학자들 대부분이 남성 수행자인 것은 사실입니다. 그들의 저작물은 주로 남성의 시각에서 기술하고 있지요.

질문하신 분이 두 번째로 제기한 면은 약간 복잡합니다. 첫째, 율장에 따르면 붓다는 남성과 여성에게 동등한 기회를 제공했습니다. 그러나 문화적이고 관습적인 시각 때문에 비구가 비구니보다 위상이 높다고 비쳐집니다. 이러한 시각에서 본다면 남녀 차별의 요소가 있다고 말할 수 있습니다.

마찬가지로 보살의 계율과 딴뜨라 수행자의 서원과 수행에서도 남녀 수행자들을 평등하게 대합니다. 그러나 특정 문헌들은 구경각完竟覺을 성취하는 마지막 단계에서 보살은 반드시 남성의 몸을 지녀야 한다고 기술하기도 합니다.

무상요가 딴뜨라의 시각을 따르자면, 수행의 과정에서 남녀는 동등하며 성별을 떠나 어느 누구든 깨달음을 성취할 수 있습니다. 무상요가 딴뜨라에는 남녀의 차이나 차별이 존재하지 않습니다. 그런데 무상요가 딴뜨라는 여성의 권리를 아주 특별히 주목합니다. 무상요가 딴뜨라의 계율에는 여성을 학대하거나 모욕하지 않는 것을 가장 철저하게 지켜야 할 계율 가운데 하나로 정하고 있습니다. 제가 알기로 이러한 계율을 정한 이유는 여성에 대한 사회적 편견이 있기 때문입니다. 이처럼 무상요가 딴뜨라는 여성의 존엄성과 권리를 존중해야 한다고 특별히 강조하고 있습니다. 사실상 무상요가 딴뜨라의 가장 이상적인 수행자는 여성과 매우 특별한 관계를 맺고 있어야 합니다. 모母딴뜨라 수행자들에게는 이 점을 특별히 더 강조합니다.◆ 모母딴뜨라 수행자는 상대편이 거부하지만 않는다면, 언제든 여성을 만나면 절을 하고 경의를

◆ 무상요가 딴뜨라는 지혜의 측면을 강조하는 모母딴뜨라와 방편의 측면을 강조하는 부父딴뜨라, 그리고 이 둘의 불이不二를 강조하는 불이不二딴뜨라 세 가지가 있다.

표해야 한다고 가르칩니다. 만일 몸으로 그렇게 할 수 없는 상황이라면 마음으로라도 그렇게 해야 한다고 말합니다.

반면 남성 수행자를 학대하거나 모욕하는 것을 특별히 금지시키는 계율은 없습니다. 남성 수행자를 존중하는 것은 당연시 되는 일이었으므로 특별히 강조하지 않은 것입니다. 남녀에게 동등한 기회가 주어져야 한다는 것이 제 기본적인 입장입니다. 그러나 처해진 사회적 환경 때문에 여성은 학대와 하대의 위험에 처해 있습니다. 따라서 완전한 남녀평등을 반드시 끌어내야 한다고 생각합니다. 만일 전체적인 보살도의 입장에서 바라본다면, 저는 꽤 평등하다고 생각합니다.

저는 따라 보살이 가장 영향력 있는 여성 운동가들 가운데 한 분이라고 생각합니다.◆ 따라 보살의 전설에 따르면 그녀는 뭇 생명의 이익을 위해 궁극의 깨달음을 이루겠다는 이타심을 처음 일으킬 때 서원을 세웠다고 합니다. 많은 보살들이 남성의 모습으로 불성을 성취할 때, 그

◆ 산스크리트어로 따라 보살(tārā)은 티베트어로는 돌마sgrol ma라고 발음하며, "세상을 구하는 여성"이라는 뜻이다. 그녀를 따르는 모든 이들을 모든 물리적인 상해로부터 보호해 준다고 한다. 따라 보살은 아미타불의 푸른 안광眦光으로부터 일어났다고 하며, 혹은 세상의 고통을 굽어보던 관세음보살이 흘린 눈물이 떨어져 생긴 호수에서 피어난 연꽃에서 탄생했다고도 한다. 따라 보살은 아름다운 열여섯 살 소녀로 묘사되며, 따라 보살의 상은 한쪽 다리를 앞으로 내놓은 모습을 하고 있는데 이는 중생의 어려움을 도와주기 위해 언제든 나설 수 있다는 적극성을 표현한 것이라고 한다.

녀는 여성의 모습으로 보리심을 일으키겠다고 결심했습니다. 또한 깨달음으로 향하는 길 위에서도 여성의 모습을 유지하고 궁극의 깨달음을 얻은 다음에도 여성의 모습을 갖추고 있겠다고 맹세했다고 합니다.

청중4   자기혐오의 문제에 대해서 말씀해 주시겠습니까? 불교의 입장에서 이 자기 혐오를 완화시킬 방법이 있을까요?

달라이 라마   솔직히 말씀드리면 제가 "자기혐오"라는 말을 처음 들었을 때, 그리고 자기혐오라는 단어를 처음 접했을 때 무척 놀라고 당황했습니다. 정말 믿을 수 없다고 생각했는데, 불교 수행자로서 우리는 모두 자기중심적인 태도, 이기적인 생각과 동기들을 극복하려고 갖은 애를 쓰고 있기 때문입니다. 그래서 누군가 자기 자신을 사랑하지 않고 미워할 수 있다는 것은 정말 믿을 수 없는 일이었습니다. 불교적인 관점에서 보면, 자기혐오는 아주 위험합니다. 마음에 의욕이 없거나 침울한 상태에서도 자기혐오는 극단적인 것으로 보입니다. 자기혐오는 우울한 상태보다 훨씬 더 극단적인 것이고 위험합니다.

자기혐오에 대한 치유법은 우리의 본래적인 불성에서 찾을 수 있다고 생각합니다. 모든 살아 있는 존재, 특히 인간은 불성을 지니고 있다고 믿는 것입니다. 모두가 붓다가 될 수 있는 가능성이 있습니다. 샨띠데바는《입보리행론》에서 이 점을 상당히 많은 분량을 할애해서 강조합니다. 그는 심지어 파리나 벌과 같은 곤충 등 아주 연약한 미물들도 불성을 가지고 있으며 만일 결단을 내리고 수행을 하면 궁극의 깨달음을 성취할 수 있다고 말합니다. 만약 그게 사실이라면, 지성과 능력을 지닌 인간이 어째서 수행의 결단을 내리고 궁극의 깨달음을 성취하지 못하겠습니까? 샨띠데바는 이를 특별히 강조합니다. 미륵보살은 《구경일승보성론(究竟─乘寶性論, Ratnagotravibhāga-mahāyānanottaratantra śastra)》에서 불성에 대한 불교적 관점을 설하고 있습니다. 미륵보살은 현재의 상태가 아무리 궁핍하거나 연약하고 곤궁하다 하더라도 중생은 절대 불성을 잃어버리지 않는다고 말합니다. 완벽하고 온전한 깨달음을 성취할 수 있는 가능성, 씨앗은 언제나 그대로 있습니다.

스스로를 증오하고 혐오하는 문제를 지닌 분들에게 권하고 싶습니다. 지금으로서는 존재 자체의 괴로움 혹은 늘 불만족스러운 본질에 대해 너무 심각하게 생각하지 말기를 바랍니다. 그 대신 인간으로서 우리에게 내재된 가능성, 인간으로서 할 수 있는 기회들에 더 주의를 기울이면 좋다고 생각합니다. 전통적인 가르침에서는 충만하게 부여된 인간 존재의 모든 자질을 설명하고 있습니다. 이러한 기회와 가능성들을 생각하면서 자기의 존재 가치를 확신하고 이를 확장시킬 수 있을 것입니다. 다시 말씀드리자면 개개인의 정신 상태와 성향, 그리고 관심에 가장 적합하고 알맞은 현명한 접근 방법을 취하는 것이 가장 중요합니다. 비유를 들어 말해 보겠습니다. 자신이 지금 있는 곳에서 멀리 떨어진 마을로 가야 하는 어떤 사람이 있다고 합시다. 그런데 그 사람이 용기가 아주 부족합니다. 그에게 목적지인 마을로 가는 길이 어렵다고 말하면, 그는 희망을 잃고 더 낙담해서 '아, 나는 절대 거기 못 가겠구나.' 하고 생각할 것입니다. 하지만 더 현명한 방편을 써서 그에게 "자, 우선 가까운 마을로 먼저 가 봅시다." 하고 말합니다. 가까운 마을에 도착하면 "자, 이제 또 근처 마을로 갑시다." 하고 차근차근 이끈다면 마침내 가고자 하는 마을에 도착할 것입니다. 이는 우리의 교육 체계와 비슷합니다. 목표는 대학에 가고 대학원에 가는 것이라도 당장 대학교부터 갈 수 없습니다. 우리는 알파벳 등을 배우는 기초 단계부터 시작해야 합니다. 점진적으로 나아가면 다음 단계로, 또 다음 단계로 나아갈 수 있습니다. 이런 방법으로 계속하면 궁극적인 목표에 도달할 수 있습니다. 불법 수행도 마찬가지입니다. 수행자의 현재 상태에 가장 알맞은 방법을 찾아 수행하는 것이 중요합니다. 예를 들어 사람들은 제각기 성향이 모두 다릅니다. 어떤 사람은 다른 사람보다 거만하고 자만심이 넘칠 수 있습니다. 그런 사람은 그 성향에 더 잘 맞는 방법을 찾아야 합니다. 어떤 사람은 다른 사람보다 욕심이나 화가 많고 다른 성향이 더 강할 수도 있습니다. 그런 사람은 또 그 사람 성향에 더 잘 맞는 방법을 찾아 수행해야 합니다. 어떤 사람은 마음이 약하고 스스로에 대한 확신이 적을 수 있습니다. 그러한 사람 역시 그 성향에 알맞은 방법을 찾아야 합니다. 아리야데바Āryadeva는《사백관론四百觀論》에서, 수행을 할 때 제자를 이끄는 가장 좋은 방법은 그들의 정신적 성향에 맞는 방법을 택하는 일이라고 말합니다.

역사적인 전례도 있습니다. 붓다께서 살아 계실 때, 어떤 왕♦이 자기 아버지를 살해하는 끔찍한 악행을 저질렀습니다. 그 왕은 자신이 저지른 죄악에 짓눌려 침울해 있었습니다. 붓다가 그를 찾아갔을 때, 붓다께서는 그에게 부모는 죽여야 한다는 가르침을 폈습니다. 그것을 절대 문자 그대로 받아들여서는 안 됩니다. 붓다는 우리를 윤회하게 만드는 욕망과 집착을 부모로 비유한 것입니다. 업과 탐욕이 합쳐져 우리를 내생으로 이끕니다. 그런 면에서 볼 때 욕망과 집착이 바로 우리의 부모입니다. 따라서 붓다가 왕에게 부모를 죽이라고 한 말은, 업과 탐욕을 제거하라는 의미입니다.

개개인에게 필요한 것을 잘 파악하는 일이 중요하다는 측면에서 붓다의 가르침을 이해해야 합니다. 몇몇 경전에서는 심지어 붓다께서 자아나 영혼의 이론을 인정하는 것처럼 말씀하신 예도 있기 때문입니다.

—

♦ 아자따샷뜨루 혹은 아사세왕阿闍世王을 말한다.

청중5   삼사라, 즉 윤회의 본질을 파악하는 것이 우리에게 염리심이 일어나도록 한다고 말씀하셨습니다. 윤회의 본질은 어떻게 파악해야 하는지요? 괴로움의 정도가 우리에게 염리심이 일어나도록 하는 것인지요? 아니면 삶이 곧 괴로움이라는 본질이 윤회에 대한 염리심을 일으키도록 하는지요?

달라이 라마   삶의 괴로움을 아는 것만으로는 진정한 염리심을 일으킨다고 보장할 수 없습니다. 괴로움의 근원을 이해하고 그것이 어떻게 괴로움을 일으키는지 함께 이해할 필요가 있습니다. 이 둘의 조합을 통해 윤회의 삶이 괴로움이라는 것을 깨닫고 괴로움의 근원을 잘 이해하여 염리심을 일으킬 수 있습니다.

명백한 괴로움(고고^{苦苦}), 변화의 괴로움(괴고^{壞苦}), 조건에 의해 일어나는 괴로움(행고^{行苦})이라는 세 가지 괴로움(삼고^{三苦}) 가운데 명백한 괴로움을 없애고 싶어 하는 마음은 동물들도 본능적으로 지니고 있습니다. 그렇지만 동물들은 염리심을 내지 못합니다. 윤회로부터의 자유롭고자 하는 마음이 염리심이라고 하겠지만 이것이 진정한 염리심이라고는 말할 수 없습니다.

변화의 괴로움(괴고^{壞苦})을 괴로움의 본성으로 보며 그 괴로움으로부터 벗어나고자 염원을 증장시키는 것은 삼매의 성취를 최우선의 목표로 삼는 비불교도 명상 수행자들도 할 수 있습니다. 그러나 이는 불교의 맥락에서 볼 때 진정한 염리심이라고 말할 수 없습니다. 진정한 염리심은 세 번째 괴로움, 존재 자체에 잠재되어 있는 존재의 불완전성이라는 본질, 즉 조건에서 일어난 존재의 괴로움(행고行苦)에 대한 깨침과 연계해서 계발해야 합니다. 조건에 의한 괴로움에 대한 이해를 수행을 통해 점차 닦아 나갈 때라야 비로소 그 괴로움의 근원을 파악하는 것입니다. 조건에 의지해서 일어나는 괴로움을 이해하는 것은 우리라는 존재가 업과 번뇌의 소산임을 이해하는 것에 기반하기 때문입니다.

앞서 말했듯이 진정한 염리심은 반드시 끊임없이 요동치며 변하는 존재의 본질을 이해한 결과로 일어나야 합니다. 현상은 찰나에 일어나고 소멸하는 것을 본질로 합니다. 따라서 어떠한 현상이든 그 현상을 계속해서 유지시킬 수 있는 힘이 없으며 스스로의 힘으로 존재할 수도 없고 독립적으로 존재할 수도 없습니다. 현상은 다른 조건들의 영향 하에 있을 뿐입니다. 우리의 몸과 마음을 구성하는 오온五蘊의 경우, 오온五蘊을 지배하는 것은 우리의 업과 전도망상입니다. 업과 전도망상의 부정적인 면을 이해하는 것이 오온五蘊으로 이루어진 우리 존재의 불완전성과 괴로움이라는 본연의 모습을 드러나도록 해 줄 것입니다. 이러한 이해가, 삶이라는 윤회 속 유한한 존재에서 해방되기를 바라는 간절한 염원을 일으킵니다. 이것이 진정한 염리심입니다. 저는 진정한 염리심을 일으키기 위해 필요한 것은 윤회로부터의 자유, 다른 말로 하면 해방 또는 니르바나를 성취할 수 있다는 가능성을 제대로 아는 것이라고 생각합니다. 그렇지 않고 우리가 괴로움의 본질을 고찰하는 것만으로 진정한 염리심을 일으킬 수 있었다면 붓다께서 성인의 네 가지 진리, 즉 사성제四聖諦를 설하실 필요가 없었을 것입니다.

붓다께서는 간단하게 사성제四聖諦만을 가르치고 마셨을 수도 있습니다. 그러나 괴로움의 본질을 파악하는 것에 대해 이야기할 때 우리는 반드시 괴로움의 본질을 두 가지 방향으로 이해할 수 있다는 것을 기억해야 합니다. 첫째는 우리가 자아와 현상의 공성을 논하는 궁극적인 진리(진제眞諦)의 입장에서 볼 때, 괴로움의 궁극적인 본질은 공하다고 보는 것입니다. 그러나 이것은 우리가 염리심을 일으키고자 하는 맥락 안에서 존재의 본질을 논할 때 이해할 수 있는 것은 아닙니다. 여기서 우리는 보다 세속적인 입장에서, 즉 존재의 본질은 괴로움이라는 측면에서 논하고 있는 것입니다.

청중6 만일 감정을 제거하거나 감정으로부터 자유로워지는 것이 목적이라면, 어떻게 우리가 자비의 마음을 가질 수 있을까요? 자비는 감정이 아닌가요?

달라이 라마 아마 제가 몇몇 과학자와 나눈 대화에 관심이 있으실 것 같습니다. 우리는 감정을 어떻게 정의할 것인지에 대해 토론했습니다. 그리고 대화를 마무리지으며 우리 모두 불성을 성취한 상태에서도 감정이 있다는 것에 동의했습니다. 이 관점에서 본다면 자비도 감정의 한 종류라고 할 수 있습니다.

감정이 반드시 나쁜 것은 아닙니다. 유해한 감정도 있지만 유익한 감정도 있습니다. 우리가 해야 할 일은 유해한 감정을 제거하는 일입니다.

청중7   기독교인도 불교의 계를 받을 수 있을까요? 저는 아주 독실한 기독교인이고 실제로 성직을 임명받기도 했습니다. 그렇지만 예수님의 가르침과 붓다의 영적인 수행의 길은 서로 보완할 수 있으며 일치하는 면도 있다고 생각합니다. 이 두 종교 모두 진리, 사랑, 그리고 자유라는 빛을 가리키고 있기 때문입니다. 제 인생의 스승들 가운데 한 분은 가톨릭 신부이며 다른 한 분은 불교 수행자였던 토마스 머튼이었습니다.◆

—

◆ 토마스 머튼(1915~1968년)은 로마 가톨릭 수도원들 가운데 가장 계율이 엄격하다는 트라피스트 수도회의 신부로 미국 캔터키주의 겟세마니 수도원 소속이었다. 그의 자서전《칠층산》을 비롯해 많은 영적인 저서를 썼다. 그는 기독교와 다른 종교들 사이에 공통의 진리가 있다고 믿었다. 1968년 태국 방콕의 종교 간 대화 콘퍼런스에 참석하러 갔다가 감전사했다.

달라이 라마 물론 세계의 여러 주요 종교 사이에는 공통적인 요소들이 많습니다. 저는 시작 단계에서는 불교와 기독교를, 혹은 다른 종교도 동시에 수행할 수 있다고 믿습니다. 이는 굉장히 좋은 출발이라고 생각합니다.

그러나 문제는 그 사람이 더 나아갔을 때입니다. 이는 교육의 전문 분야와 같은 것입니다. 한 사람이 전문가가 되려면 그는 특정 분야를 선택해야 합니다. 불교 수행에서도 어느 특정한 수행 단계에 오르면 공성을 깨닫는 것이 수행에서 핵심적인 요소들 가운데 하나가 됩니다. 제 생각에는 공성의 개념과 절대적인 창조자의 개념은 병립하기 어렵습니다. 기독교 수행자에게는 창조주와 그의 전능함을 받아들이는 것이 자기 수양이나 연민, 혹은 용서를 계발하고 하나님과의 밀접한 관계 속에서 이 개념들을 확장시키는 데 있어 매우 중요한 역할을 합니다. 저는 그것이 필수적이라고 생각합니다. 더 나아가 하나님을 절대적이고 전능하다고 받아들인다면 모든 것을 상대적으로 바라보는 일이 약간 힘들어집니다. 그러나 하나님에 대한 이해가 실제의 궁극적 본질 혹은 궁극적인 진리(진제眞諦)의 견지에서 이루어진 것이라면 두 종교를 통합하는 접근 방식도 가능하다고 생각합니다. 새로운 해석을 해 보자면 성부, 성자, 성령이라는 삼위일체의 하나님이라는 개념도 보신報身, 화신化身, 그리고 법신法身의 삼신三身(trikāya)과 각각 관련지을 수 있다고 생각합니다. 그러나 삼위일체의 하나님이라는 개념을 불교의 삼신설三身說의 관점에서 해석하기 시작한다면 그것이 정말 기독교 수행인지는 상당한 논란의 여지가 있습니다.

개인의 종교는 반드시 자신의 정신적인 성향에 따르는 것이 맞다고 생각합니다. 이것이 매우 중요합니다. 저는 사람들에게 한 사람의 승려로서 저한테는 불교가 제일 잘 맞는다고 이야기합니다. 그렇다고 불교가 모든 사람에게 잘 맞는다는 말은 절대 아닙니다. 기독교, 이슬람교, 유대교 전통을 따르는 사람에게는 창조설에 기반하는 것이 분명 더 효과적일 수 있습니다. 가장 중요한 것은 자신의 마음 성향을 따라 종교를 선택하는 것입니다.

제가 늘 분명하게 하려고 하는 다른 한 가지는 종교를 바꾸는 것이 쉬운 일은 아니라는 것입니다. 예를 들어 서구 사회에서 여러분과 여러분 가족의 종교적, 문화적 배경은 대부분 기독교입니다. 따라서 저는 여러분에게 개종이 무척 복잡하고 어려운 일이라는 것을 말씀드리고 싶습니다. 물론 진정한 무신론자라면 불교에 더 끌린다고 해서 문제 될 것이 없다고 생각합니다. 이런 경우는 불교를 종교로 택하는 것이 무신론자로 남아 있는 것보다 낫다고 생각합니다. 보통 저는 이러한 사람들을 "극단적인 무신론자"라고 부르는데, 불교의 특정한 관점에서 바라보자면 불교 역시 일종의 무신론이기 때문입니다.* 저는 극단적인 무신론자로 남아 있는 것보다는 분명히 낫다고 생각합니다. 그러나 자신의 전통에 따른 종교적인 감성을 지닌 사람들은 종교를 바꿀 때 더 신중하게 생각해야 합니다. 일반적으로 저는 여러분 자신의 종교적 전통의 배경에 따라 수행하는 것이 좋다고 생각합니다. 그 과정에서 몇 가지 불교적인 수행 방법을 사용할 수는 있습니다. 윤회와 같은 다소 복잡한 불교 교리를 받아들이지 않으면서 단순히 특정한 방법 몇 가지만 채택해서 자신의 인내, 연민, 용서 등의 힘을 기를 수도 있을 것입니다.

더불어 한 가지 중요한 점은 오롯하게 정신을 집중한 채로 머무는 삼매三昧(samādhi) 혹은 선정禪定이라고 생각합니다. 여러 크리스찬 형제자매들이 이 선정에 관심이 많은 것으로 알고 있습니다. 저는 그리스 정교회에서 '신비주의'라는 것이 있다는 것을 알았습니다. 물론 거기에는 여러분의 수행에 적용할 수 있는 것이 있습니다. 하지만 만일 여러분이 성급하게 종교를 바꾼다면 얼마 지나지 않아서 어려움에 맞닥뜨리거나 혼란을 겪을 수 있습니다. 따라서 조심하시기 바랍니다. 또한

—

◆ 무신론자는 두 종류로 나눌 수 있을 것 같다. 하나는 창조주의 존재를 부정하지만 다른 신적인 존재들까지 부정하지는 않는 무신론자들이고, 이와 달리 창조주뿐만이 아니라 모든 신적인 존재를 부정하는 무신론자들이 있을 수 있다. 달라이 라마는 여기에서 불교를 전자라고 말씀하시는 것으로 보인다.

주의해야 할 점은 여러분이 종교를 바꾸고 나면 개종을 정당화하기 위해 이전에 믿었던 종교에 대해 비판적인 태도를 취하는 경향이 있습니다. 이것은 매우 위험한 일입니다. 여러분의 이전 종교가 잘 맞지 않았거나 도움이 되지 않았을 수도 있지만, 다른 수많은 사람들은 여전히 그 전통에서 혜택을 보고 있기 때문입니다. 따라서 각자의 종교를 서로 존중하는 것이 중요합니다. 수백만이 넘는 사람들이 그 종교를 믿고 있고 또 거기에서 감화 받고 있다면, 우리는 반드시 그 종교의 전통을 존중해 주어야 합니다. 그리고 거기에는 그렇게 해야 할 아주 많은 이유들이 있습니다.

3장

셋
째
날

첫 번째 가르침

●●●

샨띠데바는 다른 사람이 우리가 가진 것을 망가뜨렸을 때 일어
날 수 있는 화와 증오를 다루는 방법에 대해서 설명한다. 1번부
터 63번 게송까지는 "나", 즉 내 신체나 마음이 입은 피해에 대
해 이야기해 왔다.

64번 게송부터는 "내가 가지고 있는 것"이 해를 입었을 때 어
떻게 인내를 수행해야 하는지에 대해서 말한다.

64

불상과 불탑, 불법을

무너뜨리고 부수는 이들이라 할지라도

내가 분노를 일으키는 것은 이치에 맞지 않으니,

붓다는 절대 상해를 입지 않기 때문이다.

64번 게송에서 샨띠데바는 불상이나 불화를 파괴하고 사리함이나 성스러운 그림들을 파괴하는 신성 모독 행위를 하는 이에게 불교도들이 화를 내고 미워하는 것을 당연하게 여기는 문제에 대해 논한다. 불교도에게 불상이나 불탑 등은 매우 소중하고 고귀하다. 혹자는 이런 성물을 모독하는 사람들을 미워하는 것이 불법을 지키기 위한 것이므로 정당하다고 말할 수 있다. 샨띠데바는 이것이 올바른 대응이 아니라고 말한다. 불법을 위해서라기보다는 그저 그 일을 참지 못해서 그렇게 반응한다고 지적한다. 그러나 성스러운 대상들은 상해를 입지 않는다.

65

스승과 친척, 친구들을

다치게 하는 이들 역시

(그들의) 과거의 (업이 만든) 조건들로부터

일어난 것이라고 보면서 화를 멈춘다.

65번 게송에서 샨띠데바는 자신의 스승이나 친척, 친구들에게 해를 가한 사람에 대한 증오를 일으키는 것 역시 타당하지 않다고 말한다. 왜냐하면 이 경우에도 그들이 입는 피해는 일정

부분 과거에 그들 스스로가 쌓은 업에 기인한 것이기 때문이다. 마찬가지로 어떤 때는 정황적인 조건들이 연관되어 있을 수 있다. 누군가 내 친구를 해쳤다고 할 때 그 사건을 일으키는 데 내 친구의 행동이 한 요인이 되었을 수도 있다. 따라서 상황에 따라 복합적으로 작용하는 요소들을 점검하면서 미움을 거두어들여야 한다.

66

몸을 가진 존재는 마음이 있는 것(유정有情)과 없는 것(무정無情),

둘 모두에게 해를 입는데,

어째서 유정有情에게만 화를 내는가?

(그러니 모든) 해를 참는 것이 (이치에 맞다.)

66번 게송에서 샨띠데바는 남에게 피해를 입히고 상처를 주는 것은 유정有情과 무정無情 모두가 관련되어 있다고 지적한다. 그런데 어째서 우리는 생명이 있는 것만 꼭 집어내어 그들에게 증오를 품고 책임을 지우는 걸까?

67

몇몇은 어리석음 때문에 악행을 저지르고

몇몇은 어리석음 때문에 (그들에게) 화를 낸다면,

누구에게 잘못이 있는 것이고

누구에게 잘못이 없는 것인가?

여기서 샨띠데바는 양쪽의 대칭 관계를 보여 준다. 만일 누군가 다른 사람에게 해를 끼쳤다면 그는 기본적으로 자신의 행동이 어떤 결과를 가져올지 모르는 어리석음 때문에 그런 행동을 하는 것이다. 그때 피해를 입은 사람이 평정심을 잃고 자신에게 해를 가한 사람에게 화를 낸다면 그 역시 어리석음 때문에 화를 내는 것이다. 따라서 이 두 행동은 일종의 대칭 관계에 있다. 그렇다면 누가 잘못한 것인가? 누가 옳고 누가 그른 것인가? 해를 가한 사람이나 화를 낸 사람 모두 같은 부류인 것이다.

68

다른 이들이 (나를) 해치는 것은

(그렇게 했던 나의) 과거 업 때문이다.

모든 것이 내 업에 의한 것인데,

어떻게 내가 (그들에게) 화를 낼 수 있겠는가?

이 게송에서 샨띠데바는 꽤 납득할 만한 반론에 대해 답한다. 누군가 다른 사람에게 화를 내는 것을 정당화하면서 "애초에 나는 내 일만 하고 있었을 뿐입니다. 그를 자극할 어떤 일도 하지 않았는데도 그 사람은 저를 다치게 했습니다. 그러니 제가 화를 내는 것은 당연한 대응입니다."라고 말한다고 하자.

이에 대해 샨띠데바는 그 사람이 상황을 충분히 깊게 파악하지 못한 것이라고 말한다. 상황을 면밀히 주의 깊게 살펴보면 궁극적으로 자기 자신에게도 책임이 있음을 이해할 수 있다는 것이다. 자신의 업이 그 상황을 일으켰기 때문이다. 따라서 "나는 그 상황에서 절대적으로 결백하다."고 말할 수 없다고 샨띠데바는 말한다.

69

이렇게 (그 상황을) 이해하면서,

나는 공덕을 쌓는 데 전심을 다해

모두가 서로를 사랑하는

마음을 낼 수 있도록 해야 한다.

69번 게송에서 샨띠데바는 앞에서 전개한 논리를 생각하며 다음과 같이 결론짓는다. "지금부터 나는 화합과 평화 속에 살 수 있도록 최선을 다하고, 다른 이들과 교류할 때는 애정 어린 마음으로 대할 것이다. 이런 방식으로 삶을 살도록 최선을 다하는 것은 물론 다른 이들도 그렇게 살 수 있도록 있는 힘껏 도울 것이다."

70

예를 들어 어느 집에 불이 나서

다른 집으로 옮겨붙을 때,

(불이) 번지게 만드는

지푸라기 등을 치워 버리는 것과 같다.

71

이와 같이 어떤 것에 집착이 일어나면

화의 불길이 번지게 되니,

(나의) 공덕이 불탈 것을 두려워한다면,

(그 화의 불을) 당장 꺼 버려야 한다.

이 두 게송에서 샨띠데바는 화와 증오의 근본 뿌리인 집착을 다루는 것이 얼마나 중요한지에 대해 말한다. 예를 들어 어느 집에 불이 난 것을 알았다면 불을 번지게 만드는 지푸라기 같은 것들을 모두 없애서 그 불이 다른 집들로 옮겨붙지 않도록 해야 한다. 마찬가지로 증오의 불길이 퍼지는 것도 집착이라는 연료 때문이다. 그러므로 우리가 해야 할 일은 그 집착을 없애도록 노력하는 것이다. 대승불교의 논서로 샨띠데바의 또 다른 저서인 《대승집보살학론大乘集菩薩學論(śikṣāsamuccaya)》에서 샨띠데바는 보살의 이상적인 삶에 대해 논하고 있는데, 여기서 그는 증오를 대하는 법과 증오로부터 자신을 보호하는 법, 그리고 그 증오를 없애는 법에 방점을 둔다. 한편으로 그는 다른 이의 이익을 위해 일하는 보살에게 애착이 도움이 되는 예외적인 경우도 있다고 말한다. 하지만 그런 예외적인 경우가 있더라도 일반적으로는 집착 혹은 욕망이 증오의 뿌리라고 할 수 있다.

증오와 집착의 차이점은, 증오는 매우 해롭고 거칠게 일어나며, 일어나는 즉시 극도로 불쾌하게 만드는 성질을 지닌다. 이와 달리 집착은 보다 온건하게 일어난다. 그러나 집착 역시 증오의 뿌리이기 때문에 증오를 완벽하게 제거하려면 집착 또한 잘 다루어야 한다.

이 지점에서 명확하게 해 두고 싶은 것이 있다. 보살이 다른 이의 이익을 위해 일할 때 집착이 보조적인 역할이나 도움이 될 때가 있다 종종 있더라도 이는 집착의 본질이 그래서가 아니라 방편의 교묘함 때문이다. 방편의 교묘함 때문에 보살은 집착마저도 중생의 이익을 위해 사용할 줄 아는 것이다. 따라서 우리는 집착이 우리와 같은 깨닫지 못한 자들의 근원이라는 기본 입장을 분명히 해야 한다.

또 분명한 점은, 우리가 심지어 가족 안에서도 마주하는 많은 갈등과 논쟁들은 대부분 아주 강한 집착에 근거하고 있다는 점이다. 이처럼 다양한 대상에 대해 여러 가지 다른 유형의 집착이 있다. 물질, 형상, 소리, 냄새, 감촉 등에 대한 집착이 그러하다. 이 모든 집착의 유형은 하나하나가 충분히 많은 문제와 어려움을 일으킬 수 있다. 그 가운데 가장 드센 집착은 성욕性慾에 대한 집착이다. 경전에서는 이 특별한 유형의 집착이 다른 다섯 가지 감각에 대한 집착을 포함한다고 설한다. 따라서 성욕에 대한 집착은 다른 유형의 집착들보다 더 강력하며 문제와 파멸을 불러올 소지가 크다.

나는 돈에 대한 집착은 어디에 속하는지 궁금하다. 돈에 대한 집착이 돈의 형태에 대한 집착인지 아니면 돈이 부딪힐 때 나는 소리에 대한 집착인지 명료하게 알 수 없기 때문이다. 돈을 가지고 있으면 우리는 다른 집착 대상들까지 더 많이 소유할 수 있다. 어쩌면 이러한 면모 때문에 돈에 대한 집착이 그렇게나 강한지도 모르겠다.

여기서 남녀의 성을 떠나 모든 연인 사이에 대해서 논의하는 것이 적절하다고 생각한다. 나는 성적 매력에 기반한 두 가지 주요한 관계의 유형이 있다고 생각한다. 한 유형은 순간적인 희열, 찰나의 충동적인 만족감을 동기로 하는, 순수한 성적 욕망에 기반한 관계다. 그러나 순수한 성적 욕망에 기반해 인간관계를 맺는 것은 그다지 의지할 만하거나 안정적인 관계는 아니라고 생각한다. 그 개인들은 서로를 한 인간으로서가 아니라 성적인 욕구를 해소하기 위한 대상으로 관계를 맺고 있기 때문이다. 두 번째 유형의 관계는 성적 매력이 전적으로 육체적인 것에만 국한되지 않는다. 타인에 대한 존경과 감사의 마음을 기반으로 친절하고 상냥하며 온화한 관계를 형성한다. 그렇기 때문에 상대방을 더욱 존엄하게 여기고 존중할 수 있다. 이렇게 상대방을 존중하는 올바른 관계라면 그 어떤 관계보다 훨씬 더 오래간다. 두 번째 유형과 같은 관계를 만들어 가려면 각자 충분한 시간을 가지고 인간으로서 서로를 알아 가는 것이 필요하다. 서로를 인간적인 측면에서 이해하고 서로의 기본적인 성격을 알 수 있는 충분한 시간을 함께 보낼 수 있다면 모든 관계가 훨씬 더 믿을 만하고 오래 지속될 수 있을 것이다. 따라서 두 번째 유형의 관계에는 진정한 자비심이 녹아 있다고 말할 수도 있다. 이 관계에는 서로에 대한 헌신과 책임감이 자리 잡고 있기 때문이다. 첫 번째 유형의 관계에서는 이러한 모습을 찾아볼 수 없다. 거기에는 순간적인 만족만 있을 뿐이다.

앞에서 언급했듯 각자의 내면에서 우리는 수많은 불일치와 모순을 발견할 수 있다. 가끔은 오전에 한 생각과 오후에 한 생각 사이에도 불일치가 너무 커서 이것을 어떻게 해결할지 온종일 골머리를 썩일 때가 있다. 그러니 서로 다른 두 사람 사이나 부모와 자식 사이, 형제와 자매 사이에도 생각의 차이가 나는 것은 너무도 당연하다. 의견 차이나 갈등, 모순이 일어날 수밖에 없다면 우리는 이 문제를 어떻게 직면하고 대처해야 할까? 만일 이런 갈등과 모순을 화해시킬 수 있는 능력이 스스로에게 있다고 굳게 믿는다면, 우리는 이러한 상황을 해결할 수 있다.

72

사형 (선고를 받은 이가 팔 하나만 잘리고)

풀려난다면 정말 운이 좋은 것이다.

만일 인간계의 괴로움을 (받음으로써)

지옥에 (떨어지지) 않았다면, 얼마나 운이 좋은 것인가?

73

지금 당장의 괴로움을

내가 참아 낼 수 없다면,

(장차) 지옥에서 받을 괴로움의 원인이 될

화를 어째서 다스리지 않는가?

이 두 게송에서 샨띠데바는 다른 사람이 가한 상해에 대해 우리가 화를 내지 않고 증오의 마음을 일으키지 않는다면 앞으로 일어날 수 있는 잘못된 일들을 미연에 방지할 수 있다고 말한다. 만일 그러한 상황에 대해 화와 증오로 대처한다면 이미 받은 상처가 악화되지 않게 막을 수도 없을뿐더러, 미래에 받아야 할 또 다른 괴로움까지 더하게 된다. 그러나 우리가 화나 증오를 일으키지 않으면서 인내와 감내를 수행할 수 있다면 일시적으로는 불편함이나 상처를 겪겠지만 미래에 일어날 큰 위험으로부터 스스로를 보호할 수 있다. 작은 문제나 고난을 참음으로써 미래에 일어날 수 있는 훨씬 더 큰 괴로움을 경험하지 않아도 되는 것이다. 샨띠데바는 사형 선고를 받은 죄수의 예를 든다. 만일 그가 팔 하나를 희생함으로써 더 귀한 목숨을 건질 수 있다면 그 죄인은 그 기회를 고맙게 여기지 않을까? 팔이 잘리는 고통과 괴로움을 받아들여서 그 자신을 죽음이라는 훨씬 더 큰 괴로움으로부터 구할 수 있기 때문이다. 샨띠데바는 또 다른 이점도 있다고 말한다. 미래에 일어날 수 있는 위험으로부터 자신을 보호하는 것은 물론 다른 사람이 일시적으로 일으킨 고통과 괴로움을 경험함으로써 자신이 과거에 쌓은 악업이 발현할 가능성을 없앨 수 있다는 것이다. 따라서 인내와 감내의 수행은 이처럼 두 가지를 동시에 이룰 수 있도록 해 준다.

우리가 작은 어려움을 참을성 있게 받아들이게 되면 다른 수행을 할 수 있는 기회까지 얻을 수 있다. 우리는 "이 괴로움을 겪음으로써 제가 과거에 행한 악업을 정화할 수 있기를 기원합니다."라는 기도문을 만들 수 있다. 또한 이 곤란함을 기회로 삼아 똥렌Tong-len 수행을 할 수도 있다. 똥렌은 "보내고 받아들임"이라는 대승불교의 수행법이다. 똥렌 수행은 우리가 고통과 괴로움을 겪을 때 "내 괴로움이 다른 중생들이 겪어야 하는 비슷한 종류의 괴로움을 대신해 줄 수 있기를 기원합니다. 내가 이 괴로움을 겪음으로써 비슷한 괴로움을 겪는 모든 중생들을 구할 수 있기를 기원합니다."라고 생각한다. 이런 방식으로 우리는 다른 이들의 괴로움을 자신의 것으로 받아들이고 괴로움의 경험을 똥렌 수행을 실천하는 계기로 삼을 수 있다.

이러한 조언은 특히 병을 앓고 있을 때 도움이 된다. 물론 올바른 식습관을 유지하고 예방 조치를 잘 취해서 아프지 않도록 하는 것이 가장 중요하다. 하지만 병을 앓게 되었을 때는 적절한 약과 함께 다른 치료 수단을 고려하는 것도 간과하지 말아야 한다. 우리가 병에 대해 어떻게 반응하는가에 따라 큰 차이가 있을 수 있다. 병을 앓게 된 상황을 한탄하거나 스스로를 불쌍하게 여기며 불안과 걱정에 휩싸이는 대신, 마음가짐을 바르게 함으로써 불필요한 정신적 고통과 괴로움으로부터 스스로를 보호해야 한다. 실제로 일어나는 육체적 고통과 괴로움을 덜 수 없다 하더라도 "이 고통과 괴로움을 겪는 것으로 내가 다른 이들을 도울 수 있기를, 같은 괴로움을 겪고 있는 그들을 구할 수 있기를 기원합니다."라고 생각한다. 이런 방법으로 자신의 병에 대해 "보내고 받아들임"의 똥렌 수행을 할 수 있는 기회로 삼는 것이다. 이런 수행은 비록 육신의 병을 치료해 주지는 못하더라도 육신의 병과 더불어 찾아올 수 있는 정신적인 괴로움이나 고통으로부터 우리 자신을 보호할 수 있다.♦ 이와 더불어 괴로움을 겪으면서 침울해지는 대신 그 상황을 일종의 특권으로 생각해 볼 수도 있다. 몸의 병을 수행의 계기로 삼으면 자신의 삶이 더 풍요로워질 것이기 때문에 오히려 기쁨을 느낄 수 있다.

가끔 업에 대해 잘못 이해해서 모든 것을 업의 탓으로 돌리며 자신의 책임을 회피하거나 자신이 해야 할 일조차 하지 않는 경우가 있다. 모든 것을 쉽게 포기하면서 "이것이 다 내 과거의 악업 때문이지. 내가 무엇을 할 수 있겠어? 할 수 있는 것이 아무것도 없어."하고 생각할 수도 있다. 그러나 이는 업을 심각하게 오해하는 것이다. 자신의 경험이 과거에 행한 일의 소산이라 하더라도 이것이 현재 자신에게 어떠한 선택권도 없다는 뜻이 아니며, 변화를 일으킬 수 있는 주도권이 자신에게 없다는 뜻은 더더욱 아니다. 업의 개념을 올바르게 이해한다면 업은 "행동"을 뜻하며, 매우 능동적인 과정이라는 점을 이해할 수 있을 것이다.

♦ 초기 경전 가운데 살라타 숫따는 붓다의 두 개의 화살이라는 가르침을 담고 있다. 이 경전에서 붓다의 가르침을 잘 따르는 제자들은 육신의 아픔이라는 첫 번째 화살은 피할 수 없다 하더라도, 이에 수반하는 슬픔과 절망 등 정신적 괴로움의 화살은 절대 맞지 않는다고 설한다. 달라이 라마께서 말씀하시는 부가적인 정신적 괴로움은 두 번째 화살이라고 할 수 있다.

업이나 행동에 대해 논할 때는 행동을 취한 행위자를 반드시 포함해야 한다. 우리의 경우에는 우리 자신을 이 논의에 포함해야 한다. 어떤 미래가 올지는 스스로의 손에 달렸다. 우리가 지금 어떠한 결정을 내리고 어떤 행동을 취하는가에 따라 우리의 미래가 결정된다. 업을 수동적이고 정적인 힘으로 이해해서는 안 된다. 업은 오히려 능동적인 과정이다. 즉, 각각의 행위자가 매우 중요한 역할을 하는데 이는 업이 발현되는 과정을 결정하는 역할을 행위자가 담당하기 때문이다. 예를 들어 식욕을 충족시키는 행위에 대해 생각해 보자. 배고픈 사람은 반드시 스스로를 위해 음식을 찾고, 준비하고, 먹어야 한다. 이런 단순한 목표도 행위자가 행동을 해야만 성취할 수 있는 것이다.

74
자신의 욕망을 채우기 위해
지옥 불에 타는 등의 경험을 수천 번 했건만,
나는 나에게 이익이 되는 것도
남에게 이익이 되는 것도 하려 하지 않았다.

75

(그에 비하면) 이 괴로움은 그만큼 해롭지는 않으며

(인내하면) 큰 이익 또한 성취할 수 있을 것이기에,

윤회의 바다를 떠도는 이들(중생)의 해악을 제거하는

고통은 오직 기쁘게 받아들이는 것이 합당하다.

이 두 게송에서 샨띠데바는 다른 이들의 복지를 위해 일하는 과정이나 인내와 감내를 수행하는 과정에서 겪는 어려움과 고통, 괴로움은 지옥, 아귀, 축생의 삼악도三惡道에서 겪어야 하는 괴로움에 비하면 아무것도 아니라고 말한다. 타인을 위해 일하면서 생기는 고통이나 괴로움들은 공부와 수행을 통해 충분히 극복할 수 있다.

명

상

———

극심한 통증에 괴로워하거나 아주 불행한 상황에 처한 중생을 떠올려 보며 자비의 명상을 해 보도록 하겠습니다. 다음으로는 그 존재를 자기 자신과 관련지으며 그가 당신과 똑같이 고통과 기쁨, 행복과 괴로움을 느낄 수 있는 존재라고 생각합니다. 그런 다음 그 존재의 불행한 상황에 집중하며 그를 향해 스스로 일어나는, 즉 자생自生의 자비심을 계발합니다. 여러분 안에서 자생의 자비심을 그 중생에게 향하도록 합니다.

앞에서 한 것처럼 명상 시간의 첫 3분은 보다 분석적인 방법을 씁니다. 괴로움이나 힘든 상황 등에 대해서 생각합니다. 그리고 나서 '중생들이 괴로움으로부터 자유로워질 수 있기를 내가 얼마나 강하게 바라고 있는가!' 그리고 '나는 그 중생이 괴로움에서 벗어날 수 있도록 도울 것이다.'라고 생각하면서 이 분석적인 명상의 결론을 맺습니다. 그 다음으로 여러분의 마음을 그 결심에 오롯이 집중하십시오.

일반적으로 우리가 명상에 대해 말할 때 두 가지 주요한 방식이 있습니다. 하나는 어떤 대상을 정해 놓고 명상하는 것입니다. 예를 들어 무상함에 대한 명상이나 공성에 대한 명상의 경우 무상과 공이 저절로 마음속에서 일어나는 것이 아니라 무상함과 공성을 의도적으로 택해 마음을 거기에 집중하는 것입니다. 다른 방식은 여러분의 마음을 특정한 상태로 일으키는 것입니다. 예를 들어 자애와 연민에 대한 명상을 할 때 자애와 연민을 명상의 대상으로 취하는 것이 아니라 여러분의 마음을 사랑스러운 상태나 연민의 상태로 만드는 것입니다.

저는 여러분이 자비심을 수행할 때 다른 중생의 괴로움을 함께하려는 노력을 이해하는 것이 중요하다고 생각합니다. 이 관점에서 보면 여러분은 여러분이 이미 겪고 있는 고통과 괴로움 위에 다른 이들의 고통과 괴로움까지 더 얹는 것입니다. 이것이 기본입니다. 그렇기 때문에 그 경험 안에 포함되어 있는 즉각적인 감정이나 느낌이 어느 정도 불편함을 동반할 수 있습니다. 그러나 그와 더불어 여러분은 반드시 고도로 민감하게 깨어 있어야 합니다. 여러분은 더 높은 목표를 위해 자발적인 의지를 가지고 타인의 괴로움까지 받아들이고 있기 때문입니다. 이는 여러분 자신의 괴로움에 대해 생각하고 그 괴로움에 압도당하는 느낌을 받는 것과는 천양지차입니다. 자신의 괴로움에 대해 생각할 때는 여러분의 감각 기관들이 마비되고 무뎌지며 그 괴로움에 짓눌리게 됩니다. 하지만 자비심을 일으켜 다른 이들의 괴로움까지 짊어질 때 겪는 불편함은 잠재적인 민감함, 일종의 세심함을 지닙니다. 따라서 다른 이들로부터 더 많은 괴로움을 받아들일수록 여러분의 깨어 있음과 결단력은 더 강해질 것입니다. 이것을 염두에 두어야 합니다.

티베트의 위대한 까담빠 스승이신 랑리 탕빠는 자애와 연민 명상의 크나큰 스승이십니다. 우리가 랑리 탕빠 스님의 일화를 들을 때 오해하지 말아야 할 것이 있습니다. 그는 항상 울고 다녀서 "울보 라마"라는 별명이 붙었다고 합니다. 그러나 이를 오해해서는 안 됩니다. 위대한 스승께서 언제나 울고 계셨던 것은 자신과 다른 이들의 행복, 즉 완전한 기쁨의 상태를 위해서입니다. 이 상태를 수가따(sugata, 선서善逝)라고 하는데, 사전적으로는 "그 영역에 가다.", "넘어서 가다."라는 뜻이며 완전한 기쁨과 평안의 상태를 가리킵니다. 따라서 랑리 탕빠 스승께서는 괴로움의 상태에 가고 싶어서 우신 것이 아니라, 당신께서 다른 이들을 이끌고 함께 행복과 기쁨의 상태로 가고 싶으셔서 우신 것입니다.

청중1   공포와 증오, 그리고 공포와 인내 사이의 관계에 대해 설명
부탁드립니다.

달라이 라마 공포의 종류는 아주 많고 다양합니다. 어떤 공포는 타당한
논리에 근거한 공포이고 어떤 것은 단지 상상의 소산입니다. 저는 두
번째 유형의 공포는 장기간 부정적인 결과 때문에 일어난 것이며 괴
로움의 상태라고 생각합니다. 자기 자신의 부정적인 감정들에 대한 두
려움은 근거가 있고 타당한 것이라고 생각합니다. 만일 부정적인 마음
상태를 가진 채로 다른 이들을 두려워한다면, 다른 사람들이 볼 때는
그들을 적대하는 것처럼 느낄 수 있습니다. 그렇기 때문에 몇몇 유형
의 공포는 증오와 밀접하게 관련이 있다고 생각합니다. 공포와 인내의

218

관계에 대해서는 잘 모르겠습니다.

청중2   화를 내는 사람에게 대응하는 방법을 배우는 대신, 화내는 사람을 아예 피해 버리면 안 될까요?

달라이 라마   맞는 말입니다. 그래서 사실상 수행자들은 초기 단계에서는 고립된 장소를 고릅니다. 그러나 그 방법은 장기적인 해결 방안이 될 수 없고 한시적으로만 유효합니다. 홀로 있는 동안 그 수행자는 반드시 내면의 힘을 길러서 다시 사회로 돌아왔을 때는 이미 인내의 마음을 갖춘 상태여야 합니다. 어떤 사람들은 사회로부터 스스로를 철저하게 격리시킨 채 다른 사람과 관계 맺는 것을 일절 피하고 일생 동안 한적한 토굴에서 명상하며 코뿔소의 외뿔에 비유해 말씀하신 아라한이 되는 분들도 있을 수 있습니다.♦

청중3   불성을 어떻게 증명할 수 있는지요? 모든 사람이 불성을 가지고 있다는 것을 우리는 어떻게 알 수 있을까요? 또 우리 자신에게도 불성이 있다는 것을 어떻게 알 수 있는지요?

—

♦ 《숫따니빠따》의 〈코뿔소의 경〉을 말한다.

달라이 라마 첫 번째로, 불교 사상에서는 마음의 궁극적인 본성인 비실재성을 그 근거 중 하나로 들고 있습니다. 이를 공성이라고 합니다. 우리 마음에 본래부터 자성이 있다는 인식은 착각이며 전도된 마음의 상태입니다. 이러한 마음은 전혀 진리에 근거하지 않은 것입니다. 따라서 이러한 전도된 마음은 없앨 수 있습니다. 경전에 기대지 않고도 논리적 추론을 통해 충분히 알 수 있는 사실입니다. 그러나 이러한 깨달음은 지적인 이해와 논리적인 추론만으로는 완벽하게 알 수 없습니다. 반드시 명상 수행을 통한 체득이 수반되어야 합니다. 지적 이해와 논리적 추론, 명상을 통한 체득의 융합을 통해서 우리는 마음의 실체가 궁극적으로 공하며, 마음에 본래적으로 자성이 있다는 착각에 근거한 망상은 제거될 수 있다는 명확한 앎에 도달할 수 있습니다.

의식의 특성은 경험하는 대상의 성질을 그대로 가진다는 것입니다. 이 사실에 주의를 집중함으로써 마음의 본질은 청정하다는 이해에 꽤 가까이 다가가는 것 역시 가능합니다. 마음은 몸도 물질도 아니며 오로지 경험하는 것의 특성, 혹은 경험하는 대상을 비추는 청정한 빛입니다. 우리는 이 사실을 이해할 수 있습니다. 물론 이 이해가 완전한 것은 아니지만 논리적 추론을 통해 대략적으로는 알 수 있습니다. 마음의 본성이 청정하며 오로지 밝게 비출 뿐이라는 것을 완벽하게 이해하려면 경전을 통한 증명에 의지해야만 합니다. 마음의 다양한 층위에 대한 명료한 분별이 필요하기 때문입니다. 이러한 것들은 아주 미세한 의식으로 귀결되는, 매우 미묘한 마음의 네 가지 서로 다른 층위로 설명할 수 있습니다. 이 매우 미세한 마음은 "청정한 빛"이라는 본성으로 알려져 있습니다.♦ 이러한 마음의 본질을 경전에 의지하지 않고 오직 논리로만 온전하게 이해할 수 있다고 말하기는 매우 어렵습니다.

중요한 것은 자기 경험의 층위가 특정한 수준의 이해에 도달하는 것입니다. 금강승의 문헌들은 "마음의 미세한 상태를 가리키는 여든 가지 개념들"과 존재가 미세한 마음의 네 가지 단계와 어떤 관련이 있는지 비유를 들어 증명하려고 합니다. 그러나 저는 오로지 논리와 이성만으로 마음의 본성에 대한 결론에 이르는 일은 거의 불가능하다고 생각합니다. 미륵보살의 《구경일승보성론》에서도 우리가 행복을 바라고 괴로움을 피하고자 하는 본질적인 욕망을 지닌 이유는, 괴로움을 극복하고 행복을 성취하는 것이 가능하기 때문이라고 설합니다. 이 논서에서 미륵보살은 불성의 존재를 설명하려고 노력합니다.

청중4   불법을 정말 아름답게 설명하는 법사들이 자신이 설하는 대

—

♦ 다른 분들은 이 청정한 빛의 마음을 정광명淨光明으로도 번역한다. 미세한 마음의 네 층위 등에 대해서는 《달라이 라마, 죽음을 말하다》를 참고하기 바란다.

로 살지 못하는 것에 대해서 어떻게 생각하시는지요?

달라이 라마 붓다께서는 그런 일이 발생하리라는 것을 이미 아셨습니다. 그래서 스승이 되기 위해 갖추어야 할 자질에 대해 매우 엄격하게 설하셨습니다. 오늘날 이것은 아주 심각한 문제인 것 같습니다. 첫째로, 스승의 입장에서 가르침을 주고 불법을 설하는 자는 반드시 진짜로 수행을 하고 배우고 공부한 사람이어야 합니다. 더구나 가르치는 주제가 역사나 문헌에 대한 것이 아니라 정신적인 수양에 관한 것이기 때문에 스승은 반드시 어느 정도 체득을 경험해야 합니다. 그래야 그 사람이 종교적인 주제에 대해 자신의 체험을 바탕으로 이야기할 때 설득력을 가지게 될 것입니다. 그렇지 않으면 그다지 와닿지 않을 것입니다. 따라서 다른 사람들에게 불법을 설하고자 하는 사람은 책임감을 분명히 깨달아야 하고 반드시 준비가 되어 있어야 합니다. 이것은 매우 중요합니다. 그 때문에 쫑카빠 대사께서는 스승이 될 사람의 자질에 대해 설명하실 때 미륵보살의 《대승장엄경론大乘莊嚴經論(māhayāna-sūtra-alaṃkāra)》을 인용하십니다. 이 논서에서 미륵보살은 스승이 되기 위해 필요한 핵심 자질을 열거합니다. 예를 들어 스승이라면 반드시 계율을 잘 지켜야 하고 그 자신이 적정寂靜해야 하며 자비로워야 하는 등의 자질을 갖추어야 한다고 말합니다. 쫑카빠 대사께서는 정신적인 스승을 찾고자 하는 사람들은 스승으로 모실 사람이 어떤 자격을 갖추었는지 반드시 잘 알아야 한다고 말씀하시면서 앞에서 열거한 자격을 잘 알고 있으면 좋은 스승을 찾게 될 거라고 결론을 맺습니다. 마찬가지로 제자를 찾는 사람, 스승이 되고자 하는 이들 또한 반드시 이러한 자격 조건들을 잘 알아야 합니다. 스스로가 이러한 자격을 갖추고 있는지 명확하게 판단하고, 만일 부족하다고 생각한다면 자격 조건들을 잘 갖추도록 노력해야 한다고 쫑카빠 대사는 이야기합니다. 따라서 스승이라면 자신의 말과 행동에 막대한 책임이 따른다는 것을 반드시 잘 알아야 합니다. 만일 어떤 사람이 겉으로는 아닌 척하면서 내심 돈을 바란다면, 스승인 척하는 것보다는 차라리 다른 수단으로 돈을 버는 것이 훨씬 낫다고 생각합니다. 숨겨진 의도와 목적을 품고 스승이 되려 하는 것은 매우 불행한 일입니다. 그런 기만행위는 종교가 착취 수단에 불과하다는 공산주의자들의 비판이 옳았음을 증명해 주는 셈이 됩니다. 붓다께서도 이러한 남용 가능성을 알고 계셨습니다. 그래서 그는 다섯 가지 부정한 방법으로 삶을 살아서는 안 된다고 단정적으로 말씀하셨습니다. 이 다섯 가지 부정한 삶의 방식 가운데 하나는 자신의 이득을 극대화하기 위해 시주자에게 사기를 치고 아첨하는 일입니다.

이제 제자의 입장에서 보자면 제자들 역시 책임이 있습니다. 제자들은 맹목적으로 아무나 스승으로 모셔서는 안 됩니다. 이는 매우 중요합니다. 알다시피 불법은 꼭 스승이 아니더라도 법우法友나 도반道伴에게서도 배울 수도 있습니다. 스승으로 삼으려는 사람에 대해 잘 파악해서 "이제 그분을 내 스승으로 섬겨도 되겠다."는 확신이 생기기 전까지는 그 사람에 대해 깊이 숙고해 보아야 합니다. 확신이 정립되기 전까지는 그 사람을 수행의 도반道伴으로 여기시기 바랍니다. 그런 뒤에 그 사람에게서 배우고 익히십시오. 꼭 스승이 아니라도 여러분은 책으로도 배울 수 있습니다. 시간이 지날수록 책을 더 많이 읽고 공부할 수 있습니다. 잘못된 이를 스승으로 섬기는 것보다는 차라리 그편이 더 낫다고 생각합니다.

제가 근 삼십 년 전에 제기한, 스승과 제자 관계의 특별한 측면에 대해 언급하고 싶습니다. 샨띠데바의 《입보리행론》을 보면 아주 특수한 맥락에서 특정 사상이 유별나게 강조되고 있음을 알 수 있습니다. 그래서 여러분이 그 논의를 올바른 맥락에서 이해하지 못하면 오해할 가능성이 아주 다분합니다. 마찬가지로 스승과 제자의 관계에서도 스승이 제자에게 영감과 축복을 주고 가르침을 전수하는 등 원천으로서 역할을 하기 때문에 스승을 바르게 의지하고 올바른 관계를 유지하는 것을 굉장히 강조합니다. 수행 방법을 기술하는 여러 문헌에서 우리는 아주 독특한 표현을 발견하곤 합니다. "제가 스승에 대한 존경심을, 스승에 대한 헌신을 닦아서 그의 모든 행동을 청정하게 볼 수 있기를 기원합니다."

근 삼십 년 전에 그것의 위험성에 대해 언급한 적 있습니다. 스승의 모든 행동을 청정하게 바라보고 스승을 깨달은 존재로 여기기 위해 노력하라는 사상에는 남용 가능성이 굉장히 많습니다. 저는 그것이 잘못 사용되면 독약과도 같다고 말했습니다. 어떤 티베트인들에게는 제 말이 극단적으로 들릴 수도 있습니다. 그러나 시간이 지나면서 이 경고가 어느 정도 맞았다는 것을 알 수 있습니다. 어쨌든 이것은 제 개인적인 소신이기는 하지만, 이는 어떤 이상적인 스승과 제자 관계가 유해할 수 있다는 것을 관찰한 붓다의 말씀에도 근거한 것입니다. 예를 들어 불교도들이 지켜야 할 윤리와 행동 규칙을 설명하는 율장에서는 스승과의 관계를 매우 중요하게 봅니다. 여기에서 붓다는 우리가 스승을 올바르게 존경하는 일은 중요하지만 만일 그 스승이 불법의 진리에 어긋나는 가르침을 준다면 그 가르침을 반드시 거부해야 한다고 말했습니다.

경전에서도 이 점을 매우 명료하게 언급하는 문구들을 찾아볼 수 있습니다. 붓다께서는 스승이 주는 가르침이 일반적인 불법 수행의 길에 합치한다면 따르고 어긋나면 버려야 한다고 말했습니다.

금강승 가운데 무상요가 딴뜨라 수행에서는 스승과 제자의 관계를 매우 중요하게 여깁니다. 예를 들어 무상요가 딴뜨라에 있는 구루요가

(스승요가)는 모든 수행법이 스승과의 관계에 대한 것입니다. 그런데 심지어 이 무상요가 딴뜨라에서도 스승이 주는 가르침 가운데 불법과 어긋나는 것이 있다면 따르지 말라는 대목을 발견할 수 있습니다. 왜 그 가르침을 따르지 않는지 스승에게 반드시 설명해야 하기는 하지만, 단순히 스승이 그리 하라고 했다고 해서 반드시 따라야 하는 것은 아닙니다. 여기서 알 수 있는 것은, 우리가 받은 가르침에는 "알았습니다. 스승께서 말씀하시는 것은 그것이 무엇이든 무조건 따르겠습니다."라는 내용은 없다는 것입니다. 오히려 우리는 이성을 통해 판단하고 불법에 어긋나는 가르침은 거부하라고 배웠습니다.

그러나 티베트 불교의 역사에서는 띨로빠, 나로빠, 마르빠, 밀라레빠의 경우처럼 전념을 다해 스승에게 헌신한 사례도 볼 수 있습니다. 이 사례들이 약간은 극단적으로 보일 수 있습니다. 이 스승들은 표면적으로는 불가촉천민이나 거지처럼 보이고 가끔 괴상한 행동을 해서 신자들의 믿음을 잃기도 했습니다. 하지만 불법에 대해서, 또 스승에 대한 믿음을 북돋아 줄 필요가 있을 때에는 아주 높은 수준의 깨달음을 보여 줌으로써 균형을 맞출 수 있었습니다. 이분들의 정신적 깨달음은 지고해서 사람들의 세속적인 시각으로 그분들의 행동이 도를 넘었다고 생각할 때에는 초자연적인 능력을 보여 줄 수도 있었습니다. 그러나 오늘날의 몇몇 스승들은 비윤리적인 행동을 하는 면에서는 상당히

도가 지나치지만, 균형을 맞춰 줄 초자연적인 힘을 보여 줄 능력은 없습니다. 그래서 오늘날 몇몇 스승들이 비윤리적인 행위로 문제를 많이 일으키는 것입니다.

배우는 사람으로서 여러분은 우선 스승을 잘 살펴보고 철저하게 조사해야 합니다. 그 사람의 고결함에 한 치의 의심도 없을 때까지는 그를 선생이나 스승이라고 생각해서는 안 됩니다. 이는 매우 중요합니다. 그 조사가 끝나고 나서 그를 스승으로 여긴다 하더라도, 혹여 건전하지 못한 일이 일어난다면 여러분은 그 일을 거부할 자유가 있습니다. 배우는 이들은 반드시 스승을 망치지 않도록 조심해야 합니다. 이것이 매우 중요합니다.

청중5　최고의 존경을 담아 저는 여기에 앉아 있습니다. 사실 저는 창조주가 존재하지 않는다는 말은 오만하다는 생각이 듭니다. 저는 불교가 겸손함에 대해 가르치는 것으로 알고 있습니다. 어째서 존자님께서는 논리로 보다 큰 전체를 알 수 있다고 생각하시는지요? 이는 단순히 다른 형태의 믿음이 아닐까요? 마지막으로, 창조주가 존재한다 혹은 존재하지 않는다라는 문장에 대해 직감과 감정은 어떠한 입장인지요?

달라이 라마　창조주가 존재하지 않는다는 입장에 관해서는 붓다께서 가르치신 경전에 아주 명확한 근거가 있습니다. 예를 들어 연기법을 가르치는 《도간경稻竿經(śālistamba sūtra)》에서 붓다는 원인이 일어나기 때문에 결과가 따라온다고 말씀하십니다. 또한 샨띠데바와 짠드라끼르띠(Candrakīrti, 월칭月稱) 같은 후대 불교 사상가들의 저작 속에서도 근거를 찾을 수 있습니다. 샨띠데바는 《입보리행론》의 제9장 지혜품에서 창조주에 대한 모든 논점들을 다루면서 자신의 입장을 매우 명확하고 명료하게 밝히고 있습니다. 짠드라끼르띠도 역시 이에 대해 매우 명료하게 설명합니다. 또한 다르마끼르띠(Dharmakīrti, 법칭法稱) 역시 《올바른 인식의 수단에 대한 설명(Pramāṇavārttika, 양평석量評釋)》이라는 저서에서 이 논제에 대해 아주 명확하고 확실한 입장을 밝히고 있습니다. 다르마끼르띠는 한 특정한 게송에서 완벽한 깨달음을 성취한 분은 완벽하게 "된" 분이라고 말합니다. 이 "된"이라는 말은 영원하고 완벽한 존재라는 것을 전혀 믿지 않고 있음을 시사합니다. 석가모니 붓다는 원인과 조건, 수행, 그리고 과정을 통해서 완벽하게 깨닫게 "된" 분입니다. 따라서 "된"이라는 말을 사용하는 것입니다. 이것이 불교도의 입장입니다.

그렇다면 제가 늘 말하듯 이 세상에는 오십 억 명의 사람이 살고 있으며 저마다 아주 다양한 성향을 지니고 있습니다. 그래서 어떤 면에서는 우리에게 오십 억 가지 종교가 필요한지도 모릅니다. 아주 다양한 성향이 존재하기 때문입니다. 어떤 사람들에게는 창조주의 개념이 분명 훨씬 더 도움이 되고 더 마음 편하게 느낄 것입니다. 그런 성향을 가진 사람들은 그 창조주를 믿는 전통을 따르는 것이 좋습니다. 요점은 사람들은 저마다의 정신적 성향, 기질, 그리고 믿음에 가장 적합한 길을 따라야 한다는 것입니다.

질문의 두 번째 부분에 대해 답하겠습니다. 창조주의 존재에 대한 직감이나 느낌은 어디에서 오는 것일까요? 사회학적인 설명이 가능할 수도 있을 것 같습니다. 문화적 배경 또한 중요한 역할을 합니다. 제가 이렇게 말하는 이유는, 많은 티베트인들에게는 죽음 뒤의 삶 혹은 윤회에 대한 직감적인 앎이 매우 자연스럽습니다. 티베트인들에게는 태어날 때부터 알게 되는 본능적인 앎입니다. 따라서 이에 대해 논쟁할 근거가 없습니다.

만일 여러분이 논쟁을 위해 한 종교 혹은 다른 철학 체계를 사용한다면 저는 그것이 잘못되었다고 생각합니다. 그냥 자신의 믿음을 가지고 사시면 됩니다. 불교는 불교도들이 관여할 일이고 기독교는 기독교인들이 관여할 일입니다. 이것은 매우 분명합니다. 한 식당에서 심지어 한 탁자에 마주 앉아도 우리는 서로 다른 음식을 먹지만 아무도 그 때문에 다투지 않습니다. 이는 각자의 권리입니다.

청중6   만일 우리의 모든 행동이 상호 의존적으로 일어나는 것이라면, 깨달음을 향해 나가는 행동을 어떻게 선택할 수 있을까요? 그 사람이 선택하는 것인가요? 아니면 피할 수 없는 다음 단계인가요?

달라이 라마 완전한 깨달음을 얻는 일이나 윤회로부터 자유로워지는 일은 시간이 지난다고 저절로 이루어지지 않습니다. 바라밀을 향해 나아가는 수행의 길을 걷겠다는 노력을 의식적으로 하고 결심을 실천에 옮기지 않는다면 어떤 개인이 문득 한순간에 깨달은 상태로 나아가는 것은 절대 불가능한 일입니다.

경전에서는 열여섯 가지 유형의 공성에 대해 말하고 있습니다. 윤회의 공함은 "무시무종無始無終의 공성"이라고 부릅니다. 만일 개개인이 아무런 결단도 내리지 않고 어떠한 의식적인 노력도 하지 않으면 깨닫지 못한 상태는 무한히 유지될 것입니다. 하지만 의식적으로 노력하고 결심을 실천한다면 이 깨닫지 못한 무지의 상태에는 끝이 있을 것입니다.

저는 미륵보살의《현관장엄론現觀莊嚴論》제2장에서 아주 많은 감화를 받습니다. 여기에는 보살 수행자의 다섯 가지 특징을 설하고 있습니다. 미륵보살은 직관적이고 저절로 일어나는 개인의 성향이 어떤 한 특징을 지닌다고 말합니다. 어떤 사람들은 자신만의 자유에 더 마음이 기울고 어떤 사람들은 완벽한 불성이라는 대승불교의 목표로 이끄는 보살사상에 더 마음이 기운다고 합니다. 그러나 궁극적인 관점에서 볼 때 모든 중생은 동등합니다. 불성이 모두에게 보편적으로 존재하기 때문입니다. 여기에서 우리는 모든 존재가 지닌 깨달음의 가능성과 그들이 그 가능성을 발현할 수 있는 능력 사이의 차이를 명확하게 구분할 수 있어야 합니다.

두 번째 가르침

• • •

76

만일 다른 사람이 (그들의 적이)

지닌 덕을 칭송해서 행복의 기쁨을 얻었다면,

마음이여, 어째서 그대 역시 그를 칭송해서

그와 같이 (스스로를) 기쁘게 만들려고 하지 않는가?

흔히 사람들은 자기가 미워하는 사람이 남에게 칭찬받는 것을 보면 싫어하고 화를 내곤 한다. 샨띠데바는 그런 반응은 우리가 취할 태도가 아니라고 말한다. 다른 사람이 내 원수를 칭송하는 것에 대해 화를 내는 것은 아주 잘못된 행동이다. 그 일을 면밀히 살펴보면, 우리가 싫어하는 원수를 다른 사람이 칭찬할 때 칭찬하는 사람 마음에는 어떤 충만함이나 만족감이 있다. 그 사람은 우리의 적에 대해 기쁨과 행복을 느끼기 때문에 칭찬하는 것이다. 따라서 우리의 적이 다른 사람을 기쁘고 행복하게 하며 만족감을 준다면 우리는 그것을 좋아하고 기뻐해야 한다. 가능하면 함께 원수를 칭찬하는 것이 좋으며 깎아내려서는 안 된다. 다른 사람이 내 적을 칭찬할 때 느끼는 기쁨에 동참하는 것이야말로 진정한 기쁨의 원천이다. 이렇게 하면 우리에 대한 다른 사람의 인식도 좋은 쪽으로 바뀐다. 자기가 싫어하는 사람이 칭송받는 상황에 대해 긍정적으로 반응할 수 있는 사람은 시기나 질투로 문제를 일으킬 확률이 적다. 시기와 질투로 문제를 일으키지 않는 사람과 함께하면 진정으로 행복하고 즐거워질 수 있기 때문이다.

77

(적 등 타인의 덕을 칭송하는 것은) 그대가 누리는 안락의

흠 없는 행복의 원천이다.

(붓다의 가르침을 배운) 덕을 지닌 분들께서 권하시는 것이며,

또한 다른 이들이 (감화되어) 모이게 하는 수승한 (방편)이다.

78

다른 이들은 (남을 칭찬하는) 방법을 통해 안락을 얻는다고 말씀하신다.

그러나 만일 그대가 (그들의) 안락을 원하지 않는다면,

급여의 제공, 보시행 등을 포기해야 하겠지만,

(그렇게 하면 그대는) 보이는 (이 삶)과 보이지 않는 (다음 삶에) 패배자가

될 것이다.

여기서 샨띠데바는 예상되는 반박을 이렇게 소개한다. "내 원수가 다른 사람에게 칭찬받으면 당연히 시기심을 느껴야 한다. 왜냐하면 그 칭찬이 내 원수를 행복하게 만들기 때문이다. 나를 괴롭힌 원수가 행복한 것이 싫기 때문에 당연히 그 칭찬이 싫은 것이다."라고 말할 수도 있다.

이에 대해 샨띠데바는 이렇게 설명한다. 만일 적이 칭찬을 받는 일이 내 시기심의 근거가 된다면, 그래서 그 칭찬에 대해 내가 성을 낼 근거가 있다고 말한다면 그것은 내 적을 칭찬하는 다른 사람이 기쁘고 행복한 존재가 되는 것을 내가 싫어한다는 얘기가 된다. 만일 그렇다면 타인을 기쁘게 만들기 위해 어째서 그토록 노력해야 하는가? 내 원수가 행복한 것을 조금도 참지 못하면서 다른 사람을 행복하게 만들기 위해 그토록 노력하는 까닭은 무엇인가?

79

(누군가) 자신의 공덕을 칭찬하는 말을 할 때,

다른 이들 역시 (자기가 그 말에 기뻐하듯) 즐거워하기를 바란다.

(그러나 누군가) 다른 이의 공덕을 칭찬하는 말을 할 때,

그대 자신은 (그들만큼) 기뻐하고 싶지 않다.

80

모든 중생이 행복하기를 바라며

보리심을 일으켰다면,

중생이 스스로 행복을 찾는데

그에 어찌 화를 낼 수 있겠는가?

다음 두 게송에서 샨띠데바는 이 문제에 대해 또 다른 모순이 있다고 말한다. 남들이 우리를 칭찬하고 좋은 말을 할 때 우리 자신이 기쁜 것처럼 우리를 칭찬하는 그 사람들도 함께 기쁘기를 바란다. 하지만 다른 상황에서 우리 태도가 달라지는 면이 있다. 누군가 다른 사람을 칭찬할 때 칭찬받는 그 사람의 행복을 용납하지 못할 때 우리 마음의 평화와 행복도 무너진다. 칭찬이 나를 향할 때와 다른 사람을 향할 때의 태도가 불일치하는 것이다.

특히 자신의 삶을 다른 이들의 기쁨과 행복을 위해 바치겠다는 보살행을 실천하는 사람들이 다른 이들의 행복과 기쁨에 시기심을 느끼는 것은 대단히 잘못된 일이다. 사실 중생이 스스로의 힘과 노력으로 이런저런 사소한 행복을 찾아 경험하면 우리는 이를 더 고맙게 여겨야 한다. 우리의 도움 없이도 그들이 기쁨과 행복을 스스로 성취했기 때문이다.

81

만일 중생들이 삼계三界의 공양을 받는

붓다가 되기를 바란다면서

아주 미약한 공경을 받는 것을 보고

그에 대해 기분 나빠해서야 되겠는가?

82

그대가 돌봐 주고

그대가 베풀어야 하는

그 친척이 삶의 수단을 찾게 되면

기뻐해 주기는커녕 화를 내어서야 되겠는가?

샨띠데바는 보살행을 수행하는 이들은 모든 중생을 최상의 존재, 즉 삼계三界의 공양을 받을 만한 분인 붓다의 위치로 올려 놓겠다는 맹세를 한 사람들이라는 점을 지적한다. 그런 보살행의 수행자가 다른 사람의 성공이나 기쁨, 행복을 보고 기분 나빠해서야 되겠는가? 예를 들어 내가 재정적, 물질적으로 책임져야 할 사람들이 있다고 하자. 그들이 스스로의 힘으로 자기 삶을 책임질 수 있게 되고 스스로 노력해서 성공한다면 우리는 여러 면에서 부담을 덜게 된다. 따라서 그런 상황이 되면 우리는 그들이 스스로 삶을 살아 갈 수 있다는 것에 기뻐하고 감사해야 한다. 마찬가지로 보리심을 수행하는 사람은 모든 중생의 행복과 평안을 기원하며 매일매일 끊임없이 기도해야 한다. 여기서 "모든 중생"이라고 할 때 이 중생에는 예외가 없으며, 내가 싫어하거나 내게 짜증을 일으키는 원수와 같은 이들까지도 포함된다는 것을 늘 명심해야 한다.

83

중생들에게 그러한 (즐거움이 일어나는) 것을 바라지 않는다면,

그들을 위한 보리심이 일어나기를 어찌 바랄 수 있겠는가?

다른 이들의 풍족함에 화를 내는 그대에게

보리심이 어디에 있겠는가?

이 게송에서 샨띠데바는 묻는다. "다른 사람이 물질적으로 성공하거나 물질적인 이득을 보는 것이 견딜 수 없다면, 그들이 성불하기를 바란다고 어떻게 말할 수 있겠는가?" 타인이 이익을 보는 것을 견딜 수 없어 하면서 타인의 성불을 바란다는 것은 위선이다. 그런 사람에게 보리심이 발현될 일은 결코 없을 것이다.

84

만일 (내 적인) 그들이 (물질적) 이익을 받든

내 후원자의 집에 머무르든 간에

그대에게 (생기는 물질적 이익이) 전혀 없다면,

(그들이 이익을) 받든 말든 무슨 상관인가?

여기서 샨띠데바는 우리의 원수가 어떤 물질적인 이득을 얻었을 때, 그에게 혜택을 준 후원자의 입장에서 보면 우리가 적을 시기할 근거도 싫어할 이유도 없다는 점을 지적한다. 설사 우리의 적이 후원자로부터 물질적인 이익을 얻지 못했더라도 우리에게 아무런 영향이 없다. 적에게 가지 못한 물질적인 이득이 우리에게 올 일도 없다. 그 이득이 적에게 갔든 적의 후원자의 집에 있든 우리가 달라지는 것은 아무것도 없다.

85

왜 (성질을 내서) 복덕과 (다른 이들의) 신뢰, 그리고
자신의 공덕을 무너뜨리려 하는가?
이익이 될 것을 붙잡지 못하는
자신에게는 어째서 화가 나지 않는지 말해 보라.

86

그대 스스로가 저지른 악행들에 대해서
(마음이여,) 괴로워하기는커녕,
공덕을 지으려 하는 다른 이들과
경쟁까지 하려고 하는가?

사람들은 물질적인 부와 성공을 진정으로 원한다. 그러면서 다른 사람의 성공과 물질적인 부에 대해 시기하는 것은 아주 잘못된 일이다. 그 시기심은 사실상 미래에 물질적 성공과 물질적

부의 획득을 가져다 줄 공덕의 뿌리를 파괴한다. 따라서 물질적인 부를 진정으로 원한다면, 다른 이들의 물질적 성공에 시기심을 불태우는 자기 자신에게 더 화를 내야 한다.

더 나아가 샨띠데바는 우리의 적이 성공하고 부를 축적하는 것을 목도할 때나 다른 사람이 우리의 적을 칭찬하는 말을 들을 때 시기심과 적의를 느끼고 화를 내는 대신 그들의 성공을 기뻐해 주고 함께 행복해 한다면 우리도 그 성공을 공유할 수 있다고 말한다. 그러나 적의 성공에 대해 시기하고 화를 낸다면 과거에 저지른 악행에 진심 어린 참회를 할 힘을 잃을 뿐만 아니라 공덕을 지으려는 다른 이들과도 공격적으로 경쟁하게 될 것이라고 말한다.

87

만일 적들이 불행하게 되었다 한들,

어째서 그대가 그것을 즐거워하는가?

그대가 (그들이 잘못되기를) 바라는 것만으로는

그 (적들이) 해를 입는 원인이 되지는 못하리라.

88

그대의 소원이 (적들을) 괴롭게 했다고 한들,

어째서 그대가 그것을 즐거워하는가?

만일 만족을 위해서라고 말한다면,

그것보다 추한 것이 또 있을까?

89

번뇌는 어부가 던진 낚싯바늘과 같이

끔찍하게 고통스러운 것이다.

(번뇌에) 잡히면 지옥의 문지기가

지옥의 솥에 나를 끓일 것이다.

87번 게송에서 샨띠데바는 만일 우리의 적이 불행하게 되었다면 설사 우리의 행동으로 그렇게 되었다 하더라도 그것을 즐거워해야 할 이유가 무엇인지 묻는다. 단순히 다른 사람이 다치기를 바라거나, 적에게 나쁜 일이 생기기를 바라는 것만으로는 적에게 해를 입히거나 상처를 입히지 못한다. 심지어 그런 악의에 찬 염원으로 모든 실패와 온갖 문제들이 우리의 적에게 일어났다 한들, 왜 그것을 기뻐해야 하는가? 만일 우리가 "뭐, 그렇게 되면 통쾌하겠지."라고 말한다면 샨띠데바는 그보다 더 추한 것은 없다고 반문한다.

샨띠데바는 화나 증오는 낚시꾼의 낚싯바늘과 같다고 말한다. 지극히 조심함으로써 증오라는 낚싯바늘에 꿰이지 않도록 명심해야 한다.

90

칭찬과 명성이라는 영광은

공덕이 되지도 않으며 삶에 (도움이) 되지도 않는다.

자기에게 힘이 되지도, 아픈 곳을 고쳐 주지도 않는다.

몸의 즐거움 역시 되지 않는다.

91

무엇이 내게 이익이 되는지를 스스로 안다면,

(칭찬 등이) 내게 이익 될 일이 무엇이겠는가?

오직 마음의 즐거움만을 원한다면,

도박이나 술에 의지해도 될 것이다.

90번과 91번 게송에서 샨띠데바는 명예라거나 혹은 남들이 우리에게 하는 평판에 대해 그것이 좋건 나쁘건 간에 지나치게 관심을 두지 말아야 한다고 말한다. 왜냐하면 사실 명예는 우리의 삶에 커다란 차이를 만들어 주지 못하기 때문이다. 따라서 명예와 같이 결국 공허한 메아리에 불과한 것을 좇지 말고 진정으로 중요하고 가치 있는 것, 정말로 의미가 있는 것을 우선적으로 추구해야 한다. 혹자는 이에 대해서 "그렇지 않다. 다른 사람이 나를 칭송하거나 내게 명예가 주어질 때 나는 큰 만족감을 느낀다."고 반박할 수도 있을 것이다. 물론 순간적인 희열이 있기는 하다. 하지만 그것이 그 사람 인생의 유일한 목적이라면, 똑같은 방식으로 온종일 술을 마시고 마약과 같은 약물을 남용하는 것도 정당화될 것이다. 그 역시 순간적인 희열을 준다는 점에서는 다르지 않기 때문이다.

92

명예를 위해 재물을 잃고 나 자신까지도

죽음으로 몰아넣는다면, 명예가 무슨 소용인가?

내가 죽고 나면,

그 (명예)들이 어느 누구에게 즐거움을 줄 수 있겠는가?

어떤 사람들은 오로지 명예를 위해 그들이 가진 많은 재산과 부를 희생하기도 한다. 또 어떤 사람들은 목숨까지 버려 가며 명예를 추구한다. 이런 경우들을 살펴보면 사실상 그들은 명예로부터 아무 득 본 것이 없다는 것을 알 수 있다. 명예는 종국에 공허한 말이나 공허한 메아리에 불과한데, 당사자가 죽고 나면 누가 그 혜택을 누릴 수 있겠는가? 명예를 추구하는 목적은 만족감을 느끼기 위해서다. 그러나 명예를 위해 삶 자체를 희생한다면 어느 누구도 명예의 혜택을 누릴 수 없을 것이다. 명예를 좇는 것과 같은 이런 유형의 망상은 아주 유치하며 어리석은 일이지만 사람들은 거기 빠져든다.

93

자신의 모래성이 무너지면
울음을 터뜨리는 어린아이와 같이,
내 마음도 그러하다,
칭찬이나 명성이 무너지기 시작할 때.

이 게송에서 샨띠데바는 한 가지 비유를 한다. 해변에서 노는 어린 아이들은 모래성을 만든다. 이 아이들은 모래성을 너무나

귀하게 여겨서 모래성이 무너지면 소리를 지르며 운다. 명예에
도취된 사람들 역시 비슷하게 행동한다.

94

순간 사라지는 소리에는 마음이 없다.

따라서 (그 소리에) 나를 칭찬하겠다는 생각이 있을 리 없다.

(그럼에도) 다른 이들이 (나를 칭찬하면서 느끼는) 기쁨이 (있다면서)

명예를 기쁨의 원인이라고 생각한다.

95

(그 칭찬이) 남에 대한 것이건 나에 대한 것이건

다른 이들의 기쁨은 내게 하나도 도움이 되지 않는다.

그 기쁨과 행복은 그들의 것이지,

그들(의 기쁨과 행복)을 나는 조금도 얻을 수 없다.

96

그들의 기쁨이 (보살행을 원하는) 나의 기쁨이라면,

(내 적을 포함한) 모든 이들의 (행복을) 똑같이 (기뻐해야) 한다.

그런데 다른 이들이 기쁨으로 인해 행복해 한다면,

나는 (당연히) 기뻐야 하지 않겠는가?

97

따라서 "내가 칭찬을 받았다."고 말하는 것에서

나의 기쁨이 일어난다면

그것 역시 옳은 것이 아니니,

(이런 태도는) 어린아이들의 놀이에 불과할 뿐이다.

　94~97번 게송에서 샨띠데바는 남들에게서 칭찬을 받았을 때 그 칭찬의 어떤 점이 우리를 행복하게 하는지를 면밀하게 검토하면, 우리를 행복하게 만드는 것은 명예 그 자체가 아니라고 설명한다. 우리를 행복하게 만드는 것은 칭찬의 말소리가 아니다. 왜냐하면 소리는 찰나에 사라지기 때문이다. 그리고 어떤 면에서는 동기가 되지도 못한다. 소리 그 자체는 우리를 기쁘게 하겠다는 의도를 가지고 있지 않으며 거기에 어떤 애정이 있는 것도 아니다. 이제 우리는 누군가가 우리를 찬탄하고 칭찬할 때, 최소한 그 순간에는 우리의 마음에 혹은 우리를 높이 사는 그 사람의 마음속에 기쁨이나 만족, 성취감이 있다고 생각할 수도 있을 것이다. 다른 사람이 우리에 대해서 좋게 말하는 것을 들으

면 기분이 좋은 이유도 아마 그 때문일지도 모른다. 만일 그렇다면 우리에 대해 좋게 말하는 그 사람의 마음속에 존재하는 행복은 그 사람의 마음속에 남아 있는 것이지, 일부분이라도 우리의 연속적인 의식의 흐름(심상속^{心相續}) 혹은 우리 마음에 있는 것은 아니다. 그런데 어떻게 그 기쁨과 행복을 같이할 수 있겠는가? 또한 나를 칭찬하거나 높이 평가하는 그 단순한 행위가 그에게 행복과 기쁨을 누릴 기회를 주는 것이라면, 어째서 우리는 그 사람이 우리의 적을 칭찬할 때는 똑같은 방식으로 느끼지 못하는 것일까? 그 사람이 우리의 적을 칭찬할 때도 그의 마음에는 기쁨이나 행복이 있다. 그렇다면 우리도 그 사람과 함께 기뻐해야 한다. 따라서 97번 게송에서 샨띠데바는 "내가 칭찬 받았다."라는 생각에서 오는 기쁨이나 행복은 그 자체로는 타당하지 않다고 결론짓는다. 그것은 오직 어린아이와 같은 행동에 지나지 않는다.

98

칭찬 등이 내 주의를 (보리심의 수행으로부터) 돌리고,

그 (칭찬 등)이 염리심^{厭離心} 또한 없애 버린다.

(칭찬 등) 공덕을 가진 이를 시기하게 하고

(칭찬 등) 원만함까지 없애 버린다.

99

그러니 나의 칭찬 등을 무너뜨리기 위해

기다리고 있는 그들은

내가 악도^{惡道}에 떨어지는 것을

막아 주기 위해 달려드는 것 아니겠는가?

여기서 샨띠데바는 남들에게 칭송을 받는 것은 아주 위험한 결과를 초래하거나 불이익이 있다고 말한다. 첫째는 유명해져서 칭찬이나 칭송을 받으면 수행에 방해를 많이 받을 것이다. 유명해지면 그만큼 바빠질 것이고 그러다 보면 수행할 시간도 부족하기 때문이다. 둘째는 깨닫지 못한 상태에 대한 불만족이 희석될 것이다. 유명해지면 모든 것이 꽤 제대로 되는 것처럼 보이기 때문이다. 그렇게 되면 우리가 윤회 속에 있는 중생을 생각할 때, "뭐 그다지 나쁘지 않네. 꽤 즐겁군!"이라고 착각하게 된다. 윤회하는 존재의 괴로움에 대해서 읽을 때에도 "이런 글은 고립된 곳에 사는 빈곤한 수행자가 썼을 거야. 세상에 대해 잘 모르고 있어."라고 착각할 위험이 있다. 따라서 윤회하는 존재들의 불완전성이라는 진면목을 못 보게 가려 버릴 위험이 있다. 셋째 는 스스로 자부심을 느끼며 자만하게 되고 매우 거만해질 수 있 다. 세상의 눈으로 보면 아주 성공한 사람처럼 보이기 때문이다. 시기심은 거지들 사이에서도 생길 수 있지만 성공할 때 더 강력 해진다. 성공할수록 시기심의 강도가 더 커지는 것이다.

다른 사람에게 칭찬받는 일은 이러한 잠재적인 위험들이 있 기 때문에 우리는 반드시 깊이 생각해 보아야 한다. 왜냐하면 이 러한 요인들 때문에 궁극적으로는 우리의 수행이 좌절될 수 있 기 때문이다.

100

나는 (윤회로부터의) 해방을 추구하니

(물질적) 이익과 명성에 얽혀서는 안 된다.

나를 이 (윤회의) 속박으로부터 자유롭게 해 주는

그들에게 내가 왜 화를 내야 하겠는가?

101

기꺼이 (중생들을 위해) 괴로움을 받기를 원하는 나에게,

붓다께서 가피를 주시듯,

(이익과 명성의 성취를) 얻지 못하게 막는 문(과 같은 그들에게)

내가 왜 화를 내야 하겠는가?

불교 문헌에서는 인간 존재의 이상적인 형태를 기술하는 대목을 찾아볼 수 있다. 여기에서는 사람의 존재를 충만하고 완전하게 만들어 주는 여덟 가지 자질을 기술한다. 이 여덟 가지는 물질적인 풍요와 세속적인 성공 등을 포함하고 있다.* 이러한 것들은 긍정적인 조건들이다. 만일 우리가 이 조건들을 발전적으로 사용할 수 있다면 매우 유용할 것이다. 이 자질들은 수행의 길을 보조할 뿐만 아니라 다른 중생들의 복지를 위해 더 효과적으로 일할 수 있도록 도와준다. 그러나 부나 사회적 위치, 학력 등의 편의를 가지고 있더라도 중요한 것은 내면의 자제력이다. 그를 통해 끊임없이 자기 자신을 점검하고 절제해서 앞에서 말한 여덟 가지 자질들이 자신을 타락시키지 못하게 하고 존재의

◆ 여덟 가지 좋은 자질들은 1) 장수, 2) 훌륭하고 보기 좋은 외견을 가지는 것, 3) 좋은 환경과 가족에게 태어나는 것, 4) 사용할 수 있는 자원이 많은 힘 있는 사람이 되는 것, 5) 뛰어난 말재주를 가지는 것, 6) 다른 이들에게 긍정적인 영향을 미칠 수 있는 매우 영향력 있는 사람이 되는 것, 7) 아주 건강한 육체를 가지는 것, 그리고 8) 강력한 정신력을 갖추는 것이다.

불완전성이라는 본질에 대한 가장 근본적인 통찰을 잃지 않도록 경계하는 것이 중요하다. 그렇게 할 때 유용한 자질들에 대한 자세가 올바르게 되어 수행에 도움이 되는 방향으로 사용할 수 있으며 다른 중생의 복지를 위해 유용하게 쓸 수 있다. 어느 극단으로도 치우치지 않도록 항상 균형을 잘 유지해야 한다. 그와 동시에 어떻게 하면 가장 효과적으로 수행을 진전시킬 수 있을지 최선을 다해 방법을 모색해야 한다.

이런 사실들을 잘 알고 있다면 우리가 물질적인 성공이나 부, 명예와 지위 등을 얻는 것을 방해하는 사람들은 우리의 적이 아니라, 깨달음의 길에서 타락하고 장애에 부딪힐 잠재적인 위험으로부터 우리를 지켜 주는 수호자로 볼 수 있을 것이다.

100번과 101번 게송에서 샨띠데바는 우리의 궁극적인 목표가 무엇인지 절대 잊지 말아야 한다고 강조한다. 우리의 최종 목표는 괴로움으로부터 자유로워지는 것, 해방이며 니르바나이다. 그러므로 우리는 물질적인 이득과 명예에 절대로 얽매이지 말아야 한다. 그런데 어째서 우리가 물질적 이익을 얻는 데 방해하는 적들에게 화를 내는가? 그들은 사실상 우리가 이 윤회라는 속박으로부터 자유로워지도록 도와주는 조력자다. 샨띠데바는 그들이 하는 일은 붓다의 가피를 입는 것과 같다고 말한다. 우리가 불행한 인생이라는 방이 있는 집으로 들어서는 것을 그들이 막아 주기 때문이다. 그들은 우리가 윤회라는 괴로움으로 끌려 들어가는 문에 자물쇠를 걸어 주는 존재들이다. 따라서 우리는 이 고마운 적들에게 화를 내어서는 안 된다.

102

이들이 내 공덕행을 막는다고 말하며,

그들에게 화를 내는 것은 이치에 맞지 않다.

인내忍耐와 같이 성취하기 힘든 것이 없다면,

나는 (인내의 수행)에 머물러야 하지 않겠는가?

102번 게송에서 샨띠데바는 만일 우리의 적이 그들의 행위를 통해 우리의 공덕을 파괴할 때 우리가 화를 내는 것이 정당하다고 하는 반론에 대답한다. 이것 역시 적에게 화를 내어도 되는 타당한 이유가 되지 못한다고 그는 말한다. 왜냐하면 공덕을 쌓고 선업을 짓는 최고의 방법은 자애와 연민의 수행이기 때문이다. 그것이야말로 진정한 불법의 수행이다. 자애와 연민을 완벽하게 수행하기 위해서는 인내와 감내 수행이 필수적이다. 인내보다 더 크고 굳건한 수행은 없기 때문이다.

따라서 우리는 반드시 적의 행동에 화를 내지 말아야 한다. 오히려 인내와 감내의 수행을 강화하는 계기로 삼아야 한다.

103
내가 내 잘못으로 (적들을)
인내하지 못한다면,
복덕의 원천에 가까이 머무는 것을
내가 (스스로) 막아 버리는 것이다.

우리에게 그런 좋은 수행 기회가 주어졌는데도 참지 못하고 적에게 성질을 부렸다면, 인내와 감내를 수행해 공덕을 쌓는 기회로 활용하지 못한 나의 잘못이다. 어떤 면에서 우리 스스로가 인내를 수행할 수 있는 기회를 저버린 것이다.

104
만일 어떤 것이 없으면 어떤 것이 일어나지 않고
어떤 것이 있어서 어떤 것이 일어난다면,
바로 그 (적들이 인내를 통한 복덕의) 원천이라면,
그 (적들이) 내 (인내의 수행을) 막는다고 할 수 있겠는가?

이 게송에서 샨띠데바는 연기緣起에 대해 간단하게 정의하고 있다. 만일 이것이 없을 때 저것이 일어날 수 없다면, 또한 이것이 있어서 저것이 존재할 수 있다면 그러한 연기가 바로 그 사건 혹은 행위의 원인이다. 인내의 경우는, 적의 행위 없이 인내와 감내의 수행이 일어날 수 없다. 따라서 인내를 수행할 수 있는 기회를 얻으려면 적의 행동이 필수적이다. 그러니 어떻게 적이 우리의 인내 수행을 방해한다고 말할 수 있을까? 사실 적은 인내 수행의 필수 조건인 셈이다.

105

이따금 오는 걸인이

보시의 수행을 가로막는다고 할 수 없다.

(자기가 그 복덕의 근원을) 뽑아내고서는

(복덕의 근원이) 스스로 막혔다고 하는 것은 이치에 맞지 않다.

다음으로 샨띠데바는 진정으로 보시받을 자격이 있는 걸인을 예로 든다. 보시바라밀을 수행하는 데 걸인이 걸림돌이 된다고 할 수 없다. 마찬가지로 어떻게 우리에게 계율을 전수하는 율사가 계를 받는 데 장애가 된다고 할 수 있겠는가?

106

세상에 걸인은 많지만

(나에게) 해를 입히는 (걸인은) 드물다.

이처럼 (내가) 상대방을 해치지 않으면,

그 어느 누구도 나를 해치지 않으리.

107

그러므로 애쓰지도 않았는데

집 안에 보물이 (저절로) 나타난 것처럼

(적들이 나의) 보리행을 도와주기에

나는 적(의 행위를) 기뻐해야 한다.

이 두 게송에서 샨띠데바는 세상에는 실제로 걸인이 많아서 보시행을 수행할 수 있다고 말한다. 그러나 인내를 수행할 기회는 상대적으로 그보다 많지 않다. 인내를 수행하려면 적이 나에게 해를 가해야 하는데, 우리가 먼저 자극하지 않으면 적은 우리에게 해를 끼치지 않기 때문이다. 상호작용이 필수적이다. 따라서 우리가 인내를 수행할 기회를 만나게 된다면 감사하게 받아들여야 한다. 집 안에 숨겨 놓고 잊어버렸던 비상금을 발견한 것처럼 기뻐하면서, 인내를 수행할 수 있는 귀한 기회를 제공한 적에게 감사해야 한다.

108

내가 (인내의 행을) 수행할 수 있기 때문에,

첫 번째 인내 (수행)의 결과는

그들에게 주는 것이 합당하다.

그들이 (인내 수행의) 원천이기 때문에.

이 게송에서 샨띠데바는 만약 우리가 인내와 감내를 성공적으로 수행했다면 이는 우리 스스로의 노력과 우리의 적이 선사한 기획의 협업이라는 점을 짚어 준다. 따라서 우리는 반드시 그 공헌을 인정하고 인내 수행의 첫 번째 결과를 우리 적의 복지를 위해 회향해야 한다.

109

"(적들에게 내) 인내의 수행을 도울 의지가 없었기에

그들을 존경해야 할 필요가 없다."고 한다면

진리의 불법은 수행의 원천으로 합당하지만,

그 역시 (그대의 수행을 도와줄 의사가 없는데) 왜 경배해야 하겠는가?

어떤 이는 "왜 내가 적을 존경해야 하는가? 왜 내가 그의 공헌을 인정해야 하는가? 그는 내게 인내를 수행할 기회를 주겠다는 의지가 전혀 없었다. 내 적은 나를 도울 의지가 전혀 없었다."고 생각할 수 있다. 만일 그렇다면 우리는 또한 붓다(佛), 붓다의 가르침(法), 그리고 붓다의 가르침을 따르는 이들(僧) 가운데 붓다의 가르침인 불법에 귀의할 필요도 없을 것이다. 왜냐하면 진정한 불법은 괴로움의 소멸인 멸성제滅聖諦와 괴로움의 소멸로 가는 수행인 도성제道聖諦를 일컫기 때문이다. 멸성제滅聖諦와 도성제道聖諦는 우리를 돕겠다는 의지가 전혀 없다. 그렇지만 우리는 이 둘을 경배와 존경의 대상으로 삼는다. 따라서 중요한 것은 그 결과이지 그쪽에 우리를 도우려는 의지가 있었는지 여부는 그다지 중요하지 않다.

110

"적들은 나를 해치려는 의지가

있기 때문에 존경할 필요가 없다."고 한다면,

의사처럼 (나를) 도우려고만 노력한다면

(그 의사를 통해) 내 인내의 수행을 어떻게 완성시키겠는가?

111
그러므로 (적의) 지독한 증오에 의지해서
인욕행을 일으키면,
그 (적)이 인욕행의 원인이 되기 때문에
수승한 불법과 같이 존경받는 것이 당연하다.

이 두 게송에서 샨띠데바는 "멸성제^{滅聖諦}와 도성제^{道聖諦}의 불법에 대해서는 당신이 옳다. 이들은 우리를 도울 의지가 전혀 없지만 우리는 경배한다. 그러나 적의 경우는 그들에게 나를 돕겠다는 의지가 전혀 없을뿐더러 사실상 우리를 해치겠다는 악의를 품고 있다. 그들은 우리를 해치고 싶어 한다. 따라서 그들은 절대적으로 존경이나 경배할 만한 가치가 없다."라는 반론을 예상하고 그에 대해 설명한다.

샨띠데바는 사실상 적이 품고 있는 이 증오심과 우리를 해치겠다는 악의가 바로 적의 행동이 진귀한 이유라고 말한다. 그렇지 않고 만일 우리에게 해를 가하는 행동 그 자체가 중요한 것이라면 의사들의 경우는 어떠한가? 의사들은 종종 우리를 해치려는 어떤 악의 없이 우리에게 상당한 고통을 일으키는 방법을 사용한다. 의사들의 치료법 가운데는 수술도 있다. 그럼에도 불구하고 우리는 이러한 의사들의 행동을 해롭다거나 우리를 해치는 것이라고 생각하지 않는다. 의사들의 의도는 우리를 도우려는 것이기 때문이다. 따라서 우리를 해치려는 악한 의도야말로 그 적의 행동이 진귀한 이유이고 우리는 인내를 수행할 수 있는 귀한 기회로 삼을 수 있다.

따라서 111번 게송에서 샨띠데바는 고귀한 불법을 경배하듯 적을 경배의 대상으로 여겨야 한다고 결론을 맺는다. 그들이 인내를 수행할 기회를 주기 때문이다.

명
상

이제 이 고요한 시간을 똥렌, 또는 "보내고 받아들임"의 명상을 하는 데 사용합시다. 우선 한쪽에 괴롭고 불행한 처지에 놓여 절대적으로 도움이 필요한 중생을 떠올려 봅니다. 즉 관쎼합니다. 다음으로 다른 한쪽에 여러분 자신을 다른 중생의 행복이나 그들이 필요로 하는 것에 굉장히 무관심한, 지극히 자기중심적인 사람으로 관쎼합니다. 그러고 나서 중립적인 관찰자로 당신의 생각을 거치지 않은, 자연스럽게 문득 일어나는 감정이 어느 쪽으로 기우는지 관찰합니다. 자연스럽게 일어나는 공감의 감정이 절대적으로 도움이 필요한 약한 중생에게 향하는지, 아니면 이기적인 자기 자신의 구현체에 향하는지 관찰합니다. 그러고 나서 여러분의 의식을 도움이 필요한 절망적인 중생에게 집중합니다. 그들을 향해 여러분의 선한 에너지를 보냅니다. 여러분의 모든

긍정적인 에너지를 그들에게 향하게 해서 여러분의 성공과 선업, 선한 힘 등을 마음으로 그들에게 보시힙니다. 그리고 나서 여러분은 그들의 괴로움과 문젯거리들, 그리고 그들의 악업들을 짊어집니다.

예를 들어 소말리아에 사는 굶주린 아이를 떠올린 다음 우리가 그 상황에 어떻게 자동적으로 반응하는지 살펴봅니다. 여기서 우리가 그 아이의 괴로움을 향해 깊은 연민의 마음을 일으킬 때 이는 "그 아이는 내 친척이야. 그 아이는 내 친구야." 등의 계산된 생각에 기반하지 않습니다. 그 사람을 알지 못하지만 그가 한 인간이고 또 여러분 또한 인간이기 때문에 자연스러운 연민의 마음과 공감 능력으로 여러분은 그 아이에게 도움의 손길을 주는 것입니다. 이런 방식으로 관하며 그 아이가 지금 겪고 있는 곤란한 상황으로부터 스스로의 힘만으로는 벗어나기 힘들다고 생각합니다. 그리고 나서 마음으로 그 아이가 겪고 있는 기아와 가난, 곤경과 같은 느낌들을 모두 여러분 자신에게 가져옵니다. 다음으로 여러분의 성공, 자산, 편의 시설 등을 마음으로 그 아이에게 나눠 줍니다. 이렇게 "보내고 받아들임"의 관계를 맺으며 여러분의 마음을 수련시킵니다. 여러분이 타인의 고통을 떠안는 상황을 떠올릴 때는 독극물이나 살상 무기처럼 보기만 해도 두려움에 벌벌 떨 만한 문제나 괴로움, 곤란한 것들을 떠올리는 것이 효과적입니다. 눈 뜨고 보기 어려울 정도로 힘든 처지에 있는 동물을 떠올릴 수도 있습니다. 그런 다음 그들을 직접 당신의 가슴으로 받아들입니다. 이 관상 명상을 잘 할 수 있게 되면 여러분은 약간 불편한 마음이 들지도 모릅니다. 평상시에 가지고 있던 자기중심적인 태도에 정곡이 찔렸기 때문에 그런 것입니다. 그런데 자아상自我像과 관련하여 문제가 있는 분들, 예를 들어 스스로를 미워하거나 자기 자신에게 화가 나 있는 분들, 자존감이 낮은 분들은 이 특별한 수행을 할 수 있을지 스스로의 상태를 먼저 잘 판단해 보시기 바랍니다. 어쩌면 하지 않는 것이 좋을 수도 있습니다.

청중1   샨띠데바는 보리심을 수행하거나 보살도를 닦는 것을 순수한 앎의 하나라고 했습니다. 우리는 수행의 어느 지점에서 스스로의 직관과 경험에 의지해도 될까요?

달라이 라마 불교에서는 세 단계, 혹은 세 종류의 지혜가 있다고 말합니다. 첫 번째는 경청하여 배우는 단계로 여러분이 어떤 것을 읽거나 듣는 기초 단계입니다. 첫 번째 단계를 거치며 우리는 어느 정도 이해력을 기를 수 있습니다. 두 번째는, 듣거나 읽어서 배운 것을 바탕으로 이후 한 논점이나 주제에 대해 끊임없이 사색해서 이해를 보다 명확하게 하는 단계입니다. 그러면 그때 어느 특별한 느낌이나 경험을 하기 시작합니다. 세 번째는 "명상을 통해 얻는 지혜"라고 부릅니다. 한 주제를 지성을 통해 명확하게 이해했을 뿐만 아니라 명상으로 지혜를 체득했다는 뜻입니다. 이렇게 해서 여러분의 지식과 경험을 일치시키는 것입니다.

첫 단계에서 여러분은 앎과 그 대상 사이에서 모종의 다름, 혹은 틈을 볼 수 있을 것입니다. 그러나 명상을 통해 얻는 지혜의 단계에서는 앎과 그 대상 간의 차이가 존재하지 않습니다. 이것이 경험적인 앎입니다. 이 세 단계를 거치지 않아도 될 정도로 뛰어난 사람들이 예외적으로 있을 수 있습니다. 하지만 우리처럼 앎과 앎의 대상 사이의 일치가 저절로 일어나지 않는 많은 불교 수행자들은 열심히 닦고 공을 들여서 이 세 단계를 반드시 거쳐야 합니다. 이 세 가지 이해의 단계들은 주제를 훨씬 더 경험적이고 감성적으로 친숙하고 자연스럽게 만듭니다.

이는 우리의 전도된, 즉 번뇌망상의 상태와 똑같습니다. 일반적으로 번뇌는 자연스럽게 일어나지만 예컨대 그 번뇌가 한 사람에 대해 화나 증오의 감정이 일어나는 것처럼 특별한 대상으로 향할 때 그 감정에 주의를 기울이지 않고 내버려 두면 감정이 더 심각해지지는 않습니다. 하지만 우리에게 가해지는 부당한 일이나 불공평한 처사에 대해 계속해서 곱씹어 생각하면 이는 증오의 불길에 땔감을 계속 공급하게 되어 증오나 화를 더욱 강력하고 격렬하게 만들 것입니다. 마찬가지로 여러분이 어떤 사람에게 집착할 때 그 사람이 얼마나 아름다운지와 같이 여러분이 보고 싶은 좋은 특징들만 그 사람에게 덧씌워 친숙하게 만들고 그 사람에 대해 끊임없이 상상한다면 그 집착에 먹이를 주는 셈이 됩니다. 이는 착각을 통해 만들어 낸 대상에 지속적으로 친숙함을 유지하고 집착적으로 생각하는 것이 번뇌를 얼마나 더 증폭시키는지를 보여 줍니다.

앞서 말했듯이 초기 단계에서는 학습이나 경청으로 지성이나 이해를 얻습니다. 여기에는 독서도 포함됩니다. 그리고 나서 그 주제에 대해 끊임없이 사색하고 분석적으로 생각하면 그 주제에 대한 더 깊은 이해가 떠오르는 지점에 도달할 것입니다. 티베트어로는 냠옥뚜취빠 nyams'og tu chud pa라고 하는데, 주제를 제대로 파악한 것처럼 느낀다는 뜻입니다. 해당 주제에 대한 친숙함 또는 친밀감이 생기고 그 주제가 더 이상 여러분과 별개의 것으로 느껴지지 않습니다. 그리고 나서 다시 이 친밀화의 과정이 점점 더 진행되면 일종의 경험적인 지식을 닦을 수 있는 단계까지 도달하게 됩니다. 전문적인 용어로는 "정진에 의지한 경험"이라고 합니다.◆ 이러한 경험은 스스로 의식적으로 노력해야 하고 전력을 다해야만 가능한 것입니다. 만일 이 주제를 더 끌고 나간다면 여러분은 그 주제에 대한 경험이 마치 제2의 천성인 것처럼 자연스럽게 일어나는 지점까지 차츰차츰 나아갈 수 있을 것입니다. 이

◆ 보살 수행의 열 단계(보살십지^{菩薩十地}) 가운데 원행지^{遠行地}를 설명하는 것으로 보인다.

266

단계까지 오면 여러분은 그 주제에 대해 생각하고 의식적으로 노력하는 과정을 거치지 않아도 되게 됩니다. 예를 들어 자비의 경우 이전 단계에서는 생각하고 명상하는 등 모든 단계를 밟아야 했지만 이 단계에 오르면 괴로워하는 중생을 보기만 해도 저절로 일어나는, 자생自生의 순수한 자비로운 마음이 일어나게 됩니다. 이 단계는 "노력하지 않아도 일어나는 자생적인 경험"이라고 합니다.◆

따라서 수행은 각 단계를 거치며 진보합니다. 저절로 일어나는 경험과 지적인 앎이 마치 서로 전혀 관련이 없고 따로 떨어져 있는 것처럼, 완전히 서로 다른 방향으로 나아가는 것이라고 생각해서는 안 됩니다. 사실상 이 보살의 수행을 통해 계발하는 모든 앎이나 경험은 그 단계를 성취하면 매우 안정적이고 지속적이게 됩니다. 가끔 아주 생생하고 강력한 것처럼 보이는 순간적인 경험을 할 수도 있을 것입니다. 하지만 그것은 지혜에 바탕을 둔 것이 아니기 때문에 매우 불안정합니다. 며칠이 지나면 그 찰나의 경험이 사라지고 다시 예전처럼 그 경험의 영향이 조금도 없는 그저 평범한 자신으로 돌아갈 것입니다. 따라서 이러한 경험은 의지할 만한 것이 못됩니다.

◆ 보살 수행의 열 단계(보살십지菩薩十地) 가운데 부동지不動地로, 더 이상 수행을 닦지 않아도 저절로 아는 무공용지無功用智를 설명하는 것으로 보인다.

저는 다른 수준의 경험도 있을 수 있다고 생각합니다. 그러나 보리심에 대한 제 경험을 바탕으로 말씀드리자면, 이러한 단어들이 그저 단어로만 떠오르는 경우가 있었습니다. 물론 보리심이라는 단어의 뜻을 언어적인 차원에서 알고 있지만, 직관적인 느낌이 같이 오지 않았다는 것입니다. 공성에 대해서도 매우 비슷합니다. 물론 공성의 의미에 대해 저도 설명은 할 수 있습니다만, 그 공성과 관련된 직관적인 느낌이 수반되지 않는 경우가 있다는 것입니다. 그러면 저는 해마다 그 경험에 대해 생각하고, 십 년이고 이십 년이고 계속해서 생각합니다. 그러다 보면 마침내 그 단어들이 단어 이상의 것으로 체득됩니다.

청중2 어린아이들의 엄마이고 가정을 책임지는 저는 일상생활에 여유가 거의 없습니다. 제 주변 환경은 아주 세속적이고 불법의 수행에 적합하지 않습니다. 그렇다고 해서 불법의 수행에 적대적인 환경도 아닙니다. 제가 살고 있는 환경에서 수행을 하기가 벅차다고 생각하지만, 좋은 변화를 만들어 마음을 닦고 보리심과 지혜의 수행을 위해 노력하고 싶습니다. 처음 수행을 시작하는 제가 이러한 환경에서 수행하려면 무엇을 우선순위에 두어야 할지 조언해 주시면 좋겠습니다.

달라이 라마 심지어 저 역시도, 할 수만 있다면 시간이 부족하다고 끊임없이 불평할 것입니다. 저는 매우 바쁩니다. 그렇지만 노력해서 이른 아침에 수행할 시간을 찾습니다. 주말에 조금 시간이 있을 수도 있겠습니다. 재미를 찾는 시간을 조금 줄여야 할 수도 있습니다. 노력하면 아침에 30분이나 저녁에 30분 정도 찾을 수도 있습니다. 수행할 시간을 낼 수 있게 어떻게든 방법을 모색할 수 있을 것이라고 생각합니다. 그렇지만 무엇보다도 제일 중요한 것은 기본적으로 불교 수행이 무엇인지 파악하고 올바른 이해를 기르는 것입니다.

만일 우리가 불법 수행의 진정한 의미를 진중하게 이해한다면 우리의 정신적이고 감성적인 상태인 마음과 관련지어 불법을 이해할 수 있습니다. 불법을 이해하는 것을 낭송이나 암송과 같이 오직 몸과 말의 활동으로만 좁게 이해해서는 안 됩니다. 만일 불법 수행이 오직 이러한 수행뿐이라고 생각한다면 수행을 위해 시간을 특별히 정해 놓아야 할 것입니다. 만뜨라, 즉 진언을 낭송하면서 요리를 한다든지 일상에서 해야 할 여러 가지 일들을 처리하러 돌아다닐 수 없기 때문입니다. 그렇게 하다가는 주변 사람들을 짜증나게 할 것입니다. 그러나 불법 수행의 진정한 의미를 이해하면 그것은 심리적이고 감정적인 안녕과 관계된 것임을 알 수 있습니다. 따라서 하루 스물네 시간을 모두 수행을 위해 사용할 수 있습니다.

예를 들어 자신이 다른 사람을 모욕할 수도 있는 상황에 있다는 것을 알아차리게 되면 얼른 경계하면서 그런 행동을 하지 않도록 절제합니다. 마찬가지로 만일 성실을 무너뜨릴 만한 상황을 접하면 얼른 마음을 붙들어 "아니야. 이렇게 하는 것은 절대 올바른 방법이 아니지."라고 말합니다. 이것이 사실상 불법을 수행하는 방법입니다. 이러한 관점에서 바라보면 수행할 시간은 언제나 있습니다.

찰나생찰나멸刹那生刹那滅, 끊임없이 변화하는 현상의 본질에 대해 명상하면 이 사실을 상기시켜 줄 사례가 주변에 얼마든지 있습니다. 그러나 가장 우선적으로 해야 하는 일은 앞서 말했듯이 불법을 포괄적으로 공부하는 것입니다. 제대로 알지 못하면 수행하기 어렵기 때문입니다.

청중3 다른 사람을 증오하고 다른 사람에게 화를 내며 말하는 연인에게 뭐라고 말을 해 줘야 할까요? 한편으로 내가 사랑하는 그 사람이 겪은 감정에 연민의 마음으로 다가가고 싶지만, 또 한편으로는 그 사람에게 증오의 감정을 가져도 된다고 말하고 싶지 않습니다. 어떻게 말하면 좋을까요?

달라이 라마 옛날이야기를 하나 해 드리겠습니다. 감뽀와라는 까담빠 스승이 계셨습니다. 이분은 맡은 소임이 굉장히 많았는데, 어느 날 까담빠의 스승 돔뙨빠에게 명상을 하거나 불법 수행을 할 시간이 거의 없다고 불평했습니다.♦ 그러자 돔뙨빠는 그의 말에 동의하며 "그렇죠. 맞습니다. 저 역시도 시간이 별로 없습니다."라고 말하고 나서 둘 사이에 순간적으로 친밀감이 형성되자, "그렇지만 아시다시피 제가 하는 것은 불법을 위한 일입니다. 그래서 아주 만족하고 있습니다."라고 말했습니다. 마찬가지로 사랑하는 이들이 다른 사람에 대해 화나 증오를 가지고 말한다면, 일단 동의해 주고 공감해 주시는 게 좋습니다. 그다음에 그 사람의 신뢰를 얻으면, "그렇지만…"이라고 말할 수 있을 것입니다.

청중4 　오늘은 이스라엘과 팔레스타인이 평화 협정을 맺은 역사적인 날입니다. 이에 대해 한 말씀 해 주시겠습니까? 그리고 어려운 출발점에 선 중동 지역의 평화가 지속되도록 축복해 주실 수 있으신지요?

달라이 라마 　오늘 아침 토론에서 이 평화 협정에 대한 제 생각을 말했던 것처럼, 이스라엘 수상 라빈과 팔레스타인 의장 야세르 아라파트에게 보낸 공개서한을 읽어 보시면 좋을 것 같습니다.♦♦

—

♦ 돔뙨빠는 아띠샤의 제가 재자로 까담빠를 창시했다.

♦♦ 1993년 9월 13일, 이스라엘 수상 라빈과 PLO(팔레스타인해방기구) 의장 아라파트가 이스라엘-팔레스타인평화협정(오슬로 협정)을 체결했다. 이스라엘 의장 라빈이 보낸 서한은 평화 협정을 축하하고 계속해서 서로 대화를 나눌 것을 부탁하는 내용으로 되어 있다.

청중5   방편에 대해 좀 더 상세하게 설명해 주실 수 있겠습니까?

달라이 라마 어려운 문제인데, 방편에는 아주 많은 수위가 있습니다. 지혜의 측면을 이해하는 것은 상대적으로 쉽지만 방편을 이해하는 일은 훨씬 더 어렵습니다. 방편이 너무나 다양하고 복잡하기 때문입니다.

일반적으로 말해서 방편, 혹은 수행의 과정에서 방법적인 측면이라는 것은 진리의 세속적인 측면과 관련 있는 수행법들이라고 정의할 수 있습니다. 불교에는 속제俗諦와 진제眞諦, 즉 현상과 공성이라는 두 가지 진리가 있습니다. 주로 현상의 궁극적인 본질인 공성과 연관된 수행 기술이나 명상법, 그리고 수행은 지혜의 측면과 관련이 있습니다. 주로 현상의 차원을 다루고 있는, 즉 진리의 세속적인 측면과 관련이 있는 것들은 주로 방편, 혹은 방법의 측면입니다.

또한 자애와 연민과 같이 여러 가지 방편이나 방법의 측면은 지적인 측면이 아닙니다. 이들이 우리 마음의 감정이나 정서적인 측면과 훨씬 더 많이 결부되어 있다는 점에서 그렇습니다. 지혜의 측면은 보다 지적인 요소들이 많은데, 우리의 이해와 더 많이 관련되어 있기 때문입니다. 그러나 무엇이 방편인지 콕 집어서 자세하게 말하기는 어렵습니다.

청중6   보살계 중 하나는 사죄하는 사람을 용서하라고 권합니다. 사과하지 않는 이를 용서하는 것은 어떻습니까? 잘못한 사람에게 사과를 권하는 것은 바람직할까요? 용서와 인내는 어떤 관련이 있는지요?

달라이 라마 다른 사람이 사과할 때 받아들이라고 보살이 말한 것은 만일 그 사과를 받아들이지 않으면 사과한 사람의 마음을 상하게 하기 때문입니다. 그 사람은 "아, 아직도 나를 용서하지 않는구나."라고 생각할 것입니다. 사과한 사람의 마음이 아프지 않도록 보호하는 차원에서 그렇게 하라고 했을 것입니다. 만일 여러분에게 잘못한 그 사람이 사과를 하지 않는다면 굳이 권할 필요 없습니다. 그렇게 하면 그 사람에게 사과를 구걸하는 셈이 됩니다. 그렇게 사과를 구걸하는 것이 잘못을 저지른 사람을 더 불행하게 만드는 것이 될 것입니다.

청중7   환생을 좀처럼 믿기 힘듭니다. 환생을 믿게 만드는 가장 좋은 방법은 무엇일까요?

달라이 라마 아주 수긍이 가는 말씀입니다. 티베트 사람들은 윤회나 환생에 대해 아주 깊은 믿음을 가지고 있습니다. 그러나 우리가 믿는 내용을 면밀하고 정직하게 살펴보면 가끔 문제점들을 발견하기도 합니다. 우리 주변에 있는 물질적인 사물의 견고함에 대한 믿음과는 다릅니다. 이러한 사물들은 존재한다는 아주 구체적인 증거들이 있습니다. 그러나 환생과 같은 주제는 구체적인 믿음을 가지기 힘듭니다.

그러나 환생에 대해 극도로 회의적인 분들이나 윤회 자체를 의식적으로 부정하는 사람들 사이에서도, 부정하거나 극단적으로 회의적인 근거가 무엇인지 물으면 종국에는 "단지 윤회를 믿고 싶지 않을 뿐이다."라는 답변이 나옵니다.

일반적으로 교학 체계에는 크게 두 진영이 있습니다. 한편으로는 환생이나 윤회를 믿는 진영이 있고, 환생에 동의하지 않거나 거부하는 진영이 있습니다. 그런데 실제로 조사해 보면 두 번째 진영에서 환생의 존재를 부정하는 어떤 증거를 찾은 것은 아닙니다. 그보다는 존재나 믿음을 확인할 수 있는 어떤 증거도 찾지 못한 것입니다. 중요한 점은 어떤 것에 대한 증거를 찾지 못한 것과 그것을 부정하는 증거를 찾는 것 사이의 차이를 잘 아는 것입니다. 이 둘은 사뭇 다른 것들입니다.

어떤 것을 증명하거나 부정할 때 증거나 증명을 어떻게 사용하는지에 대한 이해가 필요합니다. 또한 논리적 추론의 특별한 유형에 대해서도 알 필요가 있습니다. 예를 들어 특정한 유형의 논증법에 따르자면, 만일 어떤 현상이 존재할 수 있다면 특정한 분석 방법을 통해 발견할 수 있어야만 합니다. 만일 그 현상이 그 유형에 속한다면 분석을 받게 합니다. 만일 그 존재를 찾지 못한다면 그 현상이 존재하지 않는 증거로 사용할 수 있습니다. 만일 그것이 존재할 수 있으려면 이러한 방법을 통해 찾을 수 있어야 하기 때문입니다. 이러한 유형의 논증법 범위에 들어맞지 않는 현상이 있을 수도 있습니다.

이제 환생의 문제로 다시 돌아가 봅시다. 환생은 의식의 연속적인 흐름 또는 심상속心相續을 기반으로 해서 이해해야 합니다. 육체적 존재의 연속성에 의지해서는, 죽은 다음 의식에 어떤 일이 일어나는지는 물론 환생도 설명할 수 없습니다. 여러분이 살아 있는 동안에도 의식의 본질이 정확하게 무엇이며 몸과의 관계는 어떠한지, 그리고 물질이 아닌 "의식"이라고 부르는 것이 별도로 존재하는지 여부를 확인하는 일은 매우 어렵습니다. 아니면 의식은 단순히 허상일까요? 이러한 것들은 굉장히 알기 힘듭니다. 이것은 현대 과학으로도 명확하고 정확한 답을 얻기 힘든 영역입니다.

그러나 다른 한편으로는 오늘날에도 전생을 기억할 수 있는 아주 범상한 분들이나 명상으로 이와 관련한 신비한 경험을 하는 사람들을 종종 발견하곤 합니다.

4장

넷
째
날

첫 번째 가르침

...

나가르주나는 석가모니 붓다를 일러 공성의 심오한 철학을 가르치신 분, 모든 현상과 사건에 본래부터 존재하는 자성이 없다는 것을 가르치신 분, 본래부터 존재하는 자성은 없지만 결과를 일으키는 능력을 가지고 있다는 것을 가르치신 분으로 칭송하며 그에게 귀의한다. 우리는 실재의 상호 의존성을 이해함으로써 이 가르침을 깨달을 수 있다. 나가르주나는 현상의 상호 의존성, 즉 연기법을 가르치심으로써 자성이 공하다는 교리를 펴신 석가모니 붓다에게 경의를 표한다.

중관학파의 문헌에서는 현상에 실체나 자성이 없다는 것을 증명하기 위한 다양한 논증법을 기술한다. 이 논증법은 실체가 있는 것처럼 보이는 현상이 어떻게 단지 이름이나 개념에 불과하다는 것인지 분석하며, 그런 분석을 통해 현상은 근본적인 실체를 가지고 있지 않다는 결론에 다다른다. 이러한 논법을 "현상의 동일성과 차이성에 대한 검토(일다논증一多論證)"라고 부른다.
또 다른 논증법은 원인의 측면에서 현상을 검토하는 것이다. 즉
현상이 결과를 일으킬 수 있는지에 대해 검토하는 것이다.

그러나 이 모든 유형의 논증법들 가운데에서 가장 효과적인
것은 나가르주나가 사용한 연기법의 논증이다. 연기법에 따르
면 모든 현상과 사건은 원인과 조건이 상호 의존해서 일어난다.
현상이나 사건에 본래적인 실체나 자성은 없지만 현상이나 사
건이 일어나는 것 자체를 부정하지 않는다. 그저 현상이나 사건
에 대한 정체성을 이 현상과 다른 현상의 관계 속에서 이해하려
고 하는 것이다. 현상의 존재나 정체성은 다른 현상과의 관계 속
에서 일어난다고 할 수 있다.

실재의 상호 의존성을 중심으로 하는 이 논법이 독특한 이유
는 우리의 이해가 "중도中道"에 이르도록 도움을 주기 때문이다.
중도는 두 극단적인 입장으로부터 자유로운데, 한편으로는 현
상의 본유적인 자성이나 실체를 부정하지만 이와 동시에 현상
이 일어나는 것, 현상의 정체성 자체를 부정하지는 않으므로 극
단적인 허무주의에도 빠지지 않는다. 현상은 서로 의존해서 존
재하며, 현상들 사이의 관계 속에서 새로운 현상이 일어나고, 현
상은 서로 영향을 주고받는다는 상호 영향성의 관계 속에서 존

재한다고 이해하는 것이다.

《입중론》에서 짠드라끼르띠는 현상의 존재 방식과 정체성을 연기법을 바탕으로 이해하면, 즉 하나의 개별 현상이 다른 현상들과의 관계 속에서만 존재할 수 있다는 것을 이해하게 되면 불교의 가장 핵심 개념인 인과법을 제대로 이해할 수 있다고 말한다. 이러한 이해를 통해 우리는 어떤 현상이 아무 원인도 없이 자기 힘으로 발생한다는 잘못된 생각을 물리칠 수 있다. 현상은 다른 요소들과의 상호 작용 속에서, 즉 원인들과 조건들의 상호 작용을 통해 일어나기 때문이다. 그리고 이러한 현상의 상호 의존성을 통찰함으로써 우리는 절대적이고 독립적인 존재인 창조자에 의해 현상이 창조되었다는 생각도 물리칠 수 있다. 왜냐하면 인과법에 따르면 현상은 원인과 조건이 서로 의존해서 일어난다는 것을 파악할 수 있기 때문이다. 마찬가지로 우리는 하나의 현상이 그 자신과 동일한 원인으로부터 또는 그 자신으로부터 완전히 독립적인 원인에 따라 일어날 수 있다는 생각도 논파할 수 있다. 이렇게 한다면 우리는 모든 극단으로부터 자유로워지고 인과법이라는 불교의 가장 핵심적인 기초 개념의 참뜻을 올바로 알 수 있게 될 것이다.

그러나 현상과 사건이 여러 원인과 조건에 의해 일어난다는

것이 무엇을 뜻하는지 이해하려고 할 때 염두에 두어야 할 문제
섬늘이 많다.

　우리를 구성하는 오온五蘊을 예로 들어 보자. 오온五蘊 가운데
가장 미세한 적집積集(온蘊)의 인과적 연속성, 즉 의식과 "나" 혹
은 "자아"라는 개념을 들여다보면 개인의 정체성은 이 의식이라
는 미세한 적집積集의 연속성에 기반한다는 것을 이해할 수 있다.
즉, 우리가 통상적으로 생각하는 "나"라는 개념은 한 인간으로
서 또는 어느 특정한 인종 등으로 규정할 수 있는 것이 아니다.
따라서 단순한 "나" 혹은 자기 정체성은 의식이라는 미세한 온
蘊의 연속성으로 그 시작이 없다. 이런 관점에서 보자면 스스로
를 인간이라고 규정지을 때 연관 짓는 "나" 혹은 "자아"라는 생
각은 어떤 특정한 일생에 국한된 것이라고 말할 수 없다. 그 "자
아"가 인간이라고도 말할 수 없고 동물이라고도 말할 수 없다.
그렇지만 이것이 존재라고는 말할 수 있다.

　의식의 연속성이라는 관점에서 보면 이 자아라는 관념에 기
반한 자아는 미세한 의식의 적집積集인 온蘊인데, 이전 찰나를 원
인으로 해서 다음 찰나가 일어나는 것이다. 왜냐하면 자아라는
관념은 인과의 연속적인 과정이기 때문이다. 그러나 이 자아라
는 관념을 업의 소산이라고는 말할 수 없다. 인과의 연속적인 과

정이라는 관점에서 보자면 업은 그 과정을 지속시키는 데 어떠한 역할도 하지 않기 때문이다. 업은 단순히 이 연속적인 과정이 짊어지고 있는 자연스러운 요소일 뿐이다.

인식하기 어렵지 않은 약간 거친 차원에서, 즉 인간 존재의 차원에서 자아라는 개념을 본다면 우리는 인간의 몸과 인간으로서의 정체성을 가지고 있으며 이것이 우리로 하여금 "나는 사람이다."라고 말할 수 있게 해 준다. 이런 자아의 개념과 정체성이 기반하고 있는 적집積集, 즉 오온五蘊은 업의 소산이라고 말할 수 있다. 왜냐하면 우리가 "인간의 몸"과 "인간 존재"라고 말할 때는 과거로부터 쌓아 온 선업이나 덕스러운 행위의 결과에 대해 말하는 것이기 때문이다. 따라서 이 거친 수준에서는 업이 역할을 한다.

인간의 몸에 대해서 이야기해 보자. 일반적으로 우리는 인간의 몸이 과거로부터 쌓아 온 선업의 결과라고 말하지만 만일 이 몸의 물질적 근원으로 거슬러 올라간다면 인과율에 의거해서 부모의 재생력의 체액◆ 이전의 순간까지, 그 전전 순간까지 거슬러 올라갈 수 있을 것이고 그러면 특정 우주 시스템 안에서

◆ 아버지의 흰색 정수액과 어머니의 붉은색 정수액을 일컫는다.

완전히 빈 공간이 되는 지점까지 거슬러 올라갈 수 있을 것이다. 불교 우주론에 따르면 어떤 특정한 우주 시스템 이전에 모든 기초 물질은 '허공 원소'라는 본유적인 것이라고 한다. 따라서 물질의 연속성에 관한 한, 인과율이 기초 물질들을 연속적으로 존재하도록 추진하는 것이 자연적인 법칙이며 자연스러운 사실이다. 여기서도 업은 아무런 역할을 하지 않는다.

그렇다면 문제는 존재의 업이 어느 단계에서 등장을 해 역할을 하는가 하는 점이다. 완전히 빈 공간인 초기 허공 단계에서 허공 원소들은 허공 원소의 물질적 연속성을 지속하다가 점차 여러 복잡한 원소 구조들을 형성할 것이며, 과학 이론에 따르면 더 복잡한 분자 구조로 이어질 것이다. 점점 더 복잡해지다가 어느 지점에 이르러 물질 원소들의 조합이 이 세계에 살고 있는 개개인의 차이를 이룰 정도로 복잡하게 구성될 것이다. 바꿔 말하면 이 물질이 개인의 고통과 쾌감이라는 경험과 직접적으로 관련을 맺기 시작할 것이다. 내가 이해한 바로는 바로 이 단계에서 업이 역할을 하기 시작한다. 이 부분은 아주 복잡하기 때문에 여러분이 더 깊이 생각해 보기 바란다.

이런 복잡성 때문에 불교 문헌에서는 이 자연계에 존재한다고 믿는 네 가지 주요 원리와 다양한 논증 방법을 다룬다. 첫 세 가지 원칙은 자연적인 원칙, 의존의 원칙, 그리고 기능의 원칙이다. 이 세 가지 원칙에 의거하여 우리는 논리나 논증을 적용할 수 있는데 이것이 논리적 증명의 원칙이다. 우리가 사용할 수 있는 특정한 기반이 없다면 우리는 논리나 논증을 습득할 수 없다.

우리가 화학 법칙을 잘 이해할 수 있는 이유는 "의존의 원칙"과 "기능의 원칙"이라고 하는 원칙들이 있기 때문이다. 어떤 기초 물질이 상호 의존하여 작용할 때 이 물질들은 특정 속성들을 일으킨다. 그리고 그 특정한 속성을 가진 물질들이 상호 작용을 통해 집합적으로 기능할 수 있다. 이를 통해 화학 법칙들을 이해할 수 있는 것이다.

그렇다면 "어째서 이 자연계에는 마치 주어진 것처럼 물질의 영역과 정신의 영역, 혹은 영적인 영역이나 의식의 영역이 있는 것일까?"라는 질문을 할 수 있다. 여기에 대해서는 어떠한 합리적인 답이 없다. 그저 그렇게 존재하는 것이다.

이러한 철학적인 사색을 통해 우리는 모든 현상과 사건들은 본래적인 실체, 본래적인 정체성인 자성, 참나가 없는 상태로 존재한다는 결론에 다다를 수 있다. 모든 현상과 사건들은 존재와 정체성을 오직 다른 요소들과 원인들, 조건들과의 관계 속에서만 이끌어 낼 수 있다. 그러므로 현상과 사건들을 본래적인 실체

라든가 본래적인 자아를 가진다고 이해하는 것은 무지나 무명無
明의 소산이라고 할 수 있다. 사실상 현상의 본질을 오해하고 있
는 것이다. 따라서 어떤 현상을 두고 자성이 공하다고 보는 통찰
의 지혜를 일으킬 수 있다면 착각에서 비롯한 환영을 꿰뚫어 볼
수 있게 될 것이다. 이 통찰의 지혜는 이와 같은 무명無明에서 비
롯한 잘못된 인식과 정반대이기 때문에 통찰의 지혜를 일으킴
으로써 전도된 마음의 상태를 제거할 수 있을 것이다. 이것을 기
반으로 해서 무명無明뿐만이 아니라, 근본적인 무명無明의 상태에
서 비롯한 번뇌까지도 철저하게 제거할 수 있다.

이 논의를 더 끌고 나가면서 미륵보살은《구경일승보성
론》에서 불성이 모든 중생의 마음에 깃들어 있다는 것을 세 가
지 근거를 들어 증명한다. 우리는 이를 두 가지 다른 방식으로
이해할 수 있다. 첫째, 우리는 모든 중생에게 공덕의 씨앗이라는
가능성이 있으며 이 공덕의 씨앗을 궁극의 깨달음, 궁극의 자비
심을 성취한 자비로운 붓다의 행동이라고 이해할 수 있다. 따라
서 모든 중생은 본디부터 완전한 존재이며 그들은 찬란한 빛, 즉
광휘光輝를 지닌다. 우리는 불성을 그와 같은 방식으로 이해할 수
있다. 둘째, 실재의 궁극적인 본질(진제眞諦)의 관점에서 볼 때, 윤
회와 열반은 완전히 동일하다는 것이다. 셋째, 우리는 모두 본유

적인 자성과 독립적인 실체가 없는 마음을 가지고 있으며, 따라서 우리의 마음을 뒤덮어 왜곡시키는 부정적인 것들과 번뇌 또한 본래적인 것이 아니기 때문에 없앨 수 있다. 이러한 세 가지 근거를 들어 미륵보살은 모든 중생은 불성을 가진다고 결론짓는다.

그러나 모두의 마음에 본래부터 있는 이 불성이라는 씨앗을 발아시키기 위해 우리는 반드시 자비를 길러야 한다. 대상에 대한 차별이 없는 공평무사한 자비심을 수행함으로써 우리는 불성이라는 씨앗을 활성화시킬 수 있으며 이는 개개인을 더욱더 대승의 수행으로 향하도록 해 줄 것이다. 이런 이유로 인내와 감내의 수행은 매우 중요하다. 다시 주제로 돌아가도록 하자.

112

그러므로 대성大聖께서는◆
중생의 밭과 승리자의 밭이 같다고 가르치셨다.
이와 같이 중생을 기쁘게 한 많은 이들은
건너편 언덕으로 나아간다.◆◆

우리의 적, 우리를 다치게 하고 해를 끼치는 사람들 같은 중생들 때문에 우리는 인내와 감내를 수행할 수 있는 귀중한 기회들을 가질 수 있으며 공덕의 커다란 창고를 채울 수 있다. 따라서 붓다께서는 붓다의 밭과 중생의 밭이 공덕을 쌓는 밭(복전福田)이라고 하셨다. 여기서 "밭"은 그 중생들이 우리가 공덕을 쌓을 수 있는 기초 혹은 원천의 역할을 한다는 점에서 그렇게 부른다.

113

중생과 승리자 (붓다)로부터

붓다의 자질들을 성취한다는 (면에서는) 같다.

(그러니,) 승리자 (붓다를) 존경하듯

중생들도 그렇게 존경해야 하지 않겠는가?

112번 게송에서 샨띠데바는 이러한 사실을 제대로 이해하고 중생을 기쁘게 하는 사람들은 수행의 완성을 이루어 건너편 언

◆ thup pa, mahāmuni. (산스크리트-한문-티베트어의 용례 교차대조하여 부가하였다.)
◆◆ 바라밀波羅蜜을 의역하면 도피안到彼岸으로, 건너편 언덕으로 넘어간다는 뜻이다. 보살의 수행인 여섯 바라밀이 아니라 수행을 완성했다는 의미여서 도피안到彼岸으로 번역했다.

덕으로 나아간다고 말한다. 이 경우 구경의 깨달음을 이룬 붓다와 우리에게 해를 끼친 중생을 포함한 모든 중생이 우리를 완성으로 이르게 하는 요소들 혹은 조건들이라는 면에서 동등하다고 샨띠데바는 말하고 있다.

그렇다면 어째서 우리는 중생과 붓다를 갈라놓고 궁극의 깨달음을 얻은 붓다는 공경하면서 중생에게는 그렇게 대하지 않는 것일까? 어째서 우리는 중생을 공경하고 존경하며 그들의 공헌을 인정하지 않는 것일까?

우리가 이 점을 주의 깊게 살펴본다면 붓다와의 교류보다 중생들과의 교류에서 공덕을 쌓을 기회가 실제로 훨씬 더 많다는 것을 알 수 있다. 붓다와 관련해서 우리는 믿음과 확신을 일으키고 공양을 올리는 등을 통해 공덕을 쌓을 수 있다. 그러나 공덕의 곳간을 채우도록 이끄는 많은 수행은 오직 다른 중생과의 관계 속에서만 일어날 수 있다. 이는 미래에 좋은 생을 받는 것에 관해서도 사실이다. 미래의 좋은 생을 받기 위해서는 수행을 해야 하며 몸과 말과 뜻을 절제하는, 즉 살생^{殺生}이나 부적절한 성관계(사음^{邪淫}), 도둑질(투도^{偸盜}), 거짓말(망어^{妄語}) 등 부정적이고 악한 행동을 하지 않고 윤리적인 규율을 지키며 살아야 한다.[*] 이러한 행들은 모두 다른 생명들에 의지하고 있다. 우리는 진공 속에서 이것들을 수행할 수 없다.

더불어 우리가 인간의 몸과 같은 좋은 유형의 생을 얻을 때 보기 좋은 용모, 풍부한 재물과 같이 인간의 몸과 관련한 많은 자질들 또한 공덕의 결과들이다. 예를 들어 보기 좋은 용모는 인내와 감내의 결과이며 풍부한 재물은 보시행의 결과이다. 이러한 수행들조차 오직 다른 중생들이 있어야 가능하며 아무도 없는 빈 공간 안에서 닦을 수 있는 것이 아니다. 이는 좋은 내생이라는 한정된 목적에 해당한다. 윤회로부터 완전한 자유를 성취하기 위해서는 더 많은 수행이 필요하다. 예를 들어 궁극의 깨달음을 얻으려면 자애와 연민, 그리고 수행도의 대단히 많은 측면들을 닦아야 한다. 이 모든 것은 중생과의 교류가 없다면 애초에 아무것도 가능하지 않다. 그러므로 우리가 붓다와 중생 가운데 어느 쪽이 우리 공덕의 곳간을 채우는 데 더 도움이 되는지를 비교한다면 사실상 중생이 붓다들보다 우리의 수행에 더 많은 공헌을 한다고 볼 수 있다.

자, 이제 공성에 대한 통찰을 일으키는 것을 예로 들어 보자.

◆ 불교 신자의 가장 기초적인 계율인 오계五戒를 지키지 않는 것을 말한다. 나머지 하나는 중독적인 물질을 섭취하지 않는 것(불음주不飮酒)이다.

이 공성의 지혜는 아주 강력하며 수행자들이 간절히 깨닫기를 원한다. 그러나 이 통찰의 지혜가 방편의 측면, 즉 보리심과 서로 보완하지 않는다면 공성의 깨달음이 아무리 강력하다 하더라도 절대 지혜에 걸림돌이 되는 것을 제거하는 해독제로 직접 작용할 수 있는 단계까지 나아갈 수 없다.

앞서 언급한 바 있지만, 우리가 세속적으로 이해하는 즐겁고 행복한 삶이라는 것도 건강과 같은 특정한 요소가 필요하다. 건강을 누리는 일 또한 다른 중생들이 지대한 역할을 한다. 건강을 얻기 위해서는 반드시 공덕을 쌓아야 하기 때문이다. 우리 삶의 기쁨이 되는 근원들을 살펴보면 모든 것이 오직 다른 사람들로부터만 온다는 것을 알 수 있다. 주의 깊게 생각해 본다면 이 모든 편의 시설들이 많은 타인들의 노력으로 존재한다는 것을 이해할 수 있다. 직접적이든 간접적이든 간에 이 편의 시설이 존재하는 데 많은 사람들이 관여하고 있는 것이다.

마찬가지로 우리가 행복한 삶을 즐기려면 좋은 동행이나 친구들과의 모임 등 다른 사람과의 교류가 필요하다. 그런 관계에서도 욕설이나 다툼 등 수고스러운 일들이 많이 일어나겠지만 그런 어려움에도 불구하고 우리가 행복하려면 다른 사람과 충분히 교류하는 삶을 살아야 한다. 따라서 건강이나 물질적인 부,

우정 같은 세 가지 요소 역시 다른 사람의 노력과 협조가 필요
하며 이들이 서로 밀접한 관계를 맺고 있음을 알 수 있다.

이런 점을 잘 생각해 볼 때, 붓다께서 비록 완전한 깨달음을
얻으신 분이고 신성하며 고귀하고 위 없는 깨달음을 얻으신 분
이긴 하지만, 우리 삶의 안녕과 사랑, 공헌이라는 관점에서 생각
해 본다면 우리의 일상적인 삶뿐만 아니라 수행의 길에서도, 우
리가 불성을 성취하는 과정에 있어서도 중생이 더 큰 역할을 하
는 것 같다. 따라서 우리는 붓다들보다도 중생에게 더 감사해야
한다.

다른 관점에서 보자면 완전한 깨달음을 이룬 많은 붓다는 그
들의 깨달음을 이미 완벽하게 이루셨다. 조금 과격하게 말해 붓
다께서는 중생을 보살피시는 일 이외에는 어떤 일도 하지 않으
시니 더 존경하거나 더 새롭게 발견할 점도 없다. 붓다들은 중생
의 복지를 위해 일하신다. 그러나 중생들은 유약하고 과오도 많
이 저지르며 늘 전도된 마음을 가지고 있는 등 비록 흠은 있지
만 그러한 한계에도 불구하고 우리 삶의 안녕에 중생들이 이바
지하는 바를 깎아내릴 수는 없다. 따라서 우리는 중생에게 더욱
감사하는 마음을 가져야 한다.

그렇다면 이런 질문을 할 수 있다. "누가 더 우리에게 친절한

가? 붓다인가, 아니면 중생인가?" 신중하게 생각해 보면 앞에서 내린 결론이 결코 과장이 아니라고 샨띠데바는 말한다.

그렇다면 붓다와 중생이 동등하다는 말은 무슨 뜻인가? 샨띠데바는 공덕을 쌓고 깨달음을 얻으려는 노력을 하지 않으면 안 될 정도로 절실한 쪽은 누구인가 하는 관점에서만 동등성을 말한다. 오직 이러한 점에서만 붓다와 중생은 동등한 것이다.

114

그들의 의지의 속성은 서로 다르지만,

결과는 비슷하다.

중생들 또한 (붓다의) 속성을 가지고 있으므로,

(그러한 면에서) 그들은 (붓다와) 동등하다.

115

사랑하는 마음을 가지고 존경하여 (오는) 모든 (공덕은)

중생의 위대함 때문이며,

붓다에 대한 믿음에서 오는 모든 복덕은

또한 붓다의 위대함 때문이네.

116

그러므로 붓다의 속성을 성취한다는 면에서

(중생과 붓다는) 동등하다고 주장한다.

그러나 (중생들은) 가없는 공덕의 바다인

붓다들과는 (공덕의 면에서는) 동등하지 않다.

117

(붓다의 열 가지 힘 등) 수승한 공덕의 모임,

그 공덕의 일부분만이라도 몇몇 이에게

나타난다면, 그들에게 공양을 올리기 위해

삼계三界를 다 바쳐도 충분하지 않을 것이다.

118

수승한 붓다의 뛰어난 속성을

일으키는 역량이 모든 중생에게 있으니,

그 부분만을 따라서라도

중생에게 공양을 올리는 것이 합당하리.

114~118번까지 여섯 게송에서 샨띠데바는 만일 우리가 보

리심과 선한 마음을 예경의 대상으로 삼는다면 중생들 역시 예경의 대상으로 여겨야 한다고 말한다. 보리심과 선한 마음의 위대함은 중생의 위대함으로부터 오기 때문이다. 붓다에게 귀의함으로써 쌓을 수 있는 공덕은 붓다의 위대함에서 비롯된다. 따라서 붓다와 중생은 동등하다고 주장할 수 있다. 사실 우리가 삼계를 가득 채울 보배를 모두 붓다에게 공양 올린다 하더라도, 우리가 공덕을 쌓는 데 중생들이 이바지한 공헌에 대해 다 보답할 수 없다. 그렇기 때문에 중생과 붓다가 우리에게 베푸는 사랑이라는 관점에서 볼 때 우리는 마땅히 중생을 공경하고 존경해야 한다고 샨띠데바는 말한다.

119
더 나아가, 솔직한 친구가 되어 주고
무량한 이익을 주는 이 중생들을
기쁘게 해 주는 것 말고
무엇으로 보답해 줄 수 있을까?

120
그러니, (자신들의) 몸을 던져 아비지옥에 들어가는

(그들에게) 이익을 돌려줘야 하므로,

이들이 (나에게) 크나큰 해를 입힌다 하더라도

(그들에게) 오로지 모든 선만을 행할 것이다.

121

나의 스승들께서는 (중생들을 위해)

자신의 몸조차도 사리지 않으시는데,

어째서 몽매한 나는 나만 아끼며

(그들을 섬기는) 시종의 행을 하지 않는가?

122

모든 (중생)의 행복이 대성大聖들을 기쁘게 하며

어느 누구든 해를 당하면 (그분들은) 슬퍼하신다.

그들을 행복하게 하는 것이 모든 성취자들의 기쁨이며,

그들을 해치는 것은 성취자를 해치는 것이다.

이 네 게송에서 샨띠데바는 진실로 붓다의 자애에 보답하고 예경하고자 한다면, 중생들을 기쁘게 하는 것보다 더 나은 방법은 없다고 말한다. 실제로 중생이 이익을 얻고 삶의 안녕을 취하면 완전히 깨달으신 분들의 마음을 즐겁게 한다. 우리가 중생들을 섬긴다면 그만큼 붓다는 기뻐하실 것이고 우리가 중생을 다치게 한다면 붓다는 낙담하실 것이다. 따라서 우리가 붓다를 진심으로 기쁘게 해 드리는 최선의 방법은 다른 중생을 공경하고 그들의 자애를 인정하는 것이다. 샨띠데바는 다음 게송에서 이를 요약한다.

123

온몸에 불이 붙으면,

바라던 모든 것들(을 이뤄도) 기쁘지 않은 것처럼,

중생이 상처 입으면,

자비로운 분들을 기쁘게 해 드릴 방법이 전혀 없다.

다음 세 게송은 아래와 같다.

124

따라서 모든 자비로운 분들을 슬프게 만든

중생들에게 제가 지어 온 해악들,

이 악행들을 낱낱이 참회하나니, 제가 일으킨

이 모든 슬픔을, 대성大聖이시여, 참아 주소서.

125

오늘부터 (나는) 여래들을 즐겁게 해 드리기 위해서
세상을 섬길 것이며, 많은 중생들이 (나를) 발로 차고,
머리를 내려치고, 설사 죽이려 한다 하더라도,
되갚지 않음으로써 세상의 수호자들을 기쁘게 하리라.

126

이 중생들은 모두 자비를 갖추고 있으니,
나에게 하는 이 행들에 (추호도) 의심을 하지 않으며
중생들의 성품을 보시는 이분들,
(세상의) 수호자들에게 어찌 귀의하지 않을 수 있겠는가?

그 다음으로 이렇게 결론을 짓는다.

127

(중생을 행복하게 하는) 이것이 여래如來를 기쁘게 하는 것이며,
온전히 자신의 목적을 성취하게 해 주는 것도 이것이다.

세상의 괴로움을 없애는 것 역시 이것이다.

그러므로 나는 언제나 (중생의 행복을 위해) 일하리라!

이러한 수행과 사색은 창조주나 창조론을 믿는 분들도 할 수 있는 것이다. 붓다나 완전히 깨달으신 분을 하나님으로 바꾸면 된다. 우리가 하나님이 바라는 대로 삶을 이루어 나가기를 진심으로 원한다면, 이렇게 사는 것이 하나님을 기쁘게 하고 사랑이라는 하나님의 원칙을 받드는 것이기 때문이다. 그것을 진정으로 실천하는지의 여부는 우리가 다른 중생들을, 최소한 우리와 같은 인간들에게 대하는 방식으로 드러날 것이다. 그러므로 우리의 이상인 하나님의 사랑은 반드시 인류를 대하는 우리의 행동으로 전해져야 한다.

기독교적인 관점에서 보면 하나님과 우리의 관계는 한 생이라는 구조 속에서 일어난다. 이전 생에 대한 개념이 전혀 없으며 개개의 삶은 하나님이 창조한 것이라고 믿는다. 그 결과 하나님과 우리 사이의 간극이 훨씬 좁고 친밀하다. 우리가 이 수행법들을 기독교적인 수행에 적용해도 효과가 있을 것이다. 어쩌면 이 수행이 우리의 행동과 삶의 방향에 큰 영향을 미칠 수도 있을 것이다.

이제 남은 게송들을 읽겠다.

128

예를 들어, 왕의 신하들이
많은 이들을 해친다 하더라도
멀리 보는 눈을 가진 이들은
(보복)할 수 있어도 보복하지 않으리.

129

(왕의 신하들이) 홀로 있는 것이 아니라,
왕의 권력이 뒷받침을 해 주는 것이다.
마찬가지로, (내게) 해를 입히는
아무리 작은 미물이라도 절대 아래로 보지 않으리.

130

(그 미물들을) 지옥의 수문장과
모든 자비하신 분들이 (뒷받침해 주는 것처럼)
(나는) 흉포한 왕을 (무서워하는) 서민들처럼 (행동하며,)
중생들에게 기쁨을 주어야 하리라.

131

(흉포한) 왕이 화를 낸다 하더라도,

중생들을 기쁘지 않게 함으로써

만든 (내가) 겪을 모든 (과보인)

지옥의 고통만 하겠는가?

132

(흉포한) 왕을 기쁘게 한다 하더라도,

중생들을 기쁘게 함으로써

내가 받을 불성(이라는 과보를)

그는 (절대) 줄 수 없다.

133

미래의 성불은 차치하고, 이 생의 큰 영광, 명성,

그리고 행복이 모두 중생들을

기쁘게 해서 일어나는 것이라는 것을

어찌 보지 못하는가?

그리고 마지막 게송은 다음과 같다.

134

윤회의 바퀴에 있는 동안, 인내는

아름다움, 건강, 명성 등을 주니,

(인내는 내가) 장수하면서,

전륜성왕의 기쁨을 성취하게 해 주네.

이 게송으로《입보리행론》제6장 인욕품 편을 맺는다.

명
상

―

이제 무상無想의 명상을 해 보겠습니다. 이 명상은 마음이 멍한 상태, 혹은 생각이 "텅 빈" 상태가 아닙니다. 우선 무상無想의 상태를 유지하는 데 필요한 결단의 마음을 일으켜야 합니다. 일반적으로 우리 마음은 주로 외부 대상을 향해 있습니다. 우리의 주의와 초점은 감각의 경험을 따르며 감각적이고 개념적인 수준에 머물러 있습니다. 따라서 여러분의 마음을 안으로 끌어들이고 감각의 대상을 따르지 않도록 단단히 챙깁니다. 이와 동시에 지나치게 안으로 들어가 일종의 마음이 멍한 상태(혼침昏沈)에 빠지지 않도록 하면서 아주 성성惺惺하고 주의 깊은 상태를 유지해야 합니다. 그리고 나서 의식 본연의 상태를 바라보려고 노력합니다. 이 마음의 상태는 과거의 생각들이나 이미 일어난 일들, 기억 등에 휘둘리지 않습니다. 또한 앞으로의 계획이나 기대, 두려움,

희망 등 미래에 대한 생각에도 휘감기지 않습니다. 그저 마음 본연의 상태에 머무르는 것입니다.

이는 아주 힘차게 흐르는 강은 그 바닥을 볼 수 없는 것과 약간 비슷합니다. 만일 흘러들고 나가는 물의 흐름을 즉시 막을 방법이 있다면 물을 고요하게 만들 수 있을 것이고 이렇게 되면 강바닥을 명료하게 볼 수 있을 것입니다.

마찬가지로 마음이 감각의 대상을 좇는 것을 멈출 수 있다면, 여러분의 마음을 완전히 "생각이 텅 빈 상태"에 빠지지 않게 할 수 있다면 이 연속적으로 일어나는 생각의 격류 아래에 있는 일종의 고요함, 기저에 있는 마음의 명료함이 보이기 시작할 것입니다. 처음에는 무척 힘들더라도 이렇게 하려고 노력하십시오. 특히 시작할 때에는 초점을 맞춰야 할 특정한 대상이 없기 때문에 졸음에 빠질 위험이 있습니다.

시작 단계에서 마음이 본연의 상태를 경험하기 시작할 때 이것은 일종의 텅 빔, 부재, 혹은 공함의 형태일 것입니다. 이는 그동안 우리가 너무나 습관적으로 외부 대상을 통해 우리의 마음을 이해하려고 했기 때문입니다. 우리는 세상을 개념, 언어, 이미지 등으로 보는 경향이 있습니다. 따라서 여러분의 마음을 외부 대상으로부터 내면으로 끌어들일 때, 마치 마음을 인식하지 못하는 것처럼 느끼게 됩니다. 거기에는 일종의 부재, 혹은 텅 빔이 있습니다. 그러나 조금씩 조금씩 나아가면서 이 상태에 익숙해지게 되면 여러분은 내재하는 명료함, 일종의 빛남을 보게 될 것입니다. 이렇게 마음 본연의 상태를 명확하게 이해하고 깨닫기 시작하는 것입니다.

그러나 이 상태를 공성의 깨달음, 혹은 공성에 대한 명상과 착각해서는 안 됩니다. 더불어 이것이 아주 심오한 명상의 경험이라고 착각해서도 절대 안 됩니다. 이는 비불교도들과 불교도들 사이에 비슷하게 공통적으로 있는 명상의 단계로, 특히 명상의 고도 집중 상태로 전문용어로는 "무색정無色定", 허공과 같은 가없이 무한한 의식이라고 부릅니다. 여기에는 아주 다양한 층위의 의식이 있는데, 이 안에 일종의 삼매와 평정이 있습니다. 그리고 이 안에서 고요함과 평정의 상태가 더욱 더 강력해집니다. 그러나 다시 한 번 강조하지만 이는 그다지 심오한 명상의 상태는 아닙니다. 이와 더불어 많은 심오한 명상의 경험은 이러한 마음의 고요함을 기반으로 해서 일어납니다.

간단한 호흡 명상에서부터 시작합니다. 왼쪽과 오른쪽 콧구멍에 초점을 맞추고 세 번의 들숨과 날숨의 호흡을 합니다. 그리고 나서는 호흡에만 주의를 집중합니다. 들숨, 날숨, 그리고 들숨, 날숨을 세 번에 걸쳐 알아차립니다. 무상의 명상을 시작합니다.

달라이 라마와
청중의 대화

청중1   존자님과 다른 스승들은 저희에게 다른 이들의 세속적인 성
공과 행복, 그리고 재산과 같은 이득 얻는 일을 함께 기뻐하라고《입
보리행론》제6장 인욕품과 1대 빤첸라마 로상 최끼 겔첸(paṇ chen blo
bzang chos kyi rgyal mtshan, 1570~1662)의《환희로의 길》에서 가르치십니
다. 그러나 어떤 사람이 거짓말, 도둑질, 속임수, 해침 등 악하고 바람
직하지 못한 방법으로 어떤 것을 취득했다면, 어떠한 방법으로 그들의
성공을 우리가 기뻐하고 그 기쁨을 표현해야 하겠습니까?

달라이 라마   맞습니다. 거짓말, 도둑질, 속임수 등 잘못된 방법으로 얻은
피상적인 성공을 대하는 우리의 자세가 순수한 성취와 행복에 대한 것
과 같아서는 안 됩니다. 그러나 여기서 여러분이 반드시 기억해야 할

것은 그 사람에게 기쁨과 행복을 일으키게 한 가장 직접적인 환경 요소들이 비록 잘못된 수단으로 얻은 것이라 해도 그것은 그저 직접적인 조건들에 불과합니다. 그 행복의 실질적인 원인은 그 개인이 과거에 쌓은 복덕입니다. 따라서 우리는 직접적인 환경, 즉 직접 조건들과 장기간에 걸쳐 이루어진 실질적인 원인들 사이의 차이를 잘 보아야만 합니다.

업 이론의 특징 가운데 하나는 원인과 결과 사이에 절대적이고 공평한 관계가 있다는 것입니다. 악한 행동이나 나쁜 행위들이 기쁨과 행복을 일으킬 방법은 결코 없습니다. 기쁨과 행복은 선한 행동들의 결과입니다. 이런 관점에서 보자면 우리가 그들의 직접적인 행동을 칭찬할 필요는 없지만, 그 기쁨의 참된 원인은 칭찬해야 합니다.

청중2 부당한 일을 당한 경우, 그저 그것을 받아들이고 인내 수행의 재료로 삼아야 할까요? 아니면 그것을 조장한 사회 구조를 바꾸려고 노력해야 할까요? 중도는 어디일까요?

달라이 라마 그렇습니다. 여러분은 반드시 그 상황을 바꾸려고 노력해야 합니다. 이 점에 대해서 저는 매우 확고합니다.

샨띠데바의 가르침은 수백 년 전에 지어진 것임에도 오늘날 사회에 변화를 일으키는 힘의 원천으로 받아들여야 합니다. 샨띠데바는 결코 순종적이고 수동적인 채로 남아 있으라고, 아무것도 하지 말라고 가르치지 않았습니다. 오히려 우리는 인내와 감내를 계발해서 그 상황을 바꾸는 힘으로 사용해야 합니다.

청중3　어떤 사람이 제게 잘못을 저질렀습니다. 그 후에도 저는 그것을 계속 떠올리며 화를 내고 또 냅니다. 이것을 어떻게 막을 수 있을까요?

달라이 라마　제가 늘 말하듯, 화를 내게 만든 사람에 대해 생각할 때 그를 다른 관점에서 바라본다면 분명히 다른 장점들을 많이 가지고 있을 것입니다. 여러분 입장에서 살펴봐도, 만일 처음에 화로 대응했던 그 상황이 일어나지 않았다면 오지도 않았을 어떤 기회를 얻은 것인지도 모릅니다. 한 사건을 다양한 각도에서 살펴볼 필요가 있습니다. 하지만 그러한 노력에도 불구하고 이 사람의 행동에서 방금 말씀 드린 장점들을 전혀 찾을 수 없다면, 최선의 방법은 그 사람을 잊어버리도록 노력하는 일이 아닐까 합니다.

청중4　공성의 깨달음, 연기법, 인내의 상관관계에 대해 조금 더 설명을 해 주실 수 있으시겠습니까? 공성과 연기법에 대한 깨달음이 없는 인내의 수행은 늘 피상적인 상태에 머무를까요?

달라이 라마 우리가 쓰는 "피상적"이라는 단어는 다시 말씀드리지만 다른 각도에서도 볼 수 있습니다. 조금 더 깊은 수행 단계의 시각에서 보자면, 지혜와 공성에 대한 이해에서 동떨어진 채로 인내를 수행하는 것은 피상적인 수행이 될 뿐입니다. 왜냐하면 화와 증오를 완전히 제거할 수 없기 때문입니다. 그렇다고 해서 우리가 공성을 깨닫기를 기다렸다가 깨닫고 나서 인내를 수행해야 한다는 것은 아닙니다. 그렇게 이해해서는 안 됩니다.

심지어 대승불교 문헌들에는, 위대한 깨달음을 이루었지만 공성의 깨달음은 없는 보살들의 이야기를 찾아볼 수 있습니다. 문제는 그런 보살을 찾기가 아주 어렵다는 것입니다. 많은 티베트 수행자들 가운데에서도 몇몇은 아주 심오한 보리심의 경험을 한 분들이 계시다고 저는 생각합니다. 한편으로 제 친구들 중에서도 진정한 삼매의 상태를 성취한 분이 있다고 생각합니다. 그분의 말씀에 따르면 넉 달 만에 삼매를 성취했다고 하니 정말 놀라운 일입니다. 그렇지만 그분은 또한 보리심을 계발하는 것이 정말 힘들다는 것을 알았다고 제게 말했습니다. 그분은 금강승에는 아무런 관심도 없었습니다. 왜냐하면 보리심의 수행

없이 금강승 수행을 한다는 것은 아무 의미도 없기 때문입니다. 그분과 내화를 하면서 저는 세 수행에 내해 삼산 이야기를 나누었습니다. 저희가 아주 가까운 도반이기 때문에 그분이 제게 자신의 수행 경험을 말해 준 것입니다. 아니면 그분들은 절대 수행의 결과를 말하지 않았을 것입니다. 그와 같은 경험이 없는 저 같은 사람들이나 가끔씩 잘난 체하듯 이야기할 뿐입니다.

청중5　제자가 티베트인 스승을 모시고 일 년에 한두 번만 뵈어도 괜찮을까요?

달라이 라마　가능합니다. 그렇지만 제가 말씀드렸듯이 중요한 점은 스승으로서 최소한의 자격을 갖추었는가 하는 문제입니다. 가장 핵심이 되는 질문을 가려서 물어보고 어리석은 질문을 삼가는 것 또한 중요합니다.

청중6　만약 한 개인이 비이성적으로 행동하거나 다른 삶을 해치게 된 것이 특정한 조건이나 망상, 또는 영향들 때문이라면 그를 벌주고 감옥에 가두는 것이 어느 경우에 정당화 될 수 있습니까?

310

달라이 라마 여기서, 저는 예방 차원에서의 처벌과 단순히 행해진 행동에 대한 응보로서의 처벌을 구분해야 한다고 생각합니다. 미래에 비슷한 짓을 또 저지르는 것을 막는 수단이 된다면 처벌을 정당화할 수 있다고 생각합니다. 이 질문은 제게 사형 제도에 대해 생각하게 합니다. 저는 사형 제도가 아직 존재한다는 것이 너무나도, 아주 깊이 슬픈 일이라고 생각합니다. 몇몇 나라는 사실상 사형 제도를 금지하고 사형을 중지시켰습니다. 이는 아주 좋은 일이라고 생각합니다.

청중7 대도시에서는 한 번 마주쳤거나 한 번도 마주치지 않은, 모르는 사람들이 대부분입니다. 이들에 대해서는 어떠한 감정도 없습니다. 이렇게 잠깐 부딪히는 사람들에게 자비심을 일으킬 수 있는 방법이 있을까요?

달라이 라마 다른 사람에게 연민과 자애의 마음을 일으킬 때 그 사람을 꼭 알아야 하는 것이 전제 조건은 아닙니다. 아는 이에게만 연민과 자애를 일으킬 수 있다고 생각하면 완전한 깨달음을 성취하지 않는 이상 대상에 대한 차별이 없는 공평무사한 자비심을 일으키는 일은 절대로 불가능할 것입니다.

이는 모든 현상은 역동적으로 끊임없이 변한다는 본질을 깨닫는 일과 동일합니다. 만일 세상의 모든 현상과 사건을 개별적으로 관찰해야만 깨달음을 얻을 수 있다고 한다면, 모든 현상의 무상함을 깨닫는 일은 불가능할 것입니다. 하지만 모든 현상과 사건들은 원인과 조건에 의지하여 존재하며 끊임없이 변하는 속성을 지닌다는 보편적인 접근 방식을 사용하면 모든 현상이 무상하다는 본질을 깨달을 수 있습니다. 마찬가지로 번뇌에 오염된 행동들의 소산인 모든 경험들은 궁극적으로는 불완전한 것이라고 생각할 수 있습니다. 하지만 무상함이라는 본질을 깨닫기 위해서 반드시 모든 경험을 일일이 점검한 다음에 "이것은 불만족스러운 것이다. 저것은 불만족스러운 것이다. 이것도 불만족스러운 것이다."라고 생각해야 하는 것은 아닙니다. 여러분은 보다 보편적인 방식으로, 이 모든 현상의 무상함에 대한 깨달음을 성취할 수 있습니다.

공평무사한 자비심을 일으킬 때에도, 고통과 기쁨을 느낄 수 있는 능력을 가지고 그들의 삶을 소중하게 여기는 모든 중생은 행복을 바라고 괴로움을 극복하고자 하는 본유적이고 본능적인 바람을 가지고 있다고 있다는 보편적인 접근 방법으로 자비심을 일으킬 수 있습니다. 따라서 저는 모든 중생이 자신들의 소원을 성취하기를 바라고 그들의 바람을 도울 수 있기를 바랍니다. 이런 방법으로 대상에 대한 차별이 없는 너른 자비심을 일으킬 수 있습니다.

청중8   만일 우리가 람림, 즉《보리도차제론》과 족첸, 즉《대구경^{大究}

境》을 배우고 수행할 때, 이담요가(수호존^{守護尊} 수행) 또는 무상요가 딴뜨

라를 수행해야 할 필요나 목적이 있습니까?

달라이 라마 족첸 명상을 하려면 예비 관정과 축복이 필요한데, 이는 무

상요가 딴뜨라의 수행들과 관련이 있습니다. 따라서 무상요가 딴뜨라

수행을 하지 않으면서 족첸 수행을 제대로 하는 것은 불가능합니다.

몇몇 스승들께서 족첸에 대한 가르침을 주시고 예비 수행들을 안내하

실 때 이 수행이 특별한 딴뜨라와 결부되어 있다는 말씀을 안 하셨을

수도 있습니다. 그러나 닝마빠의 용어인 내^內 딴뜨라인 마하^{mahā}, 아누

^{anu}, 아띠^{ati} 요가의 차이를 생각해 보면, 이 세 요가의 구분이 무상요가

딴뜨라 안에 있음을 알게 될 것입니다.

청중9   존자님께서 깨달음을 성취하는 데 있어 동떨어진 곳에서 홀

로 수행하는 것의 역할에 대해서 설명해 주시면 감사하겠습니다. 이것

과 사원의 환경과는 얼마나 비슷한지요?

달라이 라마 사실 어떤 사원들은 굉장히 바쁘고 활동적입니다. 저는 이

것이 약간 극단적이지 않나 생각합니다. 과거에 아주 위대한 명상 수

행가들이 사원에 살고 계셨습니다. 몇몇 분은 제 지인의 아는 분들이 있습니다. 그분들이 동떨어진 곳에서 집중 수행에 들어가기 위해 이용한 방법 가운데 하나는, 밖에서 문을 걸어 잠근 다음에 열쇠를 안으로 끌어들이는 것이었습니다. 그러면 밖에서 보았을 때 방 안에 아무도 없는 것처럼 보였습니다. 이런 방법으로 그분들은 은둔과 고독의 삶을 유지할 수 있었습니다. 이런 명상가들 가운데 몇 분은 사실 굉장히 높은 수준의 깨달음을 달성했습니다. 실제로 몇몇 분들은 무상요가 딴뜨라의 구경차제究竟次第라고 하는 단계를 성취했습니다.◆

티베트어로 사원을 곰빠dgon pa라고 하는데, 어원적으로는 마을로부터 떨어진 고립된 장소라는 뜻입니다. 이러한 이유로 티베트의 몇몇 사원은 사원 안에 개를 둘 수 없는 엄격한 규칙을 가지고 있습니다. 개가 짖으면 시끄럽기 때문입니다. 그 사원의 스님들은 의례를 위해 요령을 친다던가, 바라(뢸모rol mo)를 친다던가, 손에 들고 치는 작은북(다마루ḍa ma ru)이나 큰북을 치지도 못하게 규정하고 있습니다. 오직 허용되는

◆ 무상요가 딴뜨라는 생기차제生起次第(bskye rim, utpatti-krama)와 구경차제究竟次第(rdzog rim, sampanna-krama) 두 단계로 구성되어 있다. 생기차제生起次第에서 수행자는 이담 혹은 수호존守護尊을 자신의 앞에 실제로 있는 것으로 관하여 진리의 화신으로 보며, 수호존 혹은 본존本尊과 일체하게 되는 단계이다. 구경차제究竟次第는 자기 몸의 에너지, 혹은 바람을 에너지 통로와 차크라를 통제하여 몸과 마음을 바꾸고 삼매에 들어 공성을 관찰함으로써 깨닫는 단계이다.

소리는 불법을 논쟁할 때 들리는 소리뿐입니다. 이것 말고는 어떠한 소리도 허용되지 않습니다.

불행하게도 오늘날에는 북이나 바라, 요령을 울리는 제의를 행하지 않으면 그 사원이 완전하지 않은 것처럼 여깁니다. 하지만 이는 아주 잘못된 선입견이며 그렇게 생각하는 것은 적절하지 않습니다. 사원은 명상과 명상 속의 자기 수양으로 가득 차 있어야 합니다. 이러한 것들이 없다면 그저 여느 기관에 불과할 것입니다.

청중10 제가 보살계를 받을지 받지 말아야 할지 결정하려고 할 때 고려해야 할 것은 무엇입니까? 실패를 피하고 육바라밀을 수행하고 싶지만 제가 할 수 있을지 의구심이 듭니다.

달라이 라마 제가 내일 보리심을 일으키는 의식을 한 뒤에 보살계 수계식을 집전할 것입니다. 질문하신 분의 경우, 보살계는 받지 말고 보살계와는 다른 의식인 보리심을 일으키는 의식은 참가하시면 좋을 것 같습니다.

질문하신 분의 개인적인 상황은 모르지만 만일 불교 전반 특히 대승불교를 예전부터 접해 왔고 대승불교의 많은 수행에 대해 많은 생각을 해 오신 분이라면 받는 것이 나을 수도 있습니다. 그렇지 않고 만일 보살 수행과 같은 종류의 수행을 처음 접하셨다면 이번에는 보살계를 받지 않는 것이 현명할 것 같습니다.

청중11 승가가 집단적으로 그리고 개개의 구성원으로 다른 이들에게 봉사하려면 어떻게 해야 합니까?

달라이 라마 이것은 매우 어려운 질문입니다. 서구권의 비구와 비구니 스님들, 특히 비구니 스님들이 의지할 만한 어떤 지원 체계도 없는 실정입니다. 반드시 주목하고 해결 방안을 고민해 보아야 할 문제입니다. 그러나 비구와 비구니 스님들이 개인 자격으로 사회에 이바지할 수 있는 것이 있다면, 이는 매우 칭찬할 만한 일이며 대단한 일입니다. 왜냐하면 그것이 사실 수행 정진의 본 목적이기 때문입니다.

가톨릭 형제자매들의 경우, 신부님과 수녀님들은 사회봉사를 아주 많이 실천하고 있습니다. 특히 교육 분야 건강 분야에서 활발히 활동하고 계십니다. 이는 정말 훌륭한 일입니다. 하지만 불교의 비구와 비구니 스님들 사이에서는 이러한 종류의 봉사가 적습니다. 그래서 우리가 인도로 망명했을 때, 제 기억으로는 1960년인가 1961년 무렵이었는데 비구와 비구니 사찰들을 책임지고 있는 분들에게 우리 비구와 비구니 스님들이 교육과 건강 두 분야에서 봉사를 해야 한다고 촉구했습니다. 그러나 지금까지 큰 반응을 얻지는 못하고 있습니다.

서구권에서 태어나 계를 받은 비구와 비구니 스님들도 있습니다. 유럽과 오스트레일리아 및 여러 곳에 승가들이 있고, 지금 이 순간 도처에 승가들이 있겠지만 찾기는 힘듭니다. 물론 시간이 걸리는 문제입니다. 저는 많은 어려움에도 불구하고 계율과 열정을 유지하는 서구의 비구와 비구니 스님들을 진심으로 존경합니다. 지난 3월, 저희가 다람살라에서 연 회의에서 좋은 성과를 거두었습니다. 많은 비구니 스님들께서 참석하셨고 몇몇은 지금 여기에도 계십니다. 곤란함을 토로하시는 그분들의 말씀을 듣고 저는 눈물을 흘리지 않을 수 없었습니다. 그분들은 어떻게 하면 청중들을 감동시킬 수 있는지 잘 알고 있었습니다.

청중12 노년에 뒤늦게 불교를 접하고서 복잡한 경전을 수행하고 공부하는 사람에게 조언을 해 주시겠습니까?

달라이 라마 걱정하지 마십시오. 여러분에게 힘을 주고 기운을 북돋아 줄 역사적인 선례가 하나 있습니다. 붓다께서 살아 계실 당시, 뻴게라는 재가자가 있었습니다. 그는 여든 나이에 불법 수행에 매우 관심을 가지게 되었습니다. 그것을 싫어한 아들들과 손자들이 그를 모욕하자 그는 재가자의 삶을 끝내고 출가했습니다. 그리고 여든 나이에 아주 높은 단계의 깨달음을 얻었습니다.

저의 스승인 킹 린뽀체께서 규또 사원의 승원장이 되셨을 때, 딩 린뽀체 직전의 승원장께서 매우 뛰어난 학자이자 스님이셨습니다. 그분은 스물다섯 살 무렵까지 돕돕 혹은 "멍청이 스님" 가운데 한 분이셨습니다.♦ 그들은 배움이나 공부에 전혀 관심이 없고 여기저기 놀러 다니는 일만 좋아할 뿐이었습니다. 이런 스님들을 우리는 "돕돕"이라고 부릅니다. 이들은 가끔 아주 골칫덩이입니다. 사원 안에서뿐만 아니라 마을에서도 문제를 일으켰습니다. 때때로 싸움을 하고 심지어 칼까지 썼습니다. 아주 어리석고 말썽꾸러기들이었습니다.

이분 역시 스물다섯 살이 될 때까지 그렇게 살았습니다. 그러다가 어쩐지 마음을 바꾸고 공부에 몰두하더니 최고의 학자가 되었습니다. 이런 이야기는 우리에게 더욱 희망을 줍니다. 저는 꽤 많은 옛 스승들과 선생님들이 어린 시절이나 가족 문제 등으로 힘든 일을 많이 겪었다고

♦ 돕돕(ldob ldob)을 멍청이 스님이라고 하는 것은 영어 번역을 따른 것이다. 캘리포니아 산타바바라 대학의 호세 카베종은 이 스님들의 무리를 불량 스님, 혹은 싸움꾼 스님들이라고 영역한다. 돕돕은 주로 큰 몸집을 가지고 사원의 커리큘럼을 따른 교육 보다는 육체 단련에 더 집중해서 싸움을 마다하지 않았다. 그들은 모래로 눈을 문질러 눈을 빨갛게 만들어 겁을 주고, 매우 무거운 몽둥이를 들고 규율을 잡았으며, 다혈질이었으며, 사원의 힘든 일을 도맡아 하며 승가의 가장자리에 머물던 스님들이었다. 이들이 멍청이 스님은 아닌 것이 이 돕돕들 가운데 후에 뛰어난 학자들이 된 스님들이 많다. 달라이 라마께서 설명하는 이도 그 가운데 한 명이다.

생각합니다. 그러고 나서 서른, 마흔, 쉰 살 즈음 수행에 더욱 정진하여 후에 위대한 스승들이 되었습니다. 이에 관한 이야기들은 많이 있습니다. 따라서 노년에 비록 육신은 기울고 있지만, 인간의 뇌는 여전히 활동합니다.

더불어 불교는 환생을 믿습니다. 불교에 환생이 있기 때문에, 이미 늦은 때란 없습니다. 만일 죽기 일 년 전에 불법 수행을 시작한다 하더라도 노력의 결과는 허비되지 않을 것입니다. 내생이 있기 때문입니다. 노력의 결과는 이어져서 다음 생에도 계속될 것입니다.

위대한 사꺄 빤디따 꾼가 곌첸께서는 심지어 내일 죽는다 하더라도 앎은 반드시 갈고 닦아 습득해야 한다고 말씀하셨습니다. 그러면 마치 어떤 사람에게 맡겨 놓았다가 되찾아 가는 것처럼, 이전에 쌓아 놓았던 앎에 대한 권리를 다음 생애에도 주장할 수 있습니다. 그러나 환생을 믿지 않는 분들에게는 이러한 논리가 꽤 어리석게 들릴지도 모르겠습니다.

청중13　존자님, 불교에서 기도의 의미에 대해서 설명해 주십시오. 창조주가 없는데 이 기도는 누구에게 해야 하고 또 무엇을 향해야 합니까?

달라이 라마 불교에는 두 종류의 기도가 있습니다. 저는 대부분의 기도가 여러분 일상의 수행을 상기시키는 것이라고 생각합니다. 따라서 게송들은 기도문처럼 보이지만 실제로는 여러 가지 문제들, 사람들을 어떻게 대처할 것인지를 일상생활에서 상기시켜 주는 역할을 합니다. 예를 들어 제 일상의 수행에서, 시간이 있을 때 저는 약 네 시간 정도 기도를 합니다. 꽤 긴 시간이지요. 이 시간 동안 저는 자비와 용서, 공성에 대한 제 수행을 재점검합니다. 그다음에는 대부분 수호신 혹은 본존, 만다라 그리고 죽음과 환생을 포함한 딴뜨라 수행의 관상觀想을 합니다. 제 일상의 수행은 본존 만다라와 본존 요가, 죽음과 환생, 그리고 중음신의 관상을 여덟 번 합니다.◆

따라서 여덟 번 죽고 여덟 번 환생합니다. 저는 제 죽음을 준비해야 합니다. 진짜 죽음이 다가올 때 제가 죽음의 수행을 성공적으로 할 수 있을지는 저도 장담할 수 없습니다.

그리고 기도의 일정 부분은 붓다에게 간청합니다. 우리는 붓다를 창조주로 보지는 않지만, 때때로 우리는 붓다를 스스로를 정화한 높으신 분이라고 생각합니다. 따라서 그는 특별하고 무한한 힘을 지니고 계십

◆ 죽음과 환생, 중음신의 수행에 대해서는 《달라이 라마 죽음을 말하다》를 참고하면 큰 도움이 될 것이다.

니다. 이러한 유형의 기도에서 붓다는 창조주 하나님에게 간청하는 것과 비슷하게 보일 수도 있습니다.

두 번째 가르침

• • •

편집자의 말 이 마지막 가르침의 시간에 달라이 라마께서는 십이 지 연기를 가르치시기 위해 질문과 답변으로 시작하셨다.

청중1 그 대상에 대해 제대로 이해하고 자비심을 일으키려 면 대상을 직접 경험해 보는 것이 필수적인가요? 예를 들어 이 강연장 안에 있는 많은 사람들은 일반적으로 빈곤과 정치적 억 압 등의 괴로움이 없는 삶을 살아왔습니다. 그렇다면 우리가 텔 레비전과 신문을 넘어서 그러한 일들을 직접 경험하는 데까지 나아가야 하는 것을 의미하는지요? 이것이 무관심을 없애는 효 과적인 방법일까요?

달라이 라마 첫 단계에서 만일 여러분이 실제로 괴로움이 일어나 는 괴로운 상황을 직접 접하게 되면, 여러분이 자비심을 수행하는 데 보다 큰 영향을 줄 것입니다. 그러나 괴로움에 대해 사색하는 데에는 다른 방법들도 있습니다. 앞서 말했듯이 여러분이 괴로움을 겪고 있는 어떤 사람을 직접 접한다면 비록 의식적으로 혹은 그와 같은 구체적인 괴로움을 직접 경험하지 않더라도 여러분은 공감과 자비의 감정을 일으킬 수 있을 것입니다. 그렇게 하면 나쁜 일에 참여하고 있는 사람들을 향해서도, 그 일이 결국 원치 않는 결과를 가져오게 될 원인과 조건들을 축적하는 일이라는 것을 기억하면서 그들을 향한 자비심을 일으킬 수 있습니다. 시간이 얼마나 걸리냐의 차이일 뿐입니다. 어쩌면 그들은 이미 과보를 받는 상태일 수 있습니다. 실제로 괴로움을 겪고 있지는 않지만 이미 그 원치 않는 결과를 만들어 나가는 원인 단계에 있을 수도 있습니다. 따라서 이러한 경우들에 대해 자비심을 일으킬 수 있습니다.

괴로움의 경우에서도 앞서 말씀드렸듯이 다양한 종류의 괴로움이 있습니다. 예를 들어 우리가 일상생활에서 즐거운 경험으로 받아들이는 것들도 실제로는 변화의 괴로움(괴고壞苦)입니다.* 이를 뒷받침하는 것은 윤회하는 존재는 기본적으로 불완전하다는 본질입니다. 따라서 이처럼 깊은 수준의 괴로움에 대한 이해에 기반하여 자비심을 수행할 수 있습니다. 이렇게 하면 자비로운 행동을 일으키기 위해서 괴로움을 직접 경험하지 않아도 됩니다.

청중2 존자님께서 자비심은 다른 이들을 감내^{堪耐}와 사랑으로 대하고 다른 이들을 해치지 않는 것이라고 말씀하셨습니다. 만일 자비가 이처럼 직접적인 도움을 필요로 하는 사람들에게 적극적으로 다가가지 않아도 되는 것이라면, 예를 들어 병에 걸렸거나 극도의 빈곤으로 괴로워하는 이들, 혹은 진정으로 부당한 처우를 당한 희생자들의 괴로움을 덜어 주지 않아도 된다는 말씀이신지요? 불교는 종종 사회 속에 있는 괴로움을 외면한다는 비판을 받습니다. 이에 대해 말씀해 주시면 감사하겠습니다.

달라이 라마 질문하신 분의 말씀이 어느 정도는 사실이라고 생각합니다. 제가 전에 말씀드렸듯이, 비구와 비구니 스님들은 반드시 사회에서 가톨릭의 형제자매들처럼 적극적인 봉사를 해야 한다고 생각합니다. 예를 들어 제가 처음 태국을 방문했을 때,

---

◆ 괴고^{壞苦} 혹은 변화라는 고통은, 일어날 때 즐겁고 머물 때도 즐겁지만 사라질 때 괴로운 것을 말한다. 이에 비해 고고^{苦苦}는 일어날 때 괴롭고 머물 때 괴롭지만 사라질 때 즐거운 것이다.

그때가 아마 60년대 말이었을 텐데 저는 특히 이 문제에 대해 태국 종단의 종정 스님과 토론했습니다. 그분은 율장에 따르면 비구와 비구니는 반드시 사회와 떨어진 곳에 있어야 하는 것도 사실이라고 설명하셨습니다. 그 말씀도 맞고 제가 지적한 부분도 맞습니다. 그래서 저는 "그렇습니다. 율장에 따르면 그 말씀이 맞습니다. 하지만 그와 동시에 수행 본연의 목표는 다른 이들의 복지입니다. 따라서 실질적인 측면에서 우리가 더 노력한다면 분명히 가치 있는 일입니다."라고 말씀 드렸습니다.

우리는 사원 생활의 뒤에 있는 기본적인 원칙을 절대 잃어버리면 안 됩니다. 그 기본적인 원칙이란, 우리 자신의 이익에 관해서라면 최소한으로 참여하고 가능한 적게 하라는 것입니다. 반면 다른 이들을 섬기는 일에 대해서라면 반드시 최대한 참여해야 합니다.

청중3 불교도들은 "전도" 활동을 하거나 아니면 전도사를 세계에 보내나요? 정신적인 기아가 도처에 있습니다. 만일 그렇지 않다면 이유는 무엇인지요?

달라이 라마 아소카왕 시대에 몇몇 불교 전도사가 있었다고 생각합니다. 하지만 기본적으로 불교 전통에서는 누군가 가르침을 찾으러 오지 않는 한 개종시키기 위해 전도사를 보내거나 선교 활동을 특별히 권장하지는 않습니다. 물론 누군가 찾아오면 불법을 설명하는 일은 우리의 임무입니다. 과거에는 좀 달랐을지 모르지만 오늘날 세계는 훨씬 더 작아졌습니다. 그리고 종교들 간의 조화가 매우 중요한 일이 되었습니다. 따라서 저는 불교 전도사는 불가능하다고 생각합니다. 다른 종교 전통의 선교에 대해서도 여전히 의구심을 가지고 있습니다. 만일 한 편이 그들의 종교를 전파하고자 한다면 다른 편 역시 똑같은 일을 하려 할 것이고, 논리적으로 보자면 분명히 종교 갈등의 가능성이 있습니다. 따라서 저는 선교가 그다지 바람직한 것이라고 생각하지는 않습니다.

물론 오십 억 인구 가운데 신실하고 순수한 믿음을 가진 소수 사람들이 있다고 믿습니다. 하지만 자기 가족의 종교가 기독교이기 때문에 "나는 기독교인이다."라고 말하지만 일상생활에서 기독교의 신앙을 따르지 않는 삶을 사는 사람들을 종교인으로 볼수 있을지 모르겠습니다. 이런 사람들을 제외한다면 그들 종교에 참으로 신실한 사람들은 아마도 십억 명 정도 있지 않을까 생각합니다. 이 말은 곧 나머지 사십 억 명, 즉 대부분의 사람들은 무신론자라는 뜻입니다. 따라서 우리는 이 대다수 사십 억 명에게 다가가 어떠한 종교 없이도 그들을 선량한 사람, 혹은 윤리적인 사람들로 만들 방법을 찾으려고 노력해야 합니다. 이것이 요점입니다. 자비, 그리고 자비와 연관이 있는 것들에 대해서 인간의 좋은 특징들이라고 생각하지만 반드시 이것이 종교적인 문제일 필요는 없다고 생각합니다. 어떤 종교에 대한 믿음 없이도 선량하고 상식적이며, 더 나은 세상과 더 행복한 세상을 위한 책임과 헌신을 지닐 수 있습니다. 이러한 점에서 저는 올바른 교육이 매우 중요하다고 생각합니다. 그리고 대중 매체도 아주 중요합니다.

청중4   저는 두 사람에게 배신당하고 부당한 대우를 받아 왔습니다. 그 때문에 큰 금전적 손실을 입었고 제 가족을 책임지는 데 몹시 어려움을 겪고 있습니다. 제가 조금 더 깨어 있어서 그 배신을 미리 눈치챘더라면 그들과 관계를 끊고 금전적 손실을 막을 수도 있었다는 것을 알았습니다. 그래서 저는 제 자신을 비난하고 있습니다. 어떻게 하면 제가 입은 손실 때문에 스스로를 미워하는 것을 멈출 수 있을까요? 자신을 미워하는 것이 나쁜 것이라는 것은 알고 있지만 멈추기가 힘듭니다.

달라이 라마   이미 그 상황에 처해 있다면, 자기 자신을 미워하는 일을 멈추게 할 간단한 방법은 없습니다. 지난 며칠 동안 우리는 이러한 상황에 유효한 다양한 기술들과 방편들을 논의해 왔습니다. 배우고 또 훈련하고, 그 상황에 익숙해지는 과정을 통해 그 어려움을 해결할 수 있을 것입니다.

청중5 저는 여러 불교 서적에서 우리가 이번 생에서 어떤 특정한 교훈들을 배울 수 있다고 생각하는 것은 잘못된 것이라고 읽었습니다. 그런 것도 같습니다. 그리고 업의 이론과도 어긋나지 않습니다. 무엇이 올바르고 유용한 이해일까요?

달라이 라마 제가 보기에 아마도 불교의 윤회 사상과 관련해서 약간의 오해가 있다고 생각합니다. 불교에 의하면, 학습과 수행으로 얻을 수 있는 새로운 앎이 분명히 있고 많은 새로운 경험들도 얻을 수 있습니다. 예를 들어 불교의 마음과 물질의 요소들에 대한 인식론을 들여다보면, 아비달마 논서인 아상가의《대승아비달마집론大乘阿毘達磨集論(mahāyānābhidharmasamuccaya, mngon pa kun btus)》에 의하면, 51가지 마음의 요소가 있습니다. 이들은 모두 서로 다른 마음의 속성들인데, 인간인 우리는 평상시에 이들을 지니고 있습니다. 우리는 명상과 실천을 통해 수행의 과정을 진전시키며 이 51가지 항목에서 볼 수 없었던 마음의 다른 유형이나 속성을 많이 발견할 수 있습니다. 이 새롭게 발견하는 마음의 요소는 수행의 길을 따라가면서 의식적으로 그리고 새롭게 획득하는 것입니다. 예를 들어 오롯한 삼매의 경우, 불교 문헌들은 다양한 수준과 마음 단계에서 이 오롯한 삼매에 대해 대단히 많이 기술하고 있습니다. 그리고 이 모든 것은 실천과 명상을 통해 새롭게 계발되는 것들입니다.

청중6 공성에 대한 명상은 어떻게 하는 것인지요?

달라이 라마 그 부분은 질문과 답변 시간이 끝나고 강연을 할 때 다시 설명하겠습니다.

청중7 마음을 단련시키는 것으로 이 세상에 만연한 지독한 괴로움에서 오는 막대한 슬픔을 느끼지 않을 방법이 있을까요? 다시 말씀드리면, 어떻게 하면 이렇게나 많은 괴로움 속에서도 기쁨을 느낄 수 있을까요?

달라이 라마 우리의 외모와 생각하는 방법에 변화를 가져오는 것은 그리 간단한 문제가 아닙니다. 아주 다양한 요소들을 다양한 측면에서 적용해야 겨우 가능합니다. 예를 들어 불교 수행법에 따라 우리는 방편과 지혜의 합일을 강조합니다. 그렇기 때문에 오직 하나의 비결이 있고 그 비결을 제대로 알면 만사가 괜찮을 것이라고 생각하는 것은 착각입니다. 우리는 절대 이러한 오해를 해서는 안 됩니다.

저 자신의 경우, 만일 제가 오늘의 평범한 마음 상태나 이 상황에 대한 제 마음가짐을 20년 전이나 30년 전과 비교해 보면 아주 큰 차이가 있습니다. 그렇지만 이 차이들은 하나씩 하나씩 일어난 것입니다. 제가 불교를 대여섯 살부터 배우기 시작했지만 그때 저는 불교에 전혀 관심이 없었습니다. 비록 제가 가장 높은 환생신으로 인정받기는 했어도 말입니다. 아마 열여섯 살 정도 되었을 때 비로소 진중하게 수행에 대해 생각하게 되었고 진심을 다해 수행을 하기 시작했습니다. 제가 스무 살이 되었을 때, 제가 중국에 있을 때에도, 그리고 아주 많은 곤경을 겪고 있을 때에도 기회만 된다면 반드시 제 스승에게 가르침을 받았습니다. 그러고 나서 그 전과는 다르게 저는 진심으로 전력을 다해 노력했습니다. 제가 아마 스물 네다섯 살쯤 되었을 때, 저는 공성에 대해 진지하게 사색하기 시작했습니다. 그리고 성실한 노력에 기반한 철저한 수행의 결과로, 열반의 본성에 대한 제 이해가 진정으로 확고하게 되었습니다. 그러고 나서 저는 "그래, 무엇인가가 있다. 가능한 것이야."라는 느낌을 받았습니다. 이것이 제게 굉장한 자극을 주었습니다. 그렇지만 보리심에 대한 이해는 여전히 어려웠습니다. 저는 보리심을 숭상합니다. 이런 종류의 마음은 진정으로 대단한 것입니다. 그렇지만 제가 삼십대에도 보리심의 수행은 여전히 멀기만 한 것이었습니다. 그러다가 사십대에 접어들었을 때, 주로 공부와 수행의 성과로 마침내저는 보리심을 조금 경험할 수 있었습니다. 그러나 제 마음은 여전히 좋지 않은 모습을 하고 있었습니다. 그러나 어쩐지 지금 저는, 만일 제게 충분히 시간이 있다면, 적절한 시간과 장소만 있다면 보리심을 계발할 수 있다는 확신이 듭니다. 이 확신이 들기까지 40년이 걸렸습니다.

저는 짧은 시간 내에 높은 깨달음을 얻었다고 말하는 사람들을 만나면 가끔은 숨기려고 애써도 웃음을 참기 힘듭니다. 심오한 마음을 계발하는 일에는 시간이 걸린다는 것을 여러분은 이해하실 수 있을 것입니다. 만일 어떤 사람이 "아, 오랜 시간 각고의 노력을 한다면 무엇인가가 변할 것이다."라고 말한다면 저는가능하다고 생각합니다. 그러나 "짧은 시간 내에, 아마도 2년 내에 어떤 큰 변화를 만들겠다."라고 한다면 비현실적인 것입니다.

청중8   저는 마음이 생각의 창고라고 하는 말을 들어 왔습니다. 명상의 목표는 마음이라는 창고에서 어지러운 생각들을 제거하기 위한 것인가요?

달라이 라마   불교적인 용어를 쓸 때, 우리는 "마음의 오염을 정화한다."라는 표현은 써도 "마음의 생각을 비운다."라는 말은 쓰지 않습니다. 왜냐하면 우리가 "생각들"이라고 할 때 좋은 생각과 나쁜 생각을 모두 포함하기 때문입니다. 그러나 명상의 목표는 "개념적 사고가 없는 상태"라고 알려진 것에 도달하는 것입니다. 그리고 여기서 여러분이 반드시 이해해야 할 것은 우리가 "개념적 사고가 없음"이라는 말을 쓸 때, 맥락에 따라 다른 것을 의미한다는 것입니다. 따라서 "개념 없음의 상태"를 경전에서 설명할 때와 각기 다른 종류의 딴뜨라에서 설명할 때의 내용이 서로 다릅니다. 심지어 무상요가 딴뜨라 안에서도 "부ᄎ 딴뜨라"와 "모ᄈ 딴뜨라"에서 설명할 때 서로 의미가 다릅니다. 우리는 또한 이 "개념 없음"을 족첸과 마하무드라 가르침의 맥락에서 꽤 자주 사용하는 것을 볼 수 있습니다. 이 두 경우 분별이 없는 청명한 빛의 마음과 진정한 공성의 합일은 무상요가 딴뜨라의 관점에서 나옵니다.

위대한 수행자이며 학자인 닥뽀 따쉬 남겔(1511~1587)이 쓴 마하무드라에 대한 저서에서, 그는 마하무드라의 수행은 현교顯教와 밀교密教 어느 곳에도 속하지 않는다고 주장합니다. 그는 마하무드라를 유일한 길이라고 설명합니다. 그렇다면 그는 반드시 그 주장을 할 수 있는 근거를 가지고 있어야 합니다. 그러나 현교와 밀교 어느 쪽에도 속하지 않는 그 유일한 길이라는 그분의 주장은 저로서는 정말 이해하기 어렵습니다. 현교와 밀교에 속하지 않는 것은 불교가 아닙니다. 붓다께서는 현교와 밀교만을 가르쳤기 때문입니다. 어느 쪽에도 속하지 않는 제3의 길이라는 것은 이와 다른 어떤 것이라는 뜻입니다.

어쨌든 마하무드라의 수행과 족첸의 수행에서 주요한 강조점은, 청명한 빛의 마음과 공성의 합일에 있습니다. 여기서 다시, 우리가 "청명한 빛"이라고 할 때 이는 두 가지 다른 것을 의미합니다. 한편으로 대상인 공성을 말하며, "공성"은 청명한 빛과 관련해서 이해될 수 있는 것입니다. 다른 한편으로, 이는 그 공성의 주관적 경험을 뜻합니다. 따라서 "청명한 빛"은 객체의 측면과 주체의 측면을 모두 함의합니다. 청명한 빛의 주체와 객체의 합일이 족첸과 마하무드라에서 강조하고 있는 것입니다. "객체"와 "주체"라는 말을 쓸 때 "아, 여전히 이원적이구나."라고 생각하며 불편하게 생각할 필요가 없습니다. 현상적인 경험의 측면에서는, 혹은 명상하는 개인의 관점에서 볼 때는 전혀 이분 법적이지 않습니다. 이는 오직 제삼자의 입장에서만 그렇게 보일 뿐입니다. 혹은 만일 여러분이 이 경험을 역으로 되짚어 보면 주체와 객체의 이분법을 볼 수 있을 것입니다. 그렇지만 실제 경험 속에는 주체와 객체 사이의 이분법이 없습니다.

따라서 우리가 이 개념적 사고가 존재하지 않는 상태를 계발하는 문제에 대해 이야기하자면, 개념적 사고가 부재하는 상태에 도달하기 위해서는 개개의 수행자들 안에 원래부터 내재한 잠재력 또는 씨앗이 있어야 합니다. 그러나 개념적 사고가 없는 상태에 도달하고자 하는 것이 목표라고 해서 개념적 사고가 관여된 모든 것이 그 목표에 전혀 도움이 되지 않는다고 생각하면 절대로 안 됩니다. 이 점에 대한 폭넓은 토론은 다르마끼르띠의《올바른 인식의 수단에 대한 설명(pramāṇavārttika, 양평석量評釋)》2장에서 다루고 있습니다. 여기서 다르마끼르띠는 많은 논증식과 논쟁을 통해, 어떻게 지적인 사고 과정을 포함하는 개념적 사고 과정, 생각, 자기 인식, 그리고 명상이 궁극적으로 개념적 사고의 부재라는 경험으로 이루어지는지를 설명하고 있습니다. 이 점은 생각해 볼 만합니다.

또한 주요한 두 종류의 명상에 대해서도 이야기합니다. 하나는 분석 명상으로 논리적 사고를 동원하여 조사하는 것이고, 다른 하나는 의식을 오롯이 집중하는 것이 핵심인 집중 명상입니다. 분석은 생각과 생각의 과정을 사용하는 것이기 때문에 무상요가 딴뜨라에서는 특별한 혹은 관통하는 통찰의 지혜를 닦을 때 분석을 사용하지 않습니다. 그 대신 마음의 오롯함을 강조하는 기술을 통해 이 지혜를 이룹니다. 이러한 방법을 족첸과 마하무드라에서 찾을 수 있습니다.

청중9 선행과 악행의 선택 가능성에 대해서 설명해 주시겠습니까? 우리의 과거 행위가 우리의 행위와 관점을 결정하는 것인가요?

달라이 라마 질문하신 분께서 지적하셨듯이, 대부분의 행동이나 사고방식, 그리고 관점은 어쩌면 과거의 행에 따라 결정되었을 수도 혹은 지배당하고 있을 수도 있습니다. 과거의 행에 영향을 받는다는 것은 조건의 영향을 말하는 것입니다. 그러나 우리는 스스로의 의지와 선택의 자유를 발휘해서 과거 행이 미칠 영향에서 벗어나게 하고 과거에는 하지 않았던 생소한 방식으로 우리 마음을 친숙하게 만들 수 있습니다. 여러분은 의식적으로 그 친숙함을 점점 더 자라나게 하고 이를 통해 과거의 행이라는 사슬로부터 여러분 자신을 자유롭게 만들 수 있습니다.

그러나 특정한 생물적인 영향들로부터 우리를 자유롭게 하는 것은 훨씬 힘듭니다. 불교적인 관점으로 보자면 우리가 가지고 있는 몸은 온薀이 모인 것이며 무지와 번뇌의 소산으로 볼 수 있습니다. 우리의 몸은 괴로움과 능력의 한계라는 특징을 가진 존재의 현 상태에 기반합니다. 이와 더불어 우리 몸은 미래의 괴로움을 만들어 내기도 하는 일종의 도약판입니다. 우리 몸 안에 있는 어떤 생체적인 것이 우리를 이 속박에서 벗어나지 못하게 합니다. 마치 내장되어 있는, 우리의 몸을 천근만근이 되게 하거나 무기력하게 하는 무엇인가가 있습니다. 이 생체적인 것은 또한 우리 마음의 명징함을 가로막습니다. 그렇지만 마음을 단련시키고 명상을 경험함으로써 몸의 구성 분자인 아주 미세한 수준의 에너지를 조절하는 것이 가능합니다. 특히 딴뜨라 밀교에서 거친 수준과 미세한 수준, 그리고 아주 미세한 수준의 에너지라는 우리 몸을 구성하는 요소들이 있음을 가르칩니다. 이러한 방법으로 우리는 몸을 구성하는 요소들 가운데 거친 수준으로 느껴지는 것의 영향력을 뛰어넘을 수 있습니다. 따라서 가능성은 있습니다.

청중10　제가 이해하기로는, 깨달음은 어떤 면에서는 원인들과 조건들의 속박에서 자유로워지는 것입니다. 어떻게 하면 이 윤회로부터 자유로운 상태를 성취하면서도 모든 것이 상대적인, 인과법에 얽매인 이 세계에 여전히 남아 있을 수 있을까요?

달라이 라마　원인과 조건들의 속박에 대한 것이라면, 이 속박은 보편적인 것이며 불성의 단계까지 올라갑니다. 예를 들어 붓다의 일체지를 예로 들어보겠습니다. 일체지는 완전히 깨달은 마음이지만 대상에 대해 작용합니다. 일체지는 순간적이며, 찰나찰나 변하는 것이며, 과정입니다. 따라서 인과 관계에 있는 것은 무상합니다. 보시다시피 인과법의 원칙이 일체지에도 적용됩니다. 그러나 불성을 성취한 단계는 영원하며 변함없는 것으로 묘사될 때도 있습니다. 이는 올바른 맥락 안에서 이해해야 합니다. 성불의 상태는 의식의 흐름이라는 관점에서 영원하다고 하는 것입니다. 불성의 상태를 영원하다고 하는 것은 우리가 붓다의 구현체에 대해서 말할 때, 두 가지가 있는데 하나는 원인과 조건의 영향 하에 있어서 영원하지 않은 것이며, 다른 하나는 영원한 것입니다. 붓다의 구현체, 붓다까야buddhakāya(불신佛身)에는 찰나찰나 변하는 부분이 있고 변하지 않는 부분이 있습니다. 붓다까야 혹은 붓다의 구현체에 대해 논의할 때 두 측면이 있기 때문에, 일반적으로 말해서 붓다는 영원하며 변하지 않는다고 합니다.

청중11   저는 상처를 입히는 게 가해자의 기본적인 성질이라는 것과 그 가해자에게 화를 품지 말라는 말씀에 혼동이 갑니다. 모든 사람의 기본적인 성품은 불성 아닌가요?

달라이 라마   약간의 오해가 있는 것 같습니다. 샨띠데바는 이 주장을 가설적으로 사용한 것입니다. 이것은 조건문으로 되어 있습니다. 39번 게송은 다음과 같습니다.

39
만일 다른 사람을 해치는 것이
어리석은 이의 본성이라 하더라도,
그것에 화를 내는 것은 이치에 맞지 않으니,

불타는 성질을 가졌다며 불에게 화를 내는 것과 같다.

여기에 조건문의 "만일"이 있습니다. 그러나 우리가 "본질적인 속성"이라고 할 때 이 말은 다른 맥락에서는 다른 의미를 지닐 수 있습니다. 우리가 중생의 마음은 그 본성이 청정하다고 할 때 이는 불성을 의미하는 것이며 이는 상당히 다른 차원의 이야기입니다. 이와 관련해서 우리가 공성의 철학을 논하는 책들을 읽을 때는 여러 전문 용어의 미세한 뜻을 잘 이해해야만 합니다. 예를 들어 공성의 개념을 이해할 때 핵심적인 용어 가운데 하나는 스바브하바svabhāva입니다. 이는 "자성自性" 또는 "본성"으로 번역합니다. 따라서 이는 문맥에 따라 다른 뜻을 내포합니다. 이러한 문헌들을 읽을 때 우리는 한 용어에 대한 아주 한정된 이해를 융통성 없이 모든 맥락에 적용해서 읽으려고 하지 말아야 합니다. 똑같은 용어가 다른 교학 체계에서는 다른 뜻을 지닐 수 있습니다. 예를 들어 한 용어가 중관학파에서 뜻하는 것과 다른 학파에서 뜻하는 것이 다르게 사용될 수 있습니다. 문맥에 따른 용어의 다양한 뜻을 잘 알고 유연하게 읽는 것이 중요합니다.

청중12　　수요일에 집전하실 녹색따라 관정에 대해서 설명을 해 주시겠습니까? 어떠한 수행의 서약이 포함되어 있는지 등에 대해서 설명해 주시면 감사하겠습니다.

달라이 라마 내일 진행할 녹색따라에 관한 의례는 축복의 관정이지 완전한 관정은 아닙니다. 이는 또한 제5대 달라이 라마로부터 전수되어 온 장수 의례를 포함합니다. 따라서 이 수행은 달라이 라마의 계보에서 전해져 내려오는 독특한 수행이며, 특별한 수행의 서약은 없습니다. 좋지 않습니까? 축복은 받되 약속해야 할 것은 없다니! 그러나 만일 질문하신 분이 내일 아침에 보살계를 받으신다면, 거기에는 서약을 해야 할 것이 있습니다. 이는 주로 보살의 열여덟 개의 근본 계율과 마흔여섯 개의 보조 계율입니다. 오늘 아침(첫 번째 가르침)에 잠깐 말씀드렸다시피, 만일 불교 수행을 처음 접하시는 분이시라면 보살계는 받지 않으시는 것이 현명할 수 있습니다.

청중13 불교를 공부하고 이번 주에 보살계를 받으려고 하는 기독교인에게 해 주실 조언이 있으신지요?

달라이 라마 보살계를 받으셔도 좋을 것 같습니다.

십이지연기

十二支緣起

지금까지 우리는 인내와 감내의 수행에 대해 논의해 왔다. 앞서 설명했다시피 이는 보살의 주 수행법인 육바라밀의 하나이다. 인내와 감내 수행에는 세 가지 주요한 유형이 있다. 첫째, 다른 이들에게서 상해를 입었을 경우 이를 받아들임. 둘째, 고통이나 괴로움 같은 수행 과정 중에 일어나는 고행을 자발적으로 받아들임. 셋째, 상황의 복잡성, 상황의 본질을 정확히 파악해서 그를 바탕으로 인내하고 감내하는 능력을 기르고 강화하는 것, 이렇게 세 가지 유형이다. 세 번째 유형은 공성과 같은 실재의 궁극적 본질에 대한 통찰의 지혜도 포함할 수 있다.

육바라밀에 대해 아직 설명하지 않은 한 가지는, 각 바라밀의 이상적인 수행은 반드시 나머지 바라밀까지 모두 포함하여 그 자체로도 완성된 것이어야 한다는 점이다. 즉, 하나의 바라밀 수행은 그 안에 다른 다섯 바라밀의 측면을 모두 포함하고 있어야 한다. 예를 들어 인내 수행의 경우, 인내와 감내를 수행하는 동안 다른 사람들 역시 그렇게 하도록 정려하는 깃은 보시바라밀布施波羅蜜의 수행이다. 두 번째로, 인내와 감내의 수행은 정직함과 성실함에 기반해야 하는데, 이는 지계바라밀持戒波羅蜜의 측면이 인욕바라밀忍辱波羅蜜에 포함된 것이다. 세 번째는 물론 인욕바라밀 그 자체이다. 네 번째는 기쁘게 정진精進하는 일인데, 이는 인내와 감내의 상태를 유지하려는 노력을 포함한다. 다섯 번째는 이러한 수행을 할 때 마음을 오롯이 모아 한곳에 집중하고 거기에 마음을 두는 것인데 이는 선정바라밀禪定波羅蜜의 측면이 인욕바라밀에 포함된 것이다. 반야바라밀般若波羅蜜의 수행은 무엇이 적절하고 적절하지 않은지, 또한 무엇이 주어진 상황에 필요한 것인지를 잘 판단할 수 있는 능력이다. 이런 지혜와 앎의 힘은 인내 수행과 동시에 일어난다. 또한 현상의 자성이 공하다는 깨달음을 가지고 있다면, 그 지혜가 인내의 수행에 있을 수 있다. 보시바라밀 등 다른 바라밀의 수행 역시 마찬가지다. 보시바라밀의 수행 안에 다른 바라밀 수행의 모든 측면이 완벽하게 들어가 있어야 한다. 인욕바라밀을 비롯한 다른 바라밀의 수행도 그러하다.

보시布施, 지계持戒, 인욕忍辱, 정진精進, 선정禪定, 그리고 반야바라밀般若波羅蜜의 육바라밀은 자신의 자유를 더 추구하고 보살 수행을 하지 않는 수행자들의 수행에서도 찾아볼 수 있다. 이 육바라밀 수행을 대승불교의 수행으로 완성시키는 핵심은 수행의 동기인 발원에 있다. 인내 수행이 완벽한 인욕바라밀의 수행이 되게 하려면 보리심이라는 동기가 필요하다. 만일 여러분의 인내와 보시의 수행이 보리심을* 원인으로 해서 일어난다면, 즉 다른 중생의 이익을 위해 깨달음을 얻겠다는 강렬한 열망을 동기로 일어난 것이라면 여러분의 수행은 진정한 바라밀의 수행이다.

이러한 육바라밀의 모든 수행들은 복덕의 증장과 관련된 수행 또는 지혜의 증장과 관련이 있는 수행들이다. 수행에 방편과 지혜라는 두 개의 중요한 분류가 있는 이유는, 붓다라는 결과의 상태가 붓다의 두 가지 몸, 혹은 두 가지의 구현체이기 때문이다. 이 두 가지 몸 가운데 하나는 다르마까야dharmakāya(법신法身)로, 붓다라는 존재의 궁극적인 깨달음 혹은 자신의 불성을 스스로 깨달은 상태를 이른다. 또 다른 구현체는 루빠까야rūpakāya(화신化身)로 육신의 몸이다. 이 두 가지 몸은 다른 기능을 한다. 다르마까야는 자기 자신이 본래부터 완벽한 상태라는 것을 스스로 깨닫는 것과 같다. 그리고 루빠까야는 특별히 중생을 돕기 위한 목

◆ 보리심은 다른 중생들의 복지를 위해 깨달음을 얻겠다는 염원으로 정의할 수 있다.

적으로 현현한 것이다. 즉, 중생이 붓다에게 쉽게 다가갈 수 있도록 하기 위해 현현한 것이다. 이런 점에서 화신은 일종의 매개체인데, 이 화신을 통해 법신이 중생과 교류하며 그들에게 이익을 줄 수 있다. 지금 여기에서 설명하는 것은 현교顯教의 체계에 따른 대승불교 수행의 포괄적인 얼개이다. 이 현교 체계 안에서는 바라밀 수행을 시작하게 해 주는 모든 동기는 다른 중생들의 복지를 위해 완전한 깨달음을 얻겠다는 열망인 보리심이다. 이 강렬한 의지를 동기로 방편과 지혜의 합일을 특징으로 하는 육바라밀의 수행을 실천하는 것이다. 그리고 보살의 열 단계 수행(보살십지菩薩十地)을 통해 마침내 다르마까야(법신法身)와 루빠까야(화신化身)로 구현되는 결과의 상태(과위果位 혹은 과지果地)에 도달한다. 이것이 대승불교의 수행 가운데 현교의 체계에 대한 포괄적인 이해이다.

이제 불교의 딴뜨라 혹은 밀교密教의 접근법을 들여다보자. 현교의 접근법과 딴뜨라의 다른 점은 방편과 지혜의 합일을 보다 심오한 수준에서 이해한다는 점이다. 현교의 체계에서는 방편과 지혜의 합일이 두 가지 서로 다른 개체, 두 가지 서로 다른 인지적 사건들로 이해하는 데에서 비롯하기 때문이다. 따라서 현교의 바라밀 수행은 방편과 지혜가 서로 보완적이지만 두 개체의 합일은 상호 보완적인 측면, 즉 하나의 측면이 다른 측면을 보완하고 지지해 주며 강화시키는 것으로 이해할 수 있다. 그러나 딴뜨라 혹은 밀교密教 체계에서는 합일을 훨씬 더 깊은 수준으로 끌고 들어간다. 이 체계에서는 방편의 측면과 지혜의 측면이 하나의 인지 사건, 혹은 한 찰나의 마음의 상태 안에서 모두 완전하다. 즉, 방편과 지혜가 서로를 보완해 주는 서로 다른 마음의 상태가 아니라 이 둘이 모두 한 찰나의 인지 사건 안에 융합된 채로 있다는 것이다. 이것이 모든 딴뜨라 수행의 기반이다.

딴뜨라에는 다양한 체계가 있다. 경우에 따라 딴뜨라 수행을 여섯 가지로 구분하기도 하지만 일반적으로는 네 가지로 분류한다. 하위 세 종류의 딴뜨라와 최상위인 무상요가 딴뜨라를 구분하는 변별점은 무상요가 딴뜨라 안에는 청명한 빛의 마음 수행에 대한 상세한 설명과 함께 이 수행의 중요성을 역설하고 있다는 점이다. 이는 다른 하위 세 종류의 딴뜨라에는 없다.

청명한 빛의 마음이라는 개념을 제대로 이해하려면 자기의 식을 자각自覺할 수 있는 능력, 의식과 함께 움직이는 미세함의 수위에 차이가 있는 에너지에 대해 이해해야만 한다. 이 때문에 무상요가 딴뜨라 문헌들은 차끄라, 에너지의 통로, 그 안을 흘러 다니는 에너지, 그리고 몸의 주요 부위에 자리 잡고 있는 정수액

精水液에 대한 많은 논의를 담고 있다.* 이 모든 개념들이 다양한 수준의 의식과 에너지를 구별하는 사상과 매우 복잡하게 연결되어 있기 때문이다. 무상요가 딴뜨라의 접근 방식에서 찾아볼 수 있는 이러한 복잡한 원칙들 때문에 분노를 일으키고 있는 형상, 남녀합일의 형상을 하고 있는 불상과 탱화들로 그 사상들을 표현한다. 에너지의 통로, 차끄라, 미세한 에너지 등과 연결되어 있는 무상요가 딴뜨라의 많은 수행들은 지수화풍공식地水火風空識의 여섯 가지 원소**와 같이 우리의 육체적 존재를 구성하는 특정한 기초 요소들을 바탕으로 한다. 우리 몸 안에 있는 이러한 원소들과 에너지의 흐름, 에너지의 미세한 수위가 우리의 마음 상태에 영향을 준다. 예를 들어 우리는 삶의 특정한 상황에서 미세한 마음에 대해 어렴풋이 알아차릴 수 있다. 붓다슈리즈냐나Buddhaśrījñāna에 따르면 평상시 의식 상태에서 미세한 마음의 경험을 노력하지 않고도 어렴풋이 알 수 있는 경우들이 있다. 깊은 잠에 들었을 때, 성적인 희열의 정점에 이르렀을 때, 기절했을

◆ 이에 대한 상세한 설명은 앞서 말했듯이《달라이 라마 죽음을 말하다》를 참조하면 이해가 쉬울 것이다.
◆◆ 모든 만물이 생겨나는 여섯 가지 원소. 색법色法인 지수화풍공의 오대五大와 심법心法인 식을 이른다.

때, 그리고 죽음의 순간이 그런 경우들이다. 이러한 상태에서 우리는 자연스럽게 가장 미세한 의식인 청명한 빛의 마음을 경험할 수 있다. 이 네 가지 상황들이 자연스럽게 일어나고 있을 때 특별한 명상을 수행하면, 수행자는 그 순간을 알아채고 의식적으로 미세한 청명한 빛의 마음을 일으킬 수 있다. 이 청명한 빛의 마음은 죽음이 진행되는 동안 가장 강렬하며 다음으로는 깊이 잠들었을 때, 그 다음으로는 성적인 희열을 느끼는 순간으로 약해진다.

지금까지 설명한 것에 비추어 얍윰yab yum 혹은 부모합체존父母合體尊(부모존父母尊)을 이해해야만 한다. 만일 우리의 이해가 올바르다면, 남성과 여성 신들이 하고 있는 일종의 성적인 행위가 일반적으로 생각하는 성적 행위와 사뭇 다르다는 것을 알 수 있다. 여기서 중요한 것은 이러한 얍윰 수행을 하는 수행자가 성적인 희열의 에너지를 참고 그 에너지를 방출, 즉 사정하는 것을 막는 것이다. 딴뜨라 수행자들이 그 에너지를 붙들고 있지 못하고 흘려 버리면 이는 큰 잘못이다. 이 점을 대단히 강조하고 있으며 특히 수행자로서는 아주 심각한 잘못을 범한 것이다. 특히 시륜時輪 딴뜨라 혹은 깔라짜끄라 딴뜨라의 계율에서는 그러하다.

따라서 방편과 지혜의 합일이 더욱더 강하고 깊을수록, 깨달음을 향한 수행의 길은 더 효과적이고 강력하게 된다는 것이다. 그러나 이러한 원칙을 모두 성공적으로 수행하는 것은 근본적으로 보리심을 일으키고 깨닫는 것을 기반으로 한다. 이 전제 조건을 성취하지 않고서는 이러한 수행은 절대 성공할 수 없다.

보리심을 성공적으로 일으키려면 헌신하는 마음과 책임감을 지녀야 한다. 즉, 다른 이들이 고통에서 벗어나 자유로울 수 있도록 도와줄 책임이 나에게 있다고 생각해야 한다. 이것이 보리심을 일으키는 데 있어 선행 조건이다. 그 다음으로 필요한 것은 모든 중생에 차별을 두지 않는 평등의 자비심을 계발하는 것이다.

이처럼 차별을 두지 않는 보편적 대상에 대한 자비심을 닦는 두 가지 중요한 방법으로는 "일곱 가지 원인과 결과"의 방법◆ 그리고 "자신과 다른 이의 입장을 바꾸어 생각해 봄으로써 평등심을 일으키는 방법"이 있다. 이 가운데 후자의 수행법은 샨띠데

—

◆ rgyu 'bras man ngag bdun. 첫 여섯 가지의 원인을 통해 마지막 일곱 번째의 결과인 참 보리심을 일으키는 단계적 방법이다. 우선 모든 중생을 내 과거의 어머니로 인식하고, 그 중생들의 나에 대한 자애, 그 자애에 대한 감사, 그 중생들의 행복 기원, 연민의 마음, 그리고 중생들의 행복에 대한 자신의 책임감이라는 여섯 가지 원인을 단계적으로 일으킨다. 이것을 원인이며 상대적인 원願 보리심이라고 하며 이를 계발함으로써 일곱 번째 단계에서 증득하는 결과인 절대적인 참 보리심을 증득한다.

바의 《입보리행론》 제8장 선정품에서 찾아볼 수 있다.

궁극의 깨달음을 성취하기 위한 대승 수행에는 이처럼 다양한 측면이 있다. 그러나 다른 중생들의 괴로움을 보는 것을 견딜 수 없어서 도와주려 할 정도의 진정한 자비심을 계발하는 데 최우선적으로 필요한 것은 수행자가 괴로움의 심각함이나 강렬함을 제대로 이해할 수 있는 능력이다. 따라서 모든 현상은 괴로움이라는 진리를 깨닫는 것이 필수적이다.

어떤 중생이 실제로 고통을 겪고 있는 상황을 마주칠 때 우리는 자연스레 그에게 공감한다. 이것이 우리가 가지고 있는 통상적인 자비심이다. 우리는 "아, 참 안됐다."라고 생각한다. 그러나 세속적인 성공을 거둔 사람을 만나면 그에게 슬픔과 연민을 느끼는 대신 부러워하고 시기하는 감정을 일으킨다. 이것은 굉장히 유치한 자비심이다.♦ 우리가 이런 감정을 가지고 있는 것은 괴로움의 진정한 뜻을 제대로 이해하지 못해서다. 따라서 모든 현상은 괴로움을 본질로 한다는 것을 진정으로 이해하려면 기초적인 수행으로 우리 자신을 닦아 나가야 한다.

♦ 앞서 달라이 라마께서는 눈앞의 사소한 결과를 중하게 여기고 장기간에 걸쳐 크게 다가오는 결과를 별것 아닌 것으로 여기는 것을 유치하다고 정의하셨다.

단순히 괴로움이라는 존재의 본질과 괴로움의 진정한 의미를 아는 것만으로는 충분하지 않는다. 더불어 중요한 것은 괴로움의 대안, 즉 괴로움으로부터 자유로워질 수 있는 가능성에 대한 명확한 이해를 기르는 것이다. 이 대목에 사성제四聖諦의 진리에 대한 이해가 연관되어 있다. 사성제四聖諦의 수행은 대승불교도와 비대승불교도 모두에게 공통적인 접근법이다.

우리가 사성제四聖諦에 대해 이야기할 때, 두 묶음의 원인과 결과가 있음을 알 수 있다. 첫 번째 묶음은 윤회 속에 있는 우리의 경험과 존재에 관련된 것이다. 괴로움의 진리(고성제苦聖諦)가 결과이고, 괴로움의 원인의 진리(집성제集聖諦)가 원인이다. 이러한 한 묶음의 원인과 결과는 우리가 윤회에 머물고 있는 이유를 설명하고 있다. 또 하나의 묶음은 윤회라는 속박을 벗어나 괴로움으로부터 자유를 성취하는 과정을 설명하는데, 괴로움의 소멸의 진리(멸성제滅聖諦)가 결과이고, 괴로움의 소멸로 이끄는 진리(도성제道聖諦)가 원인이다. 사성제가 설명하는 두 묶음의 원인과 결과를 보다 상세하게 이해했다면 이제 십이지연기十二支緣起를 설명하겠다. 십이지연기는 사성제四聖諦를 설명하는 한 가지 방법이다.

십이지연기에는 순서를 거꾸로 보는 법(역관逆觀)과 순서에 따라 처음부터 보는 법(순관順觀)이 있다. 만일 우리가 이 십이지연기를 순서에 따라 보면, 무명無明 혹은 무지에서 시작한다. 무명은 의지적 행동(행行)을 일으키고 이것이 의식에 인상들을 심는다(식識). 그리고 이것은 이름과 형상(명색名色)을 일으키고 결국 늙음과 죽음(노사老死)까지 나아간다. 이 인과의 연쇄 작용에 대해 명상함으로써 우리는 윤회에서 삶과 죽음의 악순환을 경험하는 구조를 이해할 수 있다.

다음으로, 십이지연기의 순서를 거슬러 올라가면서 이 열두 단계가 각각 소멸하는 것을 관찰해 보자. 늙음과 죽음(노사老死)은 태어남(생生)의 소멸에 의지하고 있다. 태어남(생生)의 소멸은 욕심, 혹은 집착(취取)에 의지하는 것 등을 이해할 수 있다. 이를 통해 윤회의 속박을 벗어나 자유와 해방을 성취하는 법을 알 수 있다.

십이지연기의 순관順觀과 역관逆觀에 기반한 모든 수행은 "깨달음에 이르기 위해 실천해야 하는 서른일곱 가지 수행법(삼십칠조도품三十七助道品)"이라고 알려진 수행에 모두 담겨 있다. 이 서른일곱 가지 수행법은 사념처四念處에서부터 시작하며 십이지연기와 관련된 수행법이다.

사념처의 첫 번째는 몸에 대한 명상(신념처身念處)이다. 다음은 우리의 감정과 정서에 대한 명상(수념처受念處)이고 그다음은 마음

에 대한 명상(심념처心念處)이며 그다음은 현상에 대한 명상(법념처
法念處)이다.

우리가 몸에 대해 명상할 때 몸이 존재하는 과정을 관조한 다
음 그 존재의 원인과 조건들을 검토한다. 그리고 나면 우리는 몸
의 부정함을 볼 수 있다. 이러한 관점으로 보면 우리는 세상의
기준에서 성공한 것처럼 보이는 사람들 역시 부러워할 만한 대
상이 아니라는 것을 이해할 수 있다. 그들은 여전히 괴로움과 불
완전함이라는 사슬에 얽매여 있다. 우리가 이를 조금 더 깊게 들
여다본다면 세속적인 기준에서 성공을 영위하는 사람들의 마음
속이 훨씬 더 복잡하다는 것을 알 수 있다. 그들은 희망과 두려
움, 불안과 억압의 훨씬 더 복잡한 그물에 얽혀 있기 때문이다.

아리야데바Āryadeva가 그의 저서《사백관론四百觀論》에서 말한 것
이 아주 옳다고 생각한다. 그는 세속적인 관점에서 성공했거나
운이 좋은 사람들은 정신적이고 감정적인 괴로움에 힘들어하
며, 가난한 사람들은 물질적 괴로움과 고통으로 힘들어한다고
말했다. 그 말이 정말 옳다.

모든 중생이 괴로움과 고통을 지닌 채 살아가는 이유는 궁극
적으로 모두 무명의 영향 하에 있기 때문이다. 우리는 마치 불치
병에 걸린 환자처럼 다급한 마음을 일으켜야 한다. 불치병에 걸

리게 되면 하루하루가 소중하기 때문에 급박한 마음이 생긴다. 마찬가지로 우리는 "내가 무명과 오해의 힘에 휘둘리는 한 조만간 어떤 것이 일어나게 되어 있다. 그러니 반드시 지금 노력해야 한다."라고 생각해야 한다. 절박하게 알아차리고 느낄 수 있는 마음을 계발해야 한다.

우리가 마음의 세 가지 독(삼독심三毒心)에 지배당하는 한 진정한 행복을 찾을 방도가 없다. 어떻게 보면 우리는 마음의 세 가지 독의 노예나 다름없다. 이 속박으로부터 자유로워질 방법이 있는데도 그러한 자유를 찾으려고 노력하지 않는 것은 한심하고 어리석은 짓이다.

따라서 우리가 이러한 생각들을 따라 명상하고 사색하면서 "윤회 속의 세 영역(삼계三界)"을 떠올린다면 마음 깊은 곳 어딘가에서 "아, 나는 반드시 이 윤회를 빠져나가야겠다. 나는 반드시 윤회로부터 벗어나 자유를 찾겠다."라는 느낌이 들 것이다. 이 마음을 일으키는 것이 마음의 세 가지 독이라는 구속에서 스스로를 자유롭게 하겠다는 간절한 열망이다.

그러나 이 자유를 성취하기 위해서는 반드시 아주 오랜 시간 동안 명상하고 실천해야 한다. 어떤 경우는 예닐곱 생을 거쳐야 하기도 한다. 이때 미래에 좋은 조건과 환경을 갖춘 내생을 확보

해야 하는데, 그래야 우리가 이전 생에 하던 수행을 이어 갈 기회를 얻을 수 있기 때문이다.

좋은 환경과 조건을 갖춘 내생을 확보하기 위해서는 도덕적인 삶을 살아야만 한다. 즉, 열 가지 악 또는 부덕한 행동을 삼가는 것이다. 이러한 열 가지 부덕한 행동은 몸의 세 가지 악한 행동(살생, 도둑질, 부정한 성생활), 말의 네 가지 악한 행동 (거짓말, 이간질, 심한 말, 의미 없는 헛소리), 그리고 뜻의 세 가지 악한 행동(탐냄, 악의, 진리에 대한 잘못된 견해)이다. 열 가지 부덕한 행동을 삼가고 윤리적으로 살겠다는 순수한 열망을 일으키는 데 결정적인 역할을 하는 것이 업의 작용, 인과에 대한 명확한 이해이다.

업이 어떻게 작용하며 어떻게 행동과 결과가 연관되는지, 미세한 수위에서 하나의 행동이 어떻게 다른 행위를 도출하는지를 이해하려는 시도는 통상적으로 이해 가능한 수준을 넘어선 것이다. 수행의 초입에 있는 이들은 업 이론의 가장 미세한 측면을 이해할 수 없다. 따라서 업 이론에 대한 붓다의 가르침을 믿고 의지할 필요가 있다. 그 때문에 업의 법칙을 관찰하는 것과 붓다의 가르침에 귀의하는 것은 아주 밀접한 관련이 있는 것이다. 업의 법칙 안에서 잘 절제하는 삶을 사는 것이 귀의한 이들이 지켜야 할 계율이다.

붓다의 가르침에 귀의하여 업의 법칙과 조화로운 삶을 살고, 십선업을 지키며 도덕적으로 절제된 삶을 살기 위해서는 할 수 있다는 막대한 확신이 필요하다. 인간의 몸과 인간 존재의 귀중함을 가르치는 단계에서 붓다는 신체와 그 신체를 이루는 물질이 얼마나 불완전하고 부정한지에 대해서는 논하지 않는다. 그 단계에서 논의해야 할 것은 인간의 몸이 얼마나 좋은 것인지, 얼마나 의미 있는 것인지, 얼마나 뜻 깊은 것인지, 우리 몸에 얼마나 많은 잠재력이 있는지, 어떤 좋은 목적을 위해 이 몸을 쓸 수 있는지 등에 대해서이다. 이는 확신과 용기를 우리의 마음에 심기 위한 것이다. 따라서 이 초기 단계에서는 몸의 부정적인 측면에 초점을 맞추지 않는다. 자존감이 낮거나 자기혐오를 하는 이들은 특히 그에 대해 논하지 말아야 한다. 만일 그런 분들이 몸의 부정함이나 불완전함에 대해 말한다면, 이미 가지고 있는 문제를 더 악화시킬 수 있다. 이 단계에서 우리는 인간의 몸이 지닌 특징과 이익들 그리고 장점들에 대해 이야기함으로써 몸의 잠재력을 정확히 이해하고 몸을 긍정적인 방향으로 사용하겠다고 스스로 결심해야 한다.

그다음 단계에서 수행자는 무상함과 죽음을 상기해야 한다. 무상함에 대해 에두르지 않고 말한다면 이렇게 말할 수 있다.

"언젠가 우리는 더 이상 이곳에 있지 않을 것이다." 이러한 존재의 무상함의 인식을 강화시켰을 때, 첫 단계에서 우리가 강화한 인간 존재의 막대한 잠재력과 고귀함에 대한 이해와 맞물려 윤회에서 벗어나는 것이 얼마나 절박한 일인지 알 수 있을 것이다. "반드시 내 삶의 모든 순간을 소중하게 잘 쓰겠다."라는 열정과 열의 그리고 확신을 반드시 계발해야만 한다.

　이러한 이해에 이르기까지 내가 강조해 온 것은 배움의 중요성이다. 까담빠의 창시자 돔뙨빠께서는 공부하고 배우면서도 사색과 명상 수행을 소홀히 하지 않으셨다. 주어진 주제에 대해 사색하실 때에도 공부와 명상의 중요성은 절대 잊지 않으셨으며, 명상을 하실 때에는 배우고 사색하는 것의 중요성을 잊지 않으셨다. 바꾸어 말하면 그는 늘 공부와 명상, 사색 이 세 가지를 겸비하셨다. 그 세 가지가 서로 협동하며 조화를 이룬 수행인 것이다. 이렇게 하면 지적인 학습과 앎을 실생활에 적용하는 수행 사이에 어떠한 불균형도 없다. 그렇지 않으면 지나치게 지성적인 측면에만 치우쳐 수행을 소홀이 하거나, 실질적인 적용을 지나치게 강조한 나머지 학습이나 이해의 측면을 소홀히 하기 쉽다. 하지만 이들은 반드시 균형 있게 행해져야 한다.

　내가 지금까지 얘기한 개관, 즉 수행의 진보를 역순으로 위에서 아래로 나아가는 것은 아리야데바의《사백관론》에 나와 있다. 이《사백관론》에서 그는 모든 불교 수행의 길을 요약한다. 그는 수행을 할 때 첫 단계에서 중요한 것은 우리 몸과 말과 뜻의 부정적이고 나쁜 행동을 역전시키는 것이라고 말한다. 그러기 위해서는 도덕적으로 잘 훈련된 삶을 사는 것이 중요하다. 그 다음 두 번째 단계에서는 마음의 번뇌와 이 전도된 마음의 기저에 있는 무명을 극복하는 것이다. 여기서 전도망상轉倒妄想이란, 현상과 사건을 마치 자성과 실체가 있는 것으로 착각하는 것이다. 이렇게 전도망상을 부수고 난 뒤 세 번째 단계에서는 전도된 상태로 인해 무시 이래로 우리의 마음에 심어진 모든 자성과 실체의 인상, 자성과 실체로 현상과 나를 보는 성향, 그리고 이러한 성향의 훈습인 습관을 제거하는 것이다. 이러한 방식으로 아리야데바는 우리의 완전한 깨달음을 향한 점진적인 과정 안에 특징적인 세 단계를 설명한다.

명
상

———

잠시 조용히 명상합시다. 우리가 계속 논의해 왔듯 지난 명상 시간 동
안 기쁨 또는 행복의 경험과 같은 즐거운 경험을 했을 수도 있습니다.
여러분들 가운데 몇몇은 지치고 피곤한 느낌을 받았을 수도 있습니다.
이제 이 기쁨을 경험한 "나" 또는 "자아"라고 부르는 것의 정체에 대해
집중해서 검토해 보도록 합시다. 주의를 기울여 "나"를 찾아봅니다.
확실한 것은 자아 혹은 나라는 것은 우리의 몸과 마음으로부터 독립적
으로 존재하지 않는다는 것입니다. 오온五蘊, 즉 우리의 몸과 마음 가운
데 몸(색온色蘊)은 확실히 이 "자아"로 보이지 않습니다. 느낌들(수온受蘊)
역시 자아는 아닙니다. 우리는 일반적으로 자아라는 개념에 대해 "나
는 느낀다."라고 표현합니다. 마치 "느끼는 자"라는 느낌의 주체와 느
낌이 있는 것처럼 생각합니다. 하지만 느낌은 그 자아가 될 수 없습니

다. 지각(상온想蘊) 역시 자아라고 할 수 없습니다. 느낌과 마찬가지로 우리는 "나는 지각한다."라고 합니다. 지각하는 행위와 지각하는 주체가 따로 있는 것처럼 생각하지만 지각 역시 "자아"라고 볼 수 없습니다.

만일 현재 마음 상태보다 훨씬 더 완벽하고 명료하게 깨어 있는 마음 상태로 바꿀 기회가 있다면 우리는 기꺼이 바꾸려고 할 것입니다. 마찬가지로 우리는 몸에 대해서도 그렇게 느낍니다. 만일 우리의 몸을 훨씬 더 멋있거나 빼어난 몸과 바꿀 기회가 있다면… 현재 의료 기술로는 뇌를 이식할 수 없지만 가능하기만 하면 바꾸고 싶을 것입니다.

이것이 시사하는 바는 우리가 아주 자연스럽게 스스로를 인식하는 방법, 즉 "자아"라는 생각을 떠올리는 방법은 경험하고 지각하는 주체가 있는 것으로 상정한다는 것입니다. 이렇게 본다면 인간을 구성하는 오온五蘊은 어떤 면에서 이 "자아"가 가지고 있는 소유물이거나 아니면 "자아"를 구성하는 한 부분이어야 할 것입니다.

이와 비슷한 방법으로 여러분이 격하게 화를 내거나 증오를 품을 때 "나"라는 것의 존재를 아주 강렬하게 느낍니다. "나는 화가 났다."라고 할 때 증오나 화가 적을 향하면 여러분은 그 대상에 대해 자신의 감정에 따라 완전히 나쁘거나 완전히 좋은, 어느 한쪽으로 단일하게 실재하는 사람으로 파악합니다. 화와 증오의 대상이 백 퍼센트 나쁜 사람으로 남아 있기 때문에 변화의 가능성은 눈곱만큼도 없는 것처럼 보입니다. 하지만 그것은 사실 그렇지 않습니다.

아무것도 모르고 꾸밈없는 우리의 마음은 모든 현상을 독립되어 있고 단일한, 자기 스스로의 힘으로 존재하는 객관적인 존재처럼 인식합니다. 만일 현상들과 사건들이 우리가 지각하는 방식으로, 즉 우리와 동떨어진 실체가 있는 존재라고 한다면 우리가 이들에 대해 검토하고 사색할 때마다 이들의 존재가 더욱더 명확해져야 할 것입니다. 그러나 이와 반대로 그 존재를 분석하면 할수록 그들은 해체되고 실체가 사라져 버려서 그러한 존재가 없다는 사실이 도리어 명확해집니다.

현대 과학의 관점에서도 그렇습니다. 물리학자들은 물질적 실재의 본질을 이해하는 것을 목표로 합니다. 그런데 연구를 거듭하다 보면 물질이라는 견고한 개념으로 규정할 수 없는 단계까지 이르게 됩니다. 그래서 물리학자들은 물질의 실재하는 정체성, 변별적이고 독립적이며 구체적인 대상으로서가 아니라 현상을 보다 총체적인 관점에서 상호 연관성의 관점에서 바라보기 시작했습니다.

만일 현상과 사건이 우리가 지각하는 대로 존재한다면, 다시 말해 현상과 사건이 객관적이고 변별적이며 구체적인 정체성과 독립적인 상태를 가지고 있다면 우리가 이들을 검토하거나 대상을 지칭하는 이름들이 가리키는 실체를 찾아볼 때 이들의 존재가 더욱 명료하게 드러나야 합니다. 그러나 사실은 그렇지 않습니다. 우리가 이들을 찾는 그 순간 그 존재의 개념들은 해체되고 사라집니다. 이것이 현상과 사건들 자체가 절대적으로 존재하지 않는다는 말은 아닙니다. 현상과 사건이 존재한다는 것은 부정할 수 없습니다. 단지 그 현상과 사건을 우리가 다르게 경험한다는 말입니다. 그래서 우리는 현상과 사건들에 대해 고통을 느끼기도 하며 즐거움과 기쁨을 느끼기도 합니다. 그런 경험으로 우리는 현상이 실재하는 것이라고 단정합니다. 이를 통해 끌어낼 수 있는 결론은, 우리가 현상이나 사건을 지각하는 방식과 그들이 존재하는 방식 사이에 괴리가 있다는 것입니다. 다른 말로 하면 우리의 인식에 나타나는 현상(표상表象)과 이것이 나타나는 현상의 본 모습 사이에 간극이 있다는 것입니다. 따라서 이 간극에 대한 이해를 터득하고 그이해를 품고 있을 수 있다면 우리가 이 세계, 그리고 다른 이들과 어떻게 관계를 맺는지, 우리를 둘러싼 주변 환경들과 주변 사람들, 우리 자신을 어떻게 지각하는지를 판단할 수 있을 것입니다. 이 분석에서 우리는 세상과 우리 자신, 그리고 다른 이들과 관련을 맺는 습관적인 방식을 볼 수 있습니다. 그러면 현상이 그런 방식으로 존재하지 않는다는 것을 깨달을 수 있을 것입니다. 현상은 우리들에게 드러나는 방식으로 존재하지 않습니다. 그 결론에 의식을 집중하고 현상과 사건이 독립적으로 존재한다는 생각을 떨궈 냅니다.

그렇다면 현상이 존재한다고 할 때 이들은 어떻게 존재하는 것일까요? 이 현상의 존재 상태는 무엇일까요? 지금까지 우리가 논의해 온 것들을 종합해 보면 현상의 존재와 그 정체성은 오직 다른 현상과의 인과적 상호 관련성을 통해서만 가능하다는 결론에 도달할 수밖에 없습니다. 현상은 다른 현상들과의 상호 작용 속에서 그리고 우리가 실재에 잘못 덮어씌운 표식들과 이름들에 의지해서만 존재할 수 있습니다. 이제 여러분의 의식을, 현상은 독립적으로 존재하지 않으며 본래적인 실체나 본유적인 자성을 가지고 있지 않다는 결론에 집중합니다. 이것이 공성의 명상이라고 하는 것입니다.

따라서 공성에 대해 명상할 때 우리는 "아, 이것이 공성이군." 하고 생각하지 않습니다. "아, 현상이 그렇게 존재하지 않지만, 그럼 다른 방식으로 존재하지 않을까."라고도 생각하지 않습니다. 무엇인가가 존재한다고 인정하려는 시도를 하지 말아야 합니다. 그 대신 현상과 사건들에는 우리 의식으로부터 독립된 자성이나 본래적인 실체가 없다는 결론에만 마음을 집중하는 것입니다. 그렇지만 이것은 마음의 완전한 공허함이나 전적인 허무虛無에 의식을 두는 것과는 전혀 다릅니다. 그렇다기보다는 의식을 독립적인 존재와 본래적인 실체의 부재에 집중하는 것입니다.

샨띠데바의《입보리행론》
제6장 인욕품 전문

1   일천 겁 동안 쌓아 올린 보시와
     붓다에게 올린 공양 등의
     (어떤) 선행이라 하더라도
     단 한 번의 화로 모두 무너질 수 있다.

2   증오만큼 악한 것은 없으며
     인내만큼 견디기 힘든 고행도 없다.
     그러니 최선을 다해 모든 방법을 다 써서
     인내를 수행해야 한다.

3   마음에 증오라는 고통스러운 생각을 품고 있으면
     마음의 평온을 경험할 수 없다.
     기쁨과 행복을 얻을 수 없으며,

잠도 (잘) 오지 않고, 불안해질 것이다.

4 　자신의 부와 명예를 왕의 친절함에
　　기대야 하는 사람들이라 할지라도
　　그 왕이 증오를 지닌 자라면
　　그를 죽이겠다고 들 것이다.

5 　(증오는) 가까운 이들까지도 낙담시킨다.
　　베풂으로 끌어모으려 해도 의지하려 들지 않는다.
　　요약하자면, 증오를 (가진 이에게는)
　　결코 행복이란 있을 수 없다.

6 　이뿐만 아니라 증오라는 적은
　　많은 괴로움을 일으킨다.
　　노력하여 증오를 이겨 내는 이들은
　　현재와 미래의 삶에서 행복할 수 있다.

7 　원하지 않은 일을 하거나
　　하고 싶은 일을 못하게 될 때 일어나는

마음의 불쾌함을 먹이로 삼아
화가 커져서 나 사신을 파멸시킨다.

8   그러니 나는 이놈의 먹잇감을
     모조리 찾아 없애야만 한다.
     이처럼 이 (화라는) 적이 내게 저지르는
     일이라고는 해를 입히는 것 말고는 없다.

9   어떤 일이 닥쳐도, (누군가 나를) 불쾌하게 만들어도
     내 마음의 평안을 망치지 못하리니,
     (그렇지 않으면) 원하는 바를 이루지 못할 것이며,
     내 공덕이 쇠퇴할 것이기 때문에.

10   손쓸 수 있는 일이라면
     불쾌해야 할 이유가 무엇이며,
     손쓸 수 없는 일이라면
     불쾌해 하는 것이 무슨 도움이 되겠는가?

11   나와 내 지인들에게는 괴로움, 멸시, 험담,

불쾌함이라는 것들이 일어나기를 원하지 않는다.

그러나 반대로 (증오라는) 적에게는

이러한 일들이 (일어나기를 원한다.)

12   행복의 원인은 드문드문 일어나지만,

괴로움의 원인은 아주 자주 (일어난다.)

괴로움이 없다면 (윤회에 대한) 출리심出離心도 없을 것이다.

그러니 이 마음을 단단히 먹어라.

13   (두르가의) 고행자들과 까르나빠 지방 사람들은

태우고 자르는 등의 고통을

아무런 목표 없이도 견디는데,

(해탈이라는) 목표를 가진 내가 어찌 두려워하겠는가?

14   익숙해지는 데 쉬워지지 않을

그런 일은 절대 없다.

그러니 작은 해악害惡에 익숙해짐으로써

더 큰 해악을 견뎌야 한다.

15 뱀, 등에 물린 고통과,
    배고픔, 목마름 등의 고통과
    발진發疹 등의 의미 없는 고통을
    어찌 겪지 않았겠는가?

16 더위, 추위, 비, 바람,
    질병, 속박, 구타 등을
    나는 견디지 못하면 안 된다.
    그러면 해악이 더 늘어날 것이기에.

17 어떤 이들은 자신의 피를 보면
    더 용감해지고 굳건해지며,
    어떤 이들은 다른 이의 피를 보면
    의식을 잃고 기절한다.

18 이는 마음의 굳건함이나
    유약한 상태에서 비롯된 것이니,
    (나에게 오는) 해악은 무시하고
    괴로움에는 흔들리지 말아야 한다.

19 　지혜로운 분들은 괴로움을 겪을 때에도
　　마음을 번뇌에 물들지 않게 하신다.
　　번뇌와의 전쟁에 참전할 때,
　　그 싸움에서 많은 상처가 일어난다.

20 　모든 괴로움을 없애고
　　화 등의 적들을 정복하시는,
　　그분들이야말로 (진정한) 정복자요, 영웅들이시다.
　　나머지는 (그저) 시체나 죽이고 있을 뿐이다.

21 　더불어, 괴로움에도 좋은 점은 있으니,
　　(윤회하는 삶에 대해) 염리심厭離心을 일으켜 오만함을 없애 주고,
　　윤회하는 중생에 대한 연민의 마음을 일으키며,
　　악행을 피하게 하고 공덕을 좋아하게 만드는 것이네.

22 　황달과 같은 괴로움의 큰 원천에게는
　　화를 내지 않으면서
　　유정有情들에게는 어찌 화를 내겠는가?
　　그들 역시 모두 조건에 의지하여 일어났을 뿐인데.

23   예를 들어 원하지 않았음에도
　　　병이 일어나게 되는 것과 같이,
　　　원하지 않았어도
　　　번뇌는 반드시 일어날 것이다.

24   "화를 내리라." 하고 생각하지 않아도
　　　사람들은 자연스럽게 화를 낸다.
　　　"(화를) 일으킬 것이다." 하고 생각하지 않아도
　　　화가 그렇듯 일어나게 된다.

25   존재하는 모든 과오過誤와
　　　다양한 모습의 악행惡行들은
　　　모두 조건들(연緣)의 힘에 의해 일어난 것이니,
　　　자력自力으로 존재하지 않네.

26   이 (과오過誤와 악행惡行)은 조건들이 모여 일어났지만,
　　　'(누군가가 나를) 생기게 했다.'라는 생각이 없다.
　　　(과오過誤와 악행惡行)을 생기게 하는 (조건들) 또한
　　　"내가 (그것을) 일으켰다."라고 생각하지 않는다.

27 "원초적 물질(원질原質, prakṛti)"이라고 주장하는 것과,

"자아自我"라고 (잘못) 덧씌운 것들,

이들이 "내가 일어나겠다."라고

의식적으로 생각해도 (그들은) 일어나지 않는다.

28 (독자적으로) 발생하지 않는 것이 없다고 한다면,

일어나고자 하는 의지를 가진 모든 것은

대상을 영원히 인식하기 때문에

(대상에 대한 인식을) 멈추지도 못한다.

29 만일 이 자아가 영원하다면 허공처럼

행동하는 자가 없을 것이라는 것은 분명하네.

다른 조건들(연緣)을 만난다 하더라도

이 변하지 않는 (자아가) 무엇을 하겠는가?

30 (그 자아가 다른 조건들에 의해) 행동할 때조차 그 전과 똑같다면,

무엇을 하기 위해 행동하는가?

(그 조건들의) 행위가 이 (자아)라고 말한다면,

그 둘 사이의 관계는 무엇인가?

31 이처럼 모든 것은 다른 (조건들의) 힘에 의해 일어나기에

(자신의) 힘으로 (좌지우지)할 수 있는 것이 없다.

이것을 이해한다면, 모든 현상은

환영과도 같으니, 화를 내지 말아야 할 것이다.

32 (모든 것이 환영과 같이 실체가 아니라면) 어떤 것이 어떤 것(즉,

화 등)을 부정할 수 있겠는가?

부정하는 것 역시 이치에 맞지 않다고 (반대하는 이가 주장)

하겠지만,

(세속제의 관점에서 화에 대처하는 일에) 의지해 괴로움의

흐름을 끊어 내는 것도 틀린 이치는 아니다.

33 따라서 적이든 친구이든

이치에 맞지 않는 일을 하는 것을 본다면,

그러한 것은 조건들로부터 일어나는 것이라고

이와 같이 생각하여 (마음을) 편안하게 하리라.

34 만일 뜻하는 대로 (다) 이루어진다면
그 어느 누구도 피로움을 원하지 않을 것이니,
살아 있는 모든 것들, 그 누구에게도
피로움은 일어나지 않을 것이다.

35 부주의함 때문에 (사람들은) 자신에게조차
가시 등으로 해를 입힌다.
여인 등을 얻기 위해서
갈망하며 음식 등을 끊기도 한다.

36 어떤 이는 목을 매달고, (어떤 이는) 절벽에서 뛰어내리며,
독과 해로운 것을 먹는 등
공덕이 되지 않을 일들을 해서
자기 자신에게 해를 입힌다.

37 번뇌에 휘둘려
사랑하는 자기 자신조차 죽이는데,
어떻게 그들이 다른 생명들에게
해를 끼치지 않겠는가?

38 일어난 번뇌로 인하여, 그처럼
자기 자신에게조차 (해를) 끼치는 (이들에게)
조금이라도 연민을 일으키지는 못할지언정
어찌 화를 낼 수 있겠는가!

39 만일 다른 사람을 해치는 것이
어리석은 이의 본성이라 하더라도,
그것에 화를 내는 것은 이치에 맞지 않으니,
불타는 성질을 가졌다며 불에게 화를 내는 것과 같다.

40 만일 천성적으로 온화한 중생이
우연히 잘못을 일으켰다면,
(그 중생에게) 화를 내는 것은 또한 이치에 맞지 않으니,
연기가 퍼진다고 허공을 질책하는 것과 같다.

41 만일 (나를) 때린 사람에게 화가 난다면,
화가 (그 사람이 나를 때리도록) 시킨 것이니,
비난을 하겠다면 그 화에 화를 내는 것이
이치에 맞다.

42 내가 전에 (다른) 중생에게
이와 같이 해를 입힌 적이 있기에
(다른) 중생에게 입힌 해가
나를 해치는 것은 당연하다.

43 (적의) 칼과 나의 몸,
둘 다 (내) 괴로움의 원인이다.
그는 칼을, 나는 몸을 일으켰는데
누구에게 화를 내야 할 것인가?

44 몸에 난 종양처럼 감히 건드리지도 못할
괴로운 (이 몸)에 집착하느라
내가 맹목적으로 붙들고 있는 것이라면,
그 (몸)이 다칠 때 누구에게 화를 낼 수 있겠는가?

45 어리석은 이는 괴로움을 원하지는 않지만,
괴로움의 원인에 집착하여
자기 스스로에게 해를 입힌다.
그런데 누구에게 성질을 부릴 수 있겠는가?

46 예를 들어, 지옥의 문지기와
칼날 이파리로 된 나무의 숲은
자신의 업이 일으킨 것이다.
이것을 누구에게 화를 낼 수 있겠는가?

47 내가 한 행동에 자극을 받아
나에게 해를 끼치는 이들이 생겨난다.
(내게 해를 끼친 일) 때문에 그 중생이 지옥에 간다면,
내가 그들을 망치는 것이 아니겠는가?

48 그들에게 의지하여 (그들의 악행을)
인내함으로써 나의 악업을 많이 정화하지만,
나에게 의지하여 그들은
오랫동안 지옥의 괴로움을 겪을 것이다.

49 나는 그들에게 (도리어) 해를 입히고
그들은 나에게 도움을 주는데,
날뛰는 마음이여, 너는 어째서
못되게 화를 내는가?

50 만일 내 마음에 (인내의) 덕이 있다면
지옥에 가지 않을 것이니,
내 마음을 내가 보호하는데
그들에게 (악업이) 일어나겠는가?

51 그럼에도 (그들에게) 보복한다면
그들을 보호하지 못하게 되니,
나의 행 역시 퇴보하게 될 것이다.
이렇게 (인내의) 고행이 무너지게 된다.

52 마음은 형체가 없어
그 어느 누구도 무너뜨릴 수 없다.
(그러나) 몸에 강하게 집착하면
괴로움들에 해를 입는다.

53 모욕적인 말과 모진 말,
기분을 나쁘게 하는 말은
몸에 해를 끼칠 수 없는데,
마음이여, 너는 왜 그리 화를 내는가?

54 다른 사람이 나를 좋아하지 않아도,
    이 생에서도 다음 생에서도
    그들이 나를 잡아먹을 것도 아닌데,
    나는 왜 이 '싫어함'을 받아들이지 못하는가?

55 (세속적인) 이익을 가로막기 때문에
    이 (다른 사람이 나를 싫어함)을 원하지 않는다면,
    그렇게 내가 쌓은 이득은 여기에 두고 가야 하지만
    (이득을 위해 내가 저지른) 악행은 굳건하게 남는다.

56 차라리 오늘 죽을지언정, 악행을 저지르며
    오래 사는 것은 도리에 맞지 않다.
    나와 같은 이들이 오래 산다 하더라도
    죽음의 괴로움은 여전하기 때문이다.

57 어떤 이는 백 년 동안 안락을
    맛보고 꿈에서 깨고,
    어떤 이는 하루 동안 안락을
    맛보고 꿈에서 깬다고 하자.

58   꿈에서 깨어난 두 사람 모두에게
(그 꿈과 같은) 안락은 다시 오지 않는다.
목숨이 긴 사람도, 목숨이 짧은 사람도
죽을 때는 (꿈을 꾸는 것)과 같을 것이다.

59   (세속적인) 이익을 잔뜩 얻어서
오랫동안 안락을 누린다 하더라도
도둑이 도둑질해 가듯
(죽을 때는) 빈 몸에 빈손으로 간다.

60   (세속적인 물질적) 이익은 나를 살게 해 주니
나는 악행을 없애고 공덕을 (쉽게) 지을 수 있을 것이지만,
내가 그 (세속적인 물질적) 이익을 위해
화를 낸다면 공덕이 사라지고 악행은 늘지 않겠는가?

61   내 삶의 목적,
그것이 무너진다면
악행만을 일삼으면서
사는 것이 무슨 가치가 있는가?

62 나에 대한 신뢰를 떨어뜨리고
   내 마음을 상하게 하는 말에 화가 난다면,
   다른 이에게 상처 입히는 말을 하는 사람들에게도
   마찬가지로 화를 내야 하지 않겠는가?

63 믿지 못할 다른 사람에게는
   신뢰가 떨어져도 그것을 참을 수가 있다면
   번뇌를 생기게 하는
   듣기 싫은 말은 어찌하여 참지 못하는가?

64 불상과 불탑, 불법을
   무너뜨리고 부수는 이들이라 할지라도
   내가 분노를 일으키는 것은 이치에 맞지 않으니,
   붓다는 절대 상해를 입지 않기 때문이다.

65 스승과 친척, 친구들을
   다치게 하는 이들 역시
   (그들의) 과거의 (업이 만든) 조건들로부터
   일어난 것이라고 보면서 화를 멈춘다.

66 몸을 가진 존재는 마음이 있는 것(유정^{有情})과 없는 것(무정
^{無情}),

둘 모두에게 해를 입는데,
어째서 유정^{有情}에게만 화를 내는가?
(그러니 모든) 해를 참는 것이 (이치에 맞다.)

67 몇몇은 어리석음 때문에 악행을 저지르고
몇몇은 어리석음 때문에 (그들에게) 화를 낸다면,
누구에게 잘못이 있는 것이고
누구에게 잘못이 없는 것인가?

68 다른 이들이 (나를) 해치는 것은
(그렇게 했던 나의) 과거 업 때문이다.
모든 것이 내 업에 의한 것인데,
어떻게 내가 (그들에게) 화를 낼 수 있겠는가?

69 이렇게 (그 상황을) 이해하면서,
나는 공덕을 쌓는 데 전심을 다해
모두가 서로를 사랑하는

마음을 낼 수 있도록 해야 한다.

70 예를 들어 어느 집에 불이 나서
다른 집으로 옮겨붙을 때,
(불이) 번지게 만드는
지푸라기 등을 치워 버리는 것과 같다.

71 이와 같이 어떤 것에 집착이 일어나면
화의 불길이 번지게 되니,
(나의) 공덕이 불탈 것을 두려워한다면,
(그 화의 불을) 당장 꺼 버려야 한다.

72 사형 (선고를 받은 이가 팔 하나만 잘리고)
풀려난다면 정말 운이 좋은 것이다.
만일 인간계의 괴로움을 (받음으로써)
지옥에 (떨어지지) 않았다면, 얼마나 운이 좋은 것인가?

73 지금 당장의 괴로움을
내가 참아 낼 수 없다면,

(장차) 지옥에서 받을 괴로움의 원인이 될

화를 어째서 다스리지 않는가?

74 자신의 욕망을 채우기 위해

지옥 불에 타는 등의 경험을 수천 번 했건만,

나는 나에게 이익이 되는 것도

남에게 이익이 되는 것도 하려 하지 않았다.

75 (그에 비하면) 이 괴로움은 그만큼 해롭지는 않으며

(인내하면) 큰 이익 또한 성취할 수 있을 것이기에,

윤회의 바다를 떠도는 이들(중생)의 해악을 제거하는

고통은 오직 기쁘게 받아들이는 것이 합당하다.

76 만일 다른 사람이 (그들의 적이)

지닌 덕을 칭송해서 행복의 기쁨을 얻었다면,

마음이여, 어째서 그대 역시 그를 칭송해서

그와 같이 (스스로를) 기쁘게 만들려고 하지 않는가?

77 (적 등 타인의 덕을 칭송하는 것은) 그대가 누리는 안락의

흠 없는 행복의 원천이다.

(붓다의 가르침을 배운) 덕을 지닌 분들께서 권하시는 것이며,

또한 다른 이들이 (감화되어) 모이게 하는 수승한 (방편)이다.

78 다른 이들은 (남을 칭찬하는) 방법을 통해 안락을 얻는다고
말씀하신다.

그러나 만일 그대가 (그들의) 안락을 원하지 않는다면,

급여의 제공, 보시행 등을 포기해야 하겠지만,

(그렇게 하면 그대는) 보이는 (이 삶)과 보이지 않는 (다음 삶
에) 패배자가 될 것이다.

79 (누군가) 자신의 공덕을 칭찬하는 말을 할 때,

다른 이들 역시 (자기가 그 말에 기뻐하듯) 즐거워하기를 바
란다.

(그러나 누군가) 다른 이의 공덕을 칭찬하는 말을 할 때,

그대 자신은 (그들만큼) 기뻐하고 싶지 않다.

80 모든 중생이 행복하기를 바라며
보리심을 일으켰다면,

중생이 스스로 행복을 찾는데

그에 어찌 화를 낼 수 있겠는가?

81   만일 중생들이 삼계^{三界}의 공양을 받는

붓다가 되기를 바란다면서

아주 미약한 공경을 받는 것을 보고

그에 대해 기분 나빠해서야 되겠는가?

82   그대가 돌봐 주고

그대가 베풀어야 하는

그 친척이 삶의 수단을 찾게 되면

기뻐해 주기는커녕 화를 내어서야 되겠는가?

83   중생들에게 그러한 (즐거움이 일어나는) 것을 바라지 않는다면,

그들을 위한 보리심이 일어나기를 어찌 바랄 수 있겠는가?

다른 이들의 풍족함에 화를 내는 그대에게

보리심이 어디에 있겠는가?

84 만일 (내 적인) 그들이 (물질적) 이익을 받든
   내 후원자의 집에 너무 든 간에
   그대에게 (생기는 물질적 이익이) 전혀 없다면,
   (그들이 이익을) 받든 말든 무슨 상관인가?

85 왜 (성질을 내서) 복덕과 (다른 이들의) 신뢰, 그리고
   자신의 공덕을 무너뜨리려 하는가?
   이익이 될 것을 붙잡지 못하는
   자신에게는 어째서 화가 나지 않는지 말해 보라.

86 그대 스스로가 저지른 악행들에 대해서
   (마음이여,) 괴로워하기는커녕,
   공덕을 지으려 하는 다른 이들과
   경쟁까지 하려고 하는가?

87 만일 적들이 불행하게 되었다 한들,
   어째서 그대가 그것을 즐거워하는가?
   그대가 (그들이 잘못되기를) 바라는 것만으로는
   그 (적들이) 해를 입는 원인이 되지는 못하리라.

88 그대의 소원이 (적들을) 괴롭게 했다고 한들,
어째서 그대가 그것을 즐거워하는가?
만일 만족을 위해서라고 말한다면,
그것보다 추한 것이 또 있을까?

89 번뇌는 어부가 던진 낚싯바늘과 같이
끔찍하게 고통스러운 것이다.
(번뇌에) 잡히면 지옥의 문지기가
지옥의 솥에 나를 끓일 것이다.

90 칭찬과 명성이라는 영광은
공덕이 되지도 않으며 삶에 (도움이) 되지도 않는다.
자기에게 힘이 되지도, 아픈 곳을 고쳐 주지도 않는다.
몸의 즐거움 역시 되지 않는다.

91 무엇이 내게 이익이 되는지를 스스로 안다면,
(칭찬 등이) 내게 이익될 일이 무엇이겠는가?
오직 마음의 즐거움만을 원한다면,
도박이나 술에 의지해도 될 것이다.

92 명예를 위해 재물을 잃고 나 자신까지도
죽음으로 끌어넣는다면, 명예가 무슨 소용인가?
내가 죽고 나면,
그 (명예)들이 어느 누구에게 즐거움을 줄 수 있겠는가?

93 자신의 모래성이 무너지면
울음을 터뜨리는 어린아이와 같이,
내 마음도 그러하다.
칭찬이나 명성이 무너지기 시작할 때.

94 순간 사라지는 소리에는 마음이 없다.
따라서 (그 소리에) 나를 칭찬하겠다는 생각이 있을 리 없다.
(그럼에도) 다른 이들이 (나를 칭찬하면서 느끼는) 기쁨이 (있
다면서)
명예를 기쁨의 원인이라고 생각한다.

95 (그 칭찬이) 남에 대한 것이건 나에 대한 것이건
다른 이들의 기쁨은 내게 하나도 도움이 되지 않는다.
그 기쁨과 행복은 그들의 것이지,

그들(의 기쁨과 행복)을 나는 조금도 얻을 수 없다.

96 그들의 기쁨이 (보살행을 원하는) 나의 기쁨이라면,

(내 적을 포함한) 모든 이들의 (행복을) 똑같이 (기뻐해야) 한다.

그런데 다른 이들이 기쁨으로 인해 행복해 한다면,

나는 (당연히) 기뻐야 하지 않겠는가?

97 따라서 "내가 칭찬을 받았다."고 말하는 것에서

나의 기쁨이 일어난다면

그것 역시 옳은 것이 아니니,

(이런 태도는) 어린아이들의 놀이에 불과할 뿐이다.

98 칭찬 등이 내 주의를 (보리심의 수행으로부터) 돌리고,

그 (칭찬 등)이 염리심厭離心 또한 없애 버린다.

(칭찬 등) 공덕을 가진 이를 시기하게 하고

(칭찬 등) 원만함까지 없애 버린다.

99 그러니 나의 칭찬 등을 무너뜨리기 위해

기다리고 있는 그들은

내가 악도^{惡道}에 떨어지는 것을
막아 주기 위해 달려드는 것 이니겠는기?

100 나는 (윤회로부터의) 해방을 추구하니
   (물질적) 이익과 명성에 얽혀서는 안 된다.
   나를 이 (윤회의) 속박으로부터 자유롭게 해 주는
   그들에게 내가 왜 화를 내야 하겠는가?

101 기꺼이 (중생들을 위해) 괴로움을 받기를 원하는 나에게,
   붓다께서 가피를 주시듯,
   (이익과 명성의 성취를) 얻지 못하게 막는 문(과 같은 그들에게)
   내가 왜 화를 내야 하겠는가?

102 이들이 내 공덕행을 막는다고 말하며,
   그들에게 화를 내는 것은 이치에 맞지 않다.
   인내^{忍耐}와 같이 성취하기 힘든 것이 없다면,
   나는 (인내의 수행)에 머물러야 하지 않겠는가?

103 내가 내 잘못으로 (적들을)

인내하지 못한다면,

복덕의 원천에 가까이 머무는 것을

내가 (스스로) 막아 버리는 것이다.

104 만일 어떤 것이 없으면 어떤 것이 일어나지 않고

어떤 것이 있어서 어떤 것이 일어난다면,

바로 그 (적들이 인내를 통한 복덕의) 원천이라면,

그 (적들이) 내 (인내의 수행을) 막는다고 할 수 있겠는가?

105 이따금 오는 거지가

보시의 수행을 가로막는다고 할 수 없다.

(자기가 그 복덕의 근원을) 뽑아내고서는

(복덕의 근원이) 스스로 막혔다고 하는 것은 이치에 맞지

않다.

106 세상에 걸인은 많지만

(나에게) 해를 입히는 (걸인은) 드물다.

이처럼 (내가) 상대방을 해치지 않으면,

그 어느 누구도 나를 해치지 않으리.

107 그러므로 애쓰지도 않았는데
집 안에 보물이 (저절로) 나타난 것처럼
(적들이 나의) 보리행을 도와주기에
나는 적(의 행위를) 기뻐해야 한다.

108 내가 (인내의 행을) 수행할 수 있기 때문에,
첫 번째 인내 (수행)의 결과는
그들에게 주는 것이 합당하다.
그들이 (인내 수행의) 원천이기 때문에.

109 "(적들에게 내) 인내의 수행을 도울 의지가 없었기에
그들을 존경해야 할 필요가 없다."고 한다면
진리의 불법은 수행의 원천으로 합당하지만,
그 역시 (그대의 수행을 도와줄 의사가 없는데) 왜 경배해야 하
겠는가?

110 "적들은 나를 해치려는 의지가
있기 때문에 존경할 필요가 없다."고 한다면,
의사처럼 (나를) 도우려고만 노력한다면

(그 의사를 통해) 내 인내의 수행을 어떻게 완성시키겠는가?

111 그러므로 (적의) 지독한 증오에 의지해서
인욕행을 일으키면,
그 (적)이 인욕행의 원인이 되기 때문에
수승한 불법과 같이 존경받는 것이 당연하다.

112 그러므로 대성大聖께서는
중생의 밭과 승리자의 밭이 같다고 가르치셨다.
이와 같이 중생을 기쁘게 한 많은 이들은
건너편 언덕으로 나아간다.

113 중생과 승리자 (붓다)로부터
붓다의 자질들을 성취한다는 (면에서는) 같다.
(그러니,) 승리자 (붓다를) 존경하듯
중생들도 그렇게 존경해야 하지 않겠는가?

114 그들의 의지의 속성은 서로 다르지만,
결과는 비슷하다.

중생들 또한 (붓다의) 속성을 가지고 있으므로,
(그러한 면에서) 그들은 (붓다와) 동등하다.

115 사랑하는 마음을 가지고 존경하여 (오는) 모든 (공덕은)
중생의 위대함 때문이며,
붓다에 대한 믿음에서 오는 모든 복덕은
또한 붓다의 위대함 때문이네.

116 그러므로 붓다의 속성을 성취한다는 면에서
(중생과 붓다는) 동등하다고 주장한다.
그러나 (중생들은) 가없는 공덕의 바다인
붓다들과는 (공덕의 면에서는) 동등하지 않다.

117 (붓다의 열 가지 힘 등) 수승한 공덕의 모임,
그 공덕의 일부분만이라도 몇몇 이에게
나타난다면, 그들에게 공양을 올리기 위해
삼계三界를 다 바쳐도 충분하지 않을 것이다.

118 수승한 붓다의 뛰어난 속성을

일으키는 역량이 모든 중생에게 있으니,

그 부분만을 따라서라도

중생에게 공양을 올리는 것이 합당하리.

119 더 나아가, 솔직한 친구가 되어 주고

무량한 이익을 주는 이 중생들을

기쁘게 해 주는 것 말고

무엇으로 보답해 줄 수 있을까?

120 그러니, (자신들의) 몸을 던져 아비지옥에 들어가는

(그들에게) 이익을 돌려줘야 하므로,

이들이 (나에게) 크나큰 해를 입힌다 하더라도

(그들에게) 오로지 모든 선만을 행할 것이다.

121 나의 스승들께서는 (중생들을 위해)

자신의 몸조차도 사리지 않으시는데,

어째서 몽매한 나는 나만 아끼며

(그들을 섬기는) 시종의 행을 하지 않는가?

122 모든 (중생)의 행복이 대성^{大聖}들을 기쁘게 하며
이느 누구든 해를 딩하면 (그분들은) 슬퍼하신다.
그들을 행복하게 하는 것이 모든 성취자들의 기쁨이며,
그들을 해치는 것은 성취자를 해치는 것이다.

123 온몸에 불이 붙으면,
바라던 모든 것들(을 이뤄도) 기쁘지 않은 것처럼,
중생이 상처 입으면,
자비로운 분들을 기쁘게 해 드릴 방법이 전혀 없다.

124 따라서 모든 자비로운 분들을 슬프게 만든
중생들에게 제가 지어 온 해악들,
이 악행들을 낱낱이 참회하나니, 제가 일으킨
이 모든 슬픔을, 대성^{大聖}이시여, 참아 주소서.

125 오늘부터 (나는) 여래들을 즐겁게 해 드리기 위해서
세상을 섬길 것이며, 많은 중생들이 (나를) 발로 차고,
머리를 내려치고, 설사 죽이려 한다 하더라도,
되갚지 않음으로써 세상의 수호자들을 기쁘게 하리라.

126 이 중생들은 모두 자비를 갖추고 있으니,
나에게 하는 이 행들에 (추호도) 의심을 하지 않으며
중생들의 성품을 보시는 이분들,
(세상의) 수호자들에게 어찌 귀의하지 않을 수 있겠는가?

127 (중생을 행복하게 하는) 이것이 여래^{如來}를 기쁘게 하는 것이며,
온전히 자신의 목적을 성취하게 해 주는 것도 이것이다.
세상의 괴로움을 없애는 것 역시 이것이다.
그러므로 나는 언제나 (중생의 행복을 위해) 일하리라!

128 예를 들어, 왕의 신하들이
많은 이들을 해친다 하더라도
멀리 보는 눈을 가진 이들은
(보복)할 수 있어도 보복하지 않으리.

129 (왕의 신하들이) 홀로 있는 것이 아니라,
왕의 권력이 뒷받침을 해 주는 것이다.
마찬가지로, (내게) 해를 입히는
아무리 작은 미물이라도 절대 아래로 보지 않으리.

130 (그 미물들을) 지옥의 수문장과

모든 자비하신 분들이 (뒷받침해 주는 것처럼)

(나는) 흉포한 왕을 (무서워하는) 서민들처럼 (행동하며,)

중생들에게 기쁨을 주어야 하리라.

131 (흉포한) 왕이 화를 낸다 하더라도,

중생들을 기쁘지 않게 함으로써

만든 (내가) 겪을 모든 (과보인)

지옥의 고통만 하겠는가?

132 (흉포한) 왕을 기쁘게 한다 하더라도,

중생들을 기쁘게 함으로써

내가 받을 불성(이라는 과보를)

그는 (절대) 줄 수 없다.

133 미래의 성불은 차치하고, 이 생의 큰 영광, 명성,

그리고 행복이 모두 중생들을

기쁘게 해서 일어나는 것이라는 것을

어찌 보지 못하는가?

134 윤회의 바퀴에 있는 동안, 인내는
아름다움, 건강, 명성 등을 주니,
(인내는 내가) 장수하면서,
전륜성왕의 기쁨을 성취하게 해 주네.

편역자 주 : 이 용어 해설에 있는 설명은 오리엔트 파운데이션이 모으고 그레이험 콜맨이 편집한《티베트 문화 안내서[A Handbook of Tibetan Culture(Boston: Shambhala, 1994)]》에서 고른 것이다. 용어들에 대한 더 상세한 설명은 이 책을 참고하기 바란다.

경전經典(sūtra) : 석가모니 붓다가 대중들에게 가르친 설법.

경승經乘(Sūtrayāna) : 대승불교에서는 깨달음을 향하는 모든 수행의 길이 경승經乘, 즉 현교顯教와 비밀승秘密乘, 즉 밀교密教의 두 가지 체계의 구조 안에 모두 담겨 있다고 본다. 경승은 경전에 기초한 이러한 체계들과 수행법들을 포함하고 있다.

공성空性(śūnyatā) : 실재의 궁극적 본질을 일컫는다. 이는 모든 현상에 자성과 자아가 완전히 부재한다는 것을 뜻한다. 보다 세밀한 의미는 불교의 각 학파에 따라 다르다.

귀류논증 중관학파(Prāsaṅgika-Mādhyamika) : 중관학파를 참조할 것.

까담빠(bka' gdams pa) : 11세기 인도의 학자이자 성인인 아띠샤와 그의 속가제자 돔뙨빠가 창립한 티베트불교의 까담빠 전통을 따르는 사람들. 이 전통은 특히 보살의 정신에 대한 실용적인 적용을 강조한다. 그리고 "마음 훈련" 또는 "생각 변환"으로 불리는 "로종"의 수행과 일련의 저작을 발전시켰다.

나가르주나(용수龍樹) : 2세기경 중관학파를 창시했다.

니르바나(열반涅槃) : 글자 그대로는 "슬픔을 초월한 상태"를 뜻한다. 이는 모든 괴로움과 괴로움의 원인이 되고 괴로움을 지속시키는 조화롭지 못한 감정들의 영원한 소멸을 뜻한다.

닝마빠rnying ma pa : 티베트불교 전통 가운데 가장 오래된 것으로 8세기부터 9세기까지 티베트에 전해진 전통과 문헌의 가르침을 기초로 한다.

다르마dharma : 아주 다양한 뜻을 가지고 있다. 교리적인 맥락에서는 붓다의 깨달음을 일컫는데, 괴로움의 소멸이라는 진리인 멸성제滅聖諦와 괴로움의 소멸로 이끄는 길인 도성제道聖諦를 뜻한다. 또한 불성을 향한 수행을 설명하는 의지할 만한 문헌들과 이 문헌들에 대해 구전으로 전하는 해석들의 전수를 뜻한다.

대비바사학파大毘婆娑學派 : 고대 인도의 주요 네 학파 가운데 하나.

대승불교大乘佛教(Mahāyāna) : 불교의 두 주요 체계 혹은 승乘으로, 다른 하나는 소승불교이다. 동기의 측면에서 대승불교는 이타심을 강조하며, 모든 중생이 윤회로부터 해방되는 것을 목표로 한다. 이러한 면에서 "대승불교"라고 불린다.

따타가따(여래如來, Tathāgata) : 붓다와 동의어로 경전에서 자주 사용한다. "따타Tathā"는 글자 그대로 "그렇게," 그리고 "gata"는 "갔다" 또는 "떠났다"라는 뜻이다. 이 용어는 현교와 밀교의 다른 부류에 따라 여러 다른 의미로 해석이 된다.

딴뜨라tantra : 글자 그대로는 "연속"이라는 뜻을 지닌다. 불교 내에서 딴뜨라는 두 가지 기본적인 뜻이 있는데, 수행의 체계와 수행의 체계를 설명하는 문헌 모두를 딴뜨라라고 한다. 딴뜨라는 수행자가 조화롭지 못한 감정들을 깨달음의 환희로운 상태로 변환시킬 수 있는 복잡한 기술들을 설명한다. 이러한 가르침은 석가모니 붓다가 비밀스러운 명상의 본존本尊으로 나타나 가르쳤다고 한다.

똥렌gtong len : "보내고 받아들임". 대승불교의 수행으로, 수행자가 자신의 행복을 다른 중생들에게 보내고, 그들의 괴로움과 불행, 불운을 자신이 받아들이는 것이다. 이 수행은 자애와 연민을 계발하는 것을 목표로 한다.

렌다와red mda' ba : 15세기 티베트불교의 사꺄빠 전통의 위대한 스승. 겔룩빠를 창시한 쫑카빠의 스승 가운데 한 명이다.

마하무드라Mahāmudra : 글자 그대로는 "대인大印"이라는 뜻으로, 현교顯教와 밀교密教에서 다르게 정의한다. 명상의 방법으로서 마하무드라는 명상 수행자 마음의 본성에 집중하면서 이를 사마타와 위빠사나에 적용한다. 마하무드라 명상은 티베트불교의 까규빠와 겔룩빠 전통 안에서 찾아볼 수 있다.

멸성제滅聖諦 : 사성제를 참조할 것.

모¤ 딴뜨라 : 무상요가 딴뜨라의 분류 가운데 하나로 청명한 빛의 마음의 성취와 관련한 요가를 더 강조한다.

무상요가 딴뜨라(Anuttarayoga tantra) : 네 종류의 딴뜨라 중 최상의 딴뜨라로, 외적인 수행과 관상법, 내적 요가 수행, 그리고 삼신三身을 현현하는 방법의 각기 다른 강조점에 따라 분류된다.

미륵彌勒(Maitreya) : 석가모니 붓다의 여덟 보살 가운데 한 명으로 인도불교 철학의 유식학파의 기초를 이룬 다섯 저작을 썼다.

번뇌煩惱(kleśa, nyon mongs) : 심리적인 괴로움들로 마음을 어지럽히고 마음의 근본적인 청정한 본질의 발현을 가로막는다. 세 가지 주요 번뇌 혹은 "삼독三毒"은 탐욕, 성냄, 그리고 현상의 본질을 잘못 지각하는 어리석음 또는 근본 무명이다.

법신法身(Dharmakāya) : 삼신을 참조할 것.

벽지불辟支佛(pratyekabuddha) : 종종 "홀로 깨달은 이(독각獨覺)"로 번역되기도 하는데, 언어적 가르침에 의지하여 윤회로부터의 해방의 상태를 성취한 분이다. 성문聲聞을 참조할 것.

보리심菩提心(bodhicitta) : 모든 생명의 이익 혹은 복지를 위해 완전한 깨달음을 얻겠다는 이타적인 열망.

보살菩薩(bodhisattva) : 보리심의 이타적인 마음을 일으키고 완전한 깨달음을 향한 수행의 길에 있는 수행자. 모든 중생의 복지를 구현하기 위해 모든 것을 헌신한다. 그리고 윤회로부터 자신만 홀로 해방되는 것을 추구하지 않으며, 윤회의 바퀴 안에 남아 모든 생명들을 돕겠다는 보살계를 받는다.

본생담本生譚(Jātaka) : 붓다의 가르침의 전통적인 열두 가지 분류법의 하나로 붓다의 과거생의 이야기들이다. 과거생에서 붓다가 어떻게 자신을 헌신해서 보살의 삶을 살았는지를 설명한다.

부父 딴뜨라 : 무상요가 딴뜨라의 종류 가운데 하나로 방편과 결부된 요가 수행과 가장 미세한 몸인 환신幻身의 성취를 강조한다.

비나야(Vinaya, 계율戒律) : 글자 그대로는 "규율"이라는 뜻으로, 계를 받은 비구와 비구니의 삶을 규제하는 윤리적 행동의 항목들이다. 또한 붓다의 계율에 대한 가르침을 결집한 불교 경전의 한 분류(율장律藏)을 일컫기도 한다.

비밀승秘密乘(Tantrayāna) : 대승불교의 한 부분으로, 딴뜨라 문헌을 기본으

로 삼고 있다. 금강승金剛乘(Vajrayāna) 또는 진언승眞言乘(Mantrayāna)이라고도
한다

사마타(śamatha) : 내면의 관찰 대상에 기울인 주의가 안정된 상태가 그 특
징이다. 더불어 사마타는 몸과 마음의 유연함, 그리고 마음의 외부 대상에
대한 산란함을 잠재운 상태를 특징으로 한다. "고요히 머무름(calm abiding)"
으로 불리기도 한다.

사성제四聖諦 : 괴로움의 진리, 괴로움의 원인의 진리, 괴로움의 소멸의 진
리, 그리고 괴로움의 소멸로 이끄는 길의 진리(각각 고제苦諦, 집제集諦, 멸제滅諦,
도제道諦). 사성제四聖諦는 석가모니 붓다께서 깨달은 이후 처음 불법을 설하
신 초전법륜初轉法輪에서 설해졌다.

삼독三毒 : 번뇌를 참조할 것.

삼보三寶 : 불자가 귀의해야 하는 세 가지 보배로운 교리를 뜻하며 불보·법
보·승보 세 가지를 일컫는다. 이 세 가지는 완벽한 대상으로 윤회하는 삶
의 불완전한 본질로부터 탈출하고자 하는 이들이 귀의하는 대상이다.

삼사라, 윤회輪廻(saṃsāra) : 과거 행동의 업과 거듭해서 일어나는 습관의 유

형인 인상에 의해 조건 지어진 존재의 상태로, 삶과 죽음의 끊임없는 순환과 괴로움으로 정의된다.

삼신三身(trikāya) : 붓다의 세 가지 몸으로 붓다의 육신뿐만 아니라, 완벽한 깨달음의 특징들의 구현체가 일어나는 다른 "차원"이기도 하다. 이들은 법신法身, 보신報身, 그리고 응신應身 또는 화신化身이다.

색신色身(rūpakāya) : 대승불교에서는 보신報身(saṃbhogakāya)과 응신應身 또는 화신化身(nirmāṇakāya)을 일컫는다. 삼신을 참조할 것.

샤꺄 빤디따 뀐가겔첸(1182~1251) : 사꺄빠의 다섯 창시자 가운데 한 명.

성문聲聞(Śrāvaka) : "가르침을 들을 이"로, 경전을 중심으로 한 불교 문헌에서는 세 가지 종류의 수행자들 가운데 하나를 언급한다. 다른 두 수행자들의 부류는 벽지불과 보살이다. 윤회에서 자신만의 해탈을 추구하는 성향을 가진 성문들은 언어적 가르침에 깊이 의지하며, 인간의 자성에 대한 잘못된 믿음을 제거하는 것을 수행의 목표로 삼는다.

소승불교小乘佛教(Hīnayāna) : 글자 그대로는 "더 작은" 수레로, 수행의 주요 동기에 따른 분류이다. 소승불교 수행자들은 윤회에서 자신만의 해탈을 추구한다. 이와 반대로 "더 큰" 또는 대승불교에서는 모든 중생을 해방시키는 것을 추구한다. 대승불교를 참고할 것.

승가僧伽(saṃgha) : 비구와 비구니로 구성된 계를 받은 수행자들의 집단. 삼보三寶 귀의의 대상으로서는 수승하고, 깨달은 분들, 실재의 본모습, 공성에 대한 직접적인 통찰의 지혜를 얻은 이들의 모임인데 승가 공동체가 대표한다.

아라한阿羅漢(Arhat) : 생生과 사死, 내생來生에 지배되는 존재를 일으키는 업의 습기習氣와 번뇌를 제거함으로써 윤회로부터 해탈을 성취한 존재. 소승불교 수행자들의 목표이다.

아비달마(Abhidharma) : 불교 경전의 삼장三藏(Tripitaka, 또는 "세 바구니") 가운데 하나로 현상학, 심리학, 지식, 그리고 우주학을 다루고 있는 설명을 담고 있다.

업業(Karma) : 글자 그대로는 "행동"을 뜻한다. 실제의 육체적, 언어적, 그리고 정신적 행동들 그리고 이러한 행동들로 인해 마음 안에 만들어진 심리적 인상과 습관적 성향을 일컫는다. 이렇게 만들어진 심리적 인상과 습관적 성향은 연속적인 환생을 통해 마음의 연속적인 흐름(심상속心相續)에 남아 있게 된다. 이러한 업적인 잠재성은 후에 적당한 환경과 조건을 만나면 발현한다. 업의 교리는 두 가지 측면이 있다. (1) 절대 자기가 하지 않은 행동의 결과는 경험하지 않는다. (2) 특별한 구제책에 의해 제거되지 않는 한 행해진 행동의 잠재적 결과는 절대 사라지지 않는다는 것이다.

오온五蘊(skāndha) : 중생을 구성하는 다섯 가지 주요 기능이다. 이들은 색온色蘊(몸을 구성하는 물질), 수온受蘊(느낌), 상온想蘊(지각), 행온行蘊(대상과 의식의 상호작용으로 인해 일어나는 모든 종류의 의식적인 인상), 그리고 식온識蘊(의식)으로 구성되어 있다.

요가짜라(yogācāra) : 유식을 참조할 것.

유식唯識(Cittamātra) : 고대 인도의 주요한 네 학파 가운데 하나. 4세기 인도의 학자이자 성인인 아상가(무착無著)가 세웠다. 주요 교리는 모든 현상은 실제의 정신적 사건 혹은 마음의 확장이라는 것이다.

육바라밀六波羅蜜 : 보살 수행의 기초를 형성하는 여섯 개의 수행법으로, 보시布施, 지계持戒, 인욕忍辱, 정진精進, 선정禪定, 그리고 반야바라밀般若波羅蜜이다.

위빠사나(vipaśyana) : "꿰뚫는 통찰"로, 선택한 명상의 대상의 본질, 특징, 혹은 기능을 꿰뚫는 분석적인 명상의 상태이며 사마타를 기반으로 일어난다.

정수액精髓液(bindus) : 글자 뜻대로는 "방울"을 뜻한다. 불교 의학과 딴뜨라에 의하면 남성은 흰색 그리고 여성은 붉은색인 청정한 정수 또는 몸에 있는 생식액을 일컫는다. 에너지 통로와 이 안을 흘러 다니는 바람 혹은 에너지와 함께 인간의 몸의 중요한 측면을 구성한다.

족첸(rdzogs chen) : 글자 그대로는 "위대한 완성(대완성大完成)" 혹은 "위대한 궁극의 경지(대구경大究竟)"를 뜻한다. 티베트의 닝마빠 전통의 가장 상위의 수행 체계이다.

중관학파中觀學派(Mādhyamika) : 인도불교의 네 주요 학파 가운데 가장 영향력 있는 학파이다. 중관中觀은 글자 그대로 영원주의와 허무주의라는 양 극단 사이에 있는 "중도中道"를 뜻한다. 귀류논증歸謬論證 중관학파는 중관학파의 두 주요 하위 학파 가운데 하나이다.

진속이제眞俗二諦 : 진제眞諦와 속제俗諦. 모든 불교 학파는 그들의 철학을 이 진속이제眞俗二諦의 얼개 안에서 형성한다. 그러나 진속이제의 정의는 각 학파의 인식론적 해석에 따라 다르다.

차끄라(chakra) : 글자 그대로는 "바퀴" 또는 "원"을 뜻한다. 딴뜨라의 시스템 안에서, 차끄라는 인간의 몸에 있는 에너지의 집합소를 일컫는다. 주요한 차끄라는 정수리, 목, 심장, 배꼽, 그리고 성기에 있다고 한다.

테라바다(상좌부上座部, Theravāda) : "장로들이 가르친 방법들"이란 뜻으로 고대 인도불교로부터 이어져 오는 부파이다. 주로 태국, 미얀마, 캄보디아, 그리고 스리랑카에 있다. 소의 경전은 빨리어로 현존한다.

처음 이 책의 번역을 제안받았을 때, 이미 해야 할 일이 너무 많아서 하지 않으려고 했었다. 그런데 편집장님께서 분량이 얼마 안 되니 금방 끝낼 수 있을 것이라고 해서 내용은 읽어 보지도 않은 채 하겠다고 했었다. 그리고 나서 책을 열어 보니, 샨띠데바의《입보살행론》* 제6장 인욕품이었다. 후회막급이었지만 이미 하겠다고 한 것이라 어쩔 수 없기도 했고, 게다가 자세하게 읽고 번역하며 배워 보고 싶다는 사적인 욕심이 겹쳐서 하기로 마음먹었다. 후회를 한 것은 분량이 많아서가 아니라, 게송을 다시 번역하는 것이 힘들어서였다. 티베트어에서 영어로 번역된

—

◆ 《입보리행론》은 《입보살행론》이라고도 한다. 한문 제목인 《입보리행론》은 범어인 bodhicaryāvatāra에서 온 것이다. 그러나 티베트본의 경우 범어 제목을 bodhisattvacaryāvatāra로 전하며 이에 따라 byang chub sems dpa'i spyod pa la 'jug pa, 즉《입보살행론》으로 전한다.

것을 다시 한글로 번역하면 삼중번역이어서 원문의 의도를 완전히 잃어버린 채로 번역할 가능성이 있었기 때문이었다. 그래서 게송을 모두 티베트어와 산스크리트어에서 다시 번역해야 했고, 샨띠데바의 주석과 티베트의 주석들을 몇 개 참고했다.

흥미로운 것은, 영어 번역마다 서로 미묘한 부분에서 의견이 다르고, 샨띠데바의 설명이 없는 부분은 티베트 스님들의 주석서마다, 그리고 속해 있는 전통에 따라서 다른 부분이 있다는 것이었다. 이 점은 물론 《입보살행론》 제9장 지혜품에 이르면 전통 간의 미세하지만 극명한 해석의 차이가 그 정점에 이를 것이라고 생각한다. 번역을 할 때 제일 쉬운 것은 한문으로 된 전문 용어를 가져다 쓰는 것인데, 나는 늘 가능한 한 한문 용어를 쓰는 것을 피하려고 한다. 한문 용어들은 뜻이 함축적이고, 우리의 경우 소위 선불교에서 쓰던 용어를 빌려 쓸 때가 있어서 어떤 면에서 다른 불교의 시스템을 빌려다가 번역하는 일종의 격의 불교가 되기 쉽기 때문이다. 이렇다 보니 가끔은 하루에 한 게송을 번역하느라 다른 일들을 못 할 때도 있었다. 한글본은 불광출판사의 《달라이 라마의 입보리행론 강의》와 함께, 박영빈 님께서 고맙게도 삼학사원의 하람빠 게쉐 뗀진 남카 스님께서 번역하신 것을 보내 주어 큰 도움을 받을 수 있었다.

이 책은 1993년에 "화의 치유(Healing Anger)"로 출판된 것을 다시 불교의 기반을 다질 수 있는 시리즈로 재출간한 것이다. 오래된 책이면 시대에 뒤떨어졌다든가 하는 느낌이 든다. 나 역시 책을 펼치기 전에는 좀 오래된 것이 아닌가 싶었다. 그러다 문득 2003년에 지도교수님이신 제프리 홉킨스 선생님께서 하신 말씀이 떠올랐다. 그때 선생님께서는 몇 권의 책을 만들기 위해 1980년도 중반에 직접 달라이 라마께 받은 가르침을 녹음한 테이프를 전산화해 달라고 내게 부탁하셨다. 그러고는 몇 번 "달라이 라마께서 젊으실 때 가르치신 것이라 훨씬 생생하다."는 말씀을 하셨었다. 책을 번역하면서 보니 93년도에 하신 법문이지만 지금도 그 가르침에 틀림이 하나도 없으며 시대에 뒤처진다는 느낌이 전혀 들지 않았다. 더불어 그때는 달라이 라마께서 지금보다 더 시간이 있으셨기 때문에 가르침에 보다 많은 시간을 쏟으실 수 있으셨다는 점에서도 이 책과 이 책이 속한 시리즈에 큰 장점이 있다고 할 수 있다. 더불어 이 책은 인욕품의 중요한 게송을 골라 설명하시는 것이 아니라 134개 게송들을 찬찬히 짚어 가면서 설명하셨다는 데도 큰 장점이 있다고 할 수 있다.

이 책은 한국에는 《입보리행론》으로 많이 회자되고 있는데,

달라이 라마께서 설명하시듯 이 논서는 보살의 수행에 입문하는 안내서로서 《입보살행론》으로 보는 것이 옳다고 생각한다. 《입보살행론》은 짠드라끼르띠의 《입중론》과 유사하게 보살의 수행법인 육바라밀六波羅蜜을 상세히 설명하고 있다. 보시布施, 지계持戒, 인욕忍辱, 정진精進, 선정禪定, 그리고 반야바라밀般若波羅蜜은 일반적으로 순서대로 닦는 것이 전통적인 방식이며, 가장 쉽게 수행의 진보를 이루는 방법이다. 즉, 보시바라밀을 완성해서 복덕이 쌓이고, 이를 통해 아름다운 용모, 좋은 친구들, 풍부한 재산 등 자신의 보리심의 서원과 더불어 좋은 몸과 환경을 갖추면, 계를 지키는 것이 쉬워지고, 계를 통해 몸과 마음을 정련하면 인욕의 완성이 쉬워지는 것이다. 《해심밀경解深密經(ārya-saṃdhi-nirmocana-sūtra)》에서는 십바라밀十波羅密의 상호 보완적 관계를 설명하고 있는데, 첫 세 바라밀인 보시, 지계, 인욕바라밀은 방편바라밀이 받쳐 준다고 한다. 이에 따르면 보시를 하는 것도, 계를 지키는 것도, 인내를 하는 것도 상황에 알맞게 지혜롭게 해야만 완성할 수 있다는 것이다. 예를 들어 애덤 그랜트는 그의 저서 《기브 앤 테이크 : 주는 사람이 성공한다》에서 사회에서 성공한 사람은 주는 사람, 즉 기버giver가 많지만, 모든 주는 사람이 성공하는 것은 아니라고 했다. 받을 대상을 잘 선별하는 혜안이 필요하다고 한다. 즉, 공교한 방편이 뒷받침 되어야만 제대로 방편바라밀을 완성할 수 있는 것이다. 같은 맥락에서, 달라이 라마께서는 인내도 지혜롭게 해야 한다고 말씀하신다. 한 예로 붓다의 본생담에 나오는, 자신의 몸을 잘라서 비둘기를 살린 시비『毘』라는 왕의 행을 우리가 실천할 수는 없다. 달라이 라마께서는 이 정도 수행을 할 경지에 오르지 않았다면 절대 하면 안 된다고 말씀하신다.

"이것은 불교의 실천적 측면으로 자비심을 지니고 다른 사람에게 베
푸는 보시바라밀과 관련이 있다. 보살 사상에 따르면 다른 사람에게
베푸는 보시행은 자신의 희생을 감수하고 목숨까지 기꺼이 내어 줄
수 있을 정도가 되어야 한다. 그러나 이 경우 언제가 그러한 행을 실
천하기 적절한 시기인지를 잘 파악하는 것이 중요하다. 우리는 이러
한 수행을 섣부르게 실천에 옮겨서는 안 된다. 우선 알맞은 힘과 깨
달음 등을 수행을 통해 갖추어야 한다."(본문 167쪽)

명상을 안내하면서도 전하시는 이 메시지는 매우 분명하다. 가끔 보면 수행을 낭만적으로 하는 분들이 있다. 모든 것을 내려놓는다든가, 분별을 하지 않는다든가 하며 진제의 가르침을 속제에서 구현하려고 하는 것이다. 은사이신 법안 스님께서, 《금강경》의 가르침을 따라 다 내려놓는다고 재산까지 다 내려놓았다가 알거지가 되었다며 후회하는 사람들이 찾아온다고 말씀하신 적이 있다. 진제와 속제는 엄격히 구분해야 하는데 그렇게 하지 못하는 분들을 가끔 본다. 달라이 라마께서도 말씀하시듯, 최상 근기의 수행자들이야 물론 그렇게 한다 해도 그물에 바람이 걸리지 않는 것처럼 살 수 있겠지만, 주체와 객체라는 이분법적 사고에 기반한 세계관으로 세상을 살아가는 우리로서는 불가능한 일이다. 나는 한국에서 가끔 그런 분들이 하시는 법문을 "탄산음료 같은 법문"이라고 한다. 탄산음료는 마시면 달고, 입 안에서 톡 쏘고, 속이 시원한 느낌까지 드니 입에서는 여러 모로 참 청량한 느낌을 준다. 그러나 마시고 나면 비만, 당뇨병, 혈관 질환 등 성인병을 유발하며, 골다공증 및 신장에 무리를 주어 요로 결석의 원인이 되기도 한다. 즉, 입에서 잠깐 시원하지 결국 유익한 데가 없는 것이다. 달라이 라마께서도 몇 번에 걸쳐 경고하시듯, 속제에서 진제로 가기 위해서는 엄연히 밟아야 할 단계가 있다. 그 단계를 무시한 가르침은 원칙의 면에서는 맞지만 세상을 사는 데는 그다지 도움이 되지 않는다.

이러한 면에서, 달라이 라마께서는 똥렌 수행이 자비의 수행을 하는 모든 사람들에게 맞는 수행법은 아니라고 말씀하신다.

달라이 라마께서는 똥렌의 수행을 자세하게 설명하신 뒤 이렇게 말씀하신다.

> "그런데 자아상自我像과 관련하여 문제가 있는 분들, 예를 들어 스스로를 미워하거나 자기 자신에게 화가 나 있는 분들, 자존감이 낮은 분들은 이 특별한 수행을 할 수 있을지 스스로의 상태를 먼저 잘 판단해 보시기 바랍니다. 어쩌면 하지 않는 것이 좋을 수도 있습니다." (본문 263쪽)

가끔 나는 책이나 소셜 미디어를 통해 접하는 여러 한국의 불교 수행자들이 똥렌 수행을 몸이나 마음, 혹은 양 쪽 모두 아픈 사람들에게 권하는 것을 보면서 깜짝 놀라곤 한다. 이번 번역을 끝내는 와중에 나는 아주 심한 독감을 앓았다. 미국에서만 약 8,500명이 죽었다는 이번 독감을 앓으며 나는 내 수행이 아직 바닥에 불과하다는 것을 여실히 느꼈다. 다른 사람들도 이 독감으로 앓고 있다는 것을 알면서 그들이 빨리 낫기를 바랐지만, 그들의 고통을 머리가 깨질 것 같은 두통 위에 얹을 자신이 전혀 없었다. 나는 여전히 하근기인 것이다. 부끄럽지만 사실이다. 달라이 라마께서는 이렇게 조언하신다.

"여러분은 여러분이 이미 겪고 있는 고통과 괴로움 위에 다른 이들의 고통과 괴로움까지 더 얹는 것입니다. 이것이 기본입니다. 그렇기 때문에 그 경험 안에 포함되어 있는 즉각적인 감정이나 느낌이 어느 정도 불편함을 동반할 수 있습니다. 그러나 그와 더불어 여러분은 반드시 고도로 민감하게 깨어 있어야 합니다. 여러분은 더 높은 목표를 위해 자발적인 의지를 가지고 타인의 괴로움까지 받아들이고 있기 때문입니다. 이는 여러분 자신의 괴로움에 대해 생각하고 그 괴로움에 압도당하는 느낌을 받는 것과는 천양지차입니다. 자신의 괴로움에 대해 생각할 때는 여러분의 감각 기관들이 마비되고 무뎌지며 그 괴로움에 짓눌리게 됩니다. 하지만 자비심을 일으켜 다른 이들의 괴로움까지 짊어질 때 겪는 불편함은 잠재적인 민감함, 일종의 세심함을 지닙니다. 따라서 다른 이들로부터 더 많은 괴로움을 받아들일수록 여러분의 깨어 있음과 결단력은 더 강해질 것입니다. 이것을 염두에 두어야 합니다." (본문 216~217쪽)

산띠데바의 인욕품 가르침에 적절한 균형을 잡아 주는 달라이 라마의 법문을 함께할 수 있다는 것은 아마 오늘날을 살아가는 우리들이 인욕품을 배우고 수행하는 최상의 방법이 아닐까 한다.

가끔은 사공이 흙탕물이어서 바닥이 안 보이는 강을 기다란 나무로 짚어 가면서 건너는 것 같은 느낌이 들 때가 있다. 수행도, 연구도, 더 나아가 번역도 그러하다. 이럴 때마다 길을 보여 주시는 스승 법안 스님과, 늘 따뜻하게 감싸 주시는 혜신 법사님께 감사드린다. 막막한 길에 (가끔은 아주 눈이 시릴 정도로 강한) 빛을 주는 아사미, 대희, 수희, 제희, 그리고 열심히 기도하시는 어머니와 돌아가신 아버지께도 감사드린다. 요즈음은 이 아이들이 너무 좋아서, 다시는 윤회의 바다를 떠돌아다니고 싶지 않다는 생각을 더욱 더 처절하게 하게 되었다. 그리고 늘 내 이야기를 들어주는 친누나 같은 은주 누나, 친형 같은 한양대학교 의료인문학교실의 유상호 교수, 1997년부터 지금까지 한결같이 음으로 양으로 도와주시는 서울대학교 종교학과 윤원철 선생님과 동국대학교 경주캠퍼스 불교학과 김성철 선생님께도 감사를 드리고 싶다. 그리고 목이 마를 때마다 내 입을 적셔 주는 좋은 차와 언제 봐도 질리지 않는 아름다운 다기를 아낌없이 주신 신현철 선생님 내외분께도 감사를 드리고 싶다.

부처님께서는 말라 죽은 나무 아래 앉아서 샤꺄족을 몰살시키러 가던 비루다까 왕에게 친척의 그늘의 시원함을 말씀하신다. 불처럼 끓는 고해의 바다에 떠도는 내가 잠시 몸을 식힐 수 있는 그늘이 되어 주시는 분들의 자비심을 늘 잊지 않고, 더 많은 분들에게 이 사랑을 회향할 수 있기를 기원한다.

2020년 겨울과 봄의 중간쯤 되는 날에

신증信證

달라이 라마, 화를 말하다

Perfecting Patience : Buddhist Techniques to Overcome Anger

초판 1쇄 발행 2020년 6월 15일

가르침 달라이라마
편역자 툽뗀 진빠
옮긴이 이종복

펴낸이 오세룡
기획·편집 김영미 박성화 손미숙 김정은
취재·기획 최은영 곽은영
디자인 [★]규
　　　　고혜정 김효선 장혜정
홍보·마케팅 이주하

펴낸곳 담앤북스
출판등록 제300-2011-115호
주소 서울특별시 종로구 새문안로3길 23 경희궁의 아침 4단지 805호
대표전화 02)765-1251 **전송** 02)764-1251 **전자우편** damnbooks@hanmail.net

ISBN 979-11-6201-228-4 (03220)

정가 17,000원